司法鉴定教育培训指定用书

《人体损伤致残程度分级》适用指南

RENTI SUNSHANG ZHICAN CHENGDU FENJI SHIYONG ZHINAN

司法部司法鉴定管理局
最高人民法院司法行政装备管理局 /组织编写

法律出版社
LAW PRESS·CHINA
北京

图书在版编目(CIP)数据

《人体损伤致残程度分级》适用指南 / 司法部司法鉴定管理局，最高人民法院司法行政装备管理局组织编写. -- 北京：法律出版社，2016.8(2025.7 重印)

ISBN 978-7-5118-9935-4

Ⅰ.①人… Ⅱ.①司… ②最… Ⅲ.①损伤-伤害鉴定-中国-指南 Ⅳ.①D919.4-62

中国版本图书馆 CIP 数据核字(2016)第 214267 号

《人体损伤致残程度分级》适用指南
《RENTI SUNSHANG ZHICAN CHENGDU FENJI》SHIYONG ZHINAN

司法部司法鉴定管理局
最高人民法院司法行政装备管理局 组织编写

责任编辑 黄倩倩
装帧设计 汪奇峰

出版发行 法律出版社
编辑统筹 学术·对外出版分社
责任校对 李景美
责任印制 胡晓雅 宋万春
经　　销 新华书店

开本 710 毫米×1000 毫米 1/16
印张 19.25　　字数 321 千
版本 2016 年 8 月第 1 版
印次 2025 年 7 月第 27 次印刷
印刷 北京中科印刷有限公司

地址:北京市丰台区莲花池西里 7 号(100073)
网址:www.lawpress.com.cn
投稿邮箱:info@lawpress.com.cn
举报盗版邮箱:jbwq@lawpress.com.cn
销售电话:010-83938349
客服电话:010-83938350
咨询电话:010-63939796

书号:ISBN 978-7-5118-9935-4
定价:68.00 元
凡购买本社图书,如有印装错误,我社负责退换。电话:010-83938349

《人体损伤致残程度分级》适用指南
编审委员会

主　　编：邓甲明　王少南

顾　　问：丛　斌

执行主编：夏文涛　范利华

编　　委：(以姓氏笔画为序)

万　雷　邓甲明　邓振华　王飞翔　王少南
王　旭　王晓明　王亚辉　王增良　皮侃郑
关维斌　李路明　李永良　刘技辉　刘少文
刘小宝　朱广友　陈忆九　陈　芳　陈捷敏
谷建平　何颂跃　沈寒坚　张继宗　张钦庭
范利华　杨小萍　胡一丁　高　东　唐亚青
夏　晴　夏文涛　徐洪新　徐俊波　常　林
商　洁　程亦斌　蔡伟雄　舒国华

前　言

人体损伤致残程度鉴定标准是评定人身伤害导致的残疾程度，确定相应法律责任的重要依据，对公正司法、维护公民合法权益具有重要意义。为进一步规范相关鉴定执业行为，2016 年 4 月 18 日，最高人民法院、最高人民检察院、公安部、国家安全部和司法部联合发布了《人体损伤致残程度分级》，自 2017 年 1 月 1 日起正式施行。

我国现行有效的人体损伤致残程度鉴定标准有多个，长期以来因鉴定标准适用混乱，影响了司法公正。2005 年《全国人民代表大会常务委员会关于司法鉴定管理问题的决定》颁布实施后，最高人民法院将其组织起草的《人体损伤残疾程度鉴定标准（试行）》移交司法部。在此基础上，司法部司法鉴定科学技术研究所经过深入研究，广泛征求各有关部门和人员意见和建议后，形成了《人体损伤致残程度分级（草案）》。2015 年司法部和最高人民法院共同组织法院、检察院、公安部以及高校、科研院所等部门和单位权威专家，经过反复论证、修改完善，最终形成了《人体损伤致残程度分级》。

《人体损伤致残程度分级》研制工作历时十余年，全面总结了既往鉴定工作的经验，系统整合了有关标准的内容，有效弥补了有关标准的缺陷，经过反复修改、精心打磨，形成了残疾情形覆盖全面、残级程度划分合理，符合现代临床医学发展规律和法医学鉴定规范化要求的标准文本。

为确保司法鉴定人准确理解适用标准和人民法院科学审查鉴定意见，司法部司法鉴定管理局与最高人民法院司法行政装备管理局共同组织标准主要起草人编写了《〈人体损伤致残程度分级〉适用指南》，对标准条款的鉴定原则、鉴定时机以及鉴定要点和难点问题等进行了详细阐述。希望借本书的出版，帮助广大司法鉴定人准确理解适用标准，切实提高司法鉴定科学化和规范化水平，提高鉴定质量，为健全统一司法鉴定管理体制，适应以审判为中心的诉讼制度改革需要发挥应有的作用。

最后，要特别感谢在本书编写过程中付出巨大心血和辛勤劳动的各位专家！

司法部司法鉴定管理局
最高人民法院司法行政装备管理局
二〇一六年八月

目　　录

第一部分　文　　本

第二部分　适用指南

第一部分　文　　本

人体损伤致残程度分级

1　范围

本标准规定了人体损伤致残程度分级的原则、方法、内容和等级划分。

本标准适用于人身损害致残程度等级鉴定。

2　规范性引用文件

下列文件对本标准的应用是必不可少的。凡是注日期的引用文件，仅注日期的版本适用于本标准；凡是不注日期的引用文件，其最新版本（包括所有的修改单）适用于本标准。

最高人民法院、最高人民检察院、公安部、国家安全部、司法部发布人体损伤程度鉴定标准

GB/T 16180－2014 劳动能力鉴定　职工工伤与职业病致残等级

GB/T 31147 人身损害护理依赖程度评定

3　术语和定义

3.1　损伤

各种因素造成的人体组织器官结构破坏和/或功能障碍。

3.2　残疾

人体组织器官结构破坏或者功能障碍，以及个体在现代临床医疗条件下难以恢复的生活、工作、社会活动能力不同程度的降低或者丧失。

4　总则

4.1　鉴定原则

应以损伤治疗后果或者结局为依据，客观评价组织器官缺失和/或功能障碍程度，科学分析损伤与残疾之间的因果关系，实事求是地进行鉴定。

受伤人员符合两处以上致残程度等级者，鉴定意见中应该分别写明各处的致残程度等级。

4.2　鉴定时机

应在原发性损伤及其与之确有关联的并发症治疗终结或者临床治疗效果稳定后进行鉴定。

4.3 伤病关系处理

当损伤与原有伤、病共存时,应分析损伤与残疾后果之间的因果关系。根据损伤在残疾后果中的作用力大小确定因果关系的不同形式,可依次分别表述为:完全作用、主要作用、同等作用、次要作用、轻微作用、没有作用。

除损伤"没有作用"以外,均应按照实际残情鉴定致残程度等级,同时说明损伤与残疾后果之间的因果关系;判定损伤"没有作用"的,不应进行致残程度鉴定。

4.4 致残等级划分

本标准将人体损伤致残程度划分为10个等级,从一级(人体致残率100%)到十级(人体致残率10%),每级致残率相差10%。致残程度等级划分依据见附录A。

4.5 判断依据

依据人体组织器官结构破坏、功能障碍及其对医疗、护理的依赖程度,适当考虑由于残疾引起的社会交往和心理因素影响,综合判定致残程度等级。

5 致残程度分级

5.1 一级

5.1.1 颅脑、脊髓及周围神经损伤

1)持续性植物生存状态;

2)精神障碍或者极重度智能减退,日常生活完全不能自理;

3)四肢瘫(肌力3级以下)或者三肢瘫(肌力2级以下);

4)截瘫(肌力2级以下)伴重度排便功能障碍与重度排尿功能障碍。

5.1.2 颈部及胸部损伤

1)心功能不全,心功能Ⅳ级;

2)严重器质性心律失常,心功能Ⅲ级;

3)心脏移植术后,心功能Ⅲ级;

4)心肺联合移植术后;

5)肺移植术后呼吸困难(极重度)。

5.1.3 腹部损伤

1)原位肝移植术后肝衰竭晚期;

2)双肾切除术后或者孤肾切除术后,需透析治疗维持生命;肾移植术后肾衰竭。

5.1.4 脊柱、骨盆及四肢损伤

1)三肢缺失(上肢肘关节以上,下肢膝关节以上);

2）二肢缺失（上肢肘关节以上，下肢膝关节以上），第三肢各大关节功能丧失均达75%；

3）二肢缺失（上肢肘关节以上，下肢膝关节以上），第三肢任二大关节均强直固定或者功能丧失均达90%。

5.2　二级

5.2.1　颅脑、脊髓及周围神经损伤

1）精神障碍或者重度智能减退，日常生活随时需有人帮助；

2）三肢瘫（肌力3级以下）；

3）偏瘫（肌力2级以下）；

4）截瘫（肌力2级以下）；

5）非肢体瘫运动障碍（重度）。

5.2.2　头面部损伤

1）容貌毁损（重度）；

2）上颌骨或者下颌骨完全缺损；

3）双眼球缺失或者萎缩；

4）双眼盲目5级；

5）双侧眼睑严重畸形（或者眼睑重度下垂，遮盖全部瞳孔），伴双眼盲目3级以上。

5.2.3　颈部及胸部损伤

1）呼吸困难（极重度）；

2）心脏移植术后；

3）肺移植术后。

5.2.4　腹部损伤

1）肝衰竭晚期；

2）肾衰竭；

3）小肠大部分切除术后，消化吸收功能丧失，完全依赖肠外营养。

5.2.5　脊柱、骨盆及四肢损伤

1）双上肢肘关节以上缺失，或者一上肢肘关节以上缺失伴一下肢膝关节以上缺失；

2）一肢缺失（上肢肘关节以上，下肢膝关节以上），其余任二肢体各有二大关节功能丧失均达75%；

3）双上肢各大关节均强直固定或者功能丧失均达90%。

5.2.6 体表及其他损伤

1)皮肤瘢痕形成达体表面积90%;

2)重型再生障碍性贫血。

5.3 三级

5.3.1 颅脑、脊髓及周围神经损伤

1)精神障碍或者重度智能减退,不能完全独立生活,需经常有人监护;

2)完全感觉性失语或者混合性失语;

3)截瘫(肌力3级以下)伴排便或者排尿功能障碍;

4)双手全肌瘫(肌力2级以下),伴双腕关节功能丧失均达75%;

5)重度排便功能障碍伴重度排尿功能障碍。

5.3.2 头面部损伤

1)一眼球缺失、萎缩或者盲目5级,另一眼盲目3级;

2)双眼盲目4级;

3)双眼视野接近完全缺损,视野有效值≤4%(直径≤5°);

4)吞咽功能障碍,完全依赖胃管进食。

5.3.3 颈部及胸部损伤

1)食管闭锁或者切除术后,摄食依赖胃造口或者空肠造口;

2)心功能不全,心功能Ⅲ级。

5.3.4 腹部损伤

1)全胰缺失;

2)一侧肾切除术后,另一侧肾功能重度下降;

3)小肠大部分切除术后,消化吸收功能严重障碍,大部分依赖肠外营养。

5.3.5 盆部及会阴部损伤

1)未成年人双侧卵巢缺失或者萎缩,完全丧失功能;

2)未成年人双侧睾丸缺失或者萎缩,完全丧失功能;

3)阴茎接近完全缺失(残留长度≤1.0cm)。

5.3.6 脊柱、骨盆及四肢损伤

1)二肢缺失(上肢腕关节以上,下肢膝关节以上);

2)一肢缺失(上肢腕关节以上,下肢膝关节以上),另一肢各大关节均强直固定或者功能丧失均达90%;

3)双上肢各大关节功能丧失均达75%;双下肢各大关节均强直固定或者功能丧失均达90%;一上肢与一下肢各大关节均强直固定或者功能丧失均达90%。

5.4 四级

5.4.1 颅脑、脊髓及周围神经损伤

1)精神障碍或者中度智能减退,日常生活能力严重受限,间或需要帮助;

2)外伤性癫痫(重度);

3)偏瘫(肌力3级以下);

4)截瘫(肌力3级以下);

5)阴茎器质性勃起障碍(重度)。

5.4.2 头面部损伤

1)符合容貌毁损(重度)标准之三项者;

2)上颌骨或者下颌骨缺损达1/2;

3)一眼球缺失、萎缩或者盲目5级,另一眼重度视力损害;

4)双眼盲目3级;

5)双眼视野极度缺损,视野有效值≤8%(直径≤10°);

6)双耳听力障碍≥91dB HL。

5.4.3 颈部及胸部损伤

1)严重器质性心律失常,心功能Ⅱ级;

2)一侧全肺切除术后;

3)呼吸困难(重度)。

5.4.4 腹部损伤

1)肝切除2/3以上;

2)肝衰竭中期;

3)胰腺大部分切除,胰岛素依赖;

4)肾功能重度下降;

5)双侧肾上腺缺失;

6)永久性回肠造口。

5.4.5 盆部及会阴部损伤

1)膀胱完全缺失或者切除术后,行永久性输尿管腹壁造瘘或者肠代膀胱并永久性造口。

5.4.6 脊柱、骨盆及四肢损伤

1)一上肢腕关节以上缺失伴一下肢踝关节以上缺失,或者双下肢踝关节以上缺失;

2)双下肢各大关节功能丧失均达75%;一上肢与一下肢各大关节功能丧失均达75%;

3）手功能丧失分值达150分。

5.4.7 体表及其他损伤

1）皮肤瘢痕形成达体表面积70%；

2）放射性皮肤癌。

5.5 五级

5.5.1 颅脑、脊髓及周围神经损伤

1）精神障碍或者中度智能减退，日常生活能力明显受限，需要指导；

2）完全运动性失语；

3）完全性失用、失写、失读或者失认等；

4）双侧完全性面瘫；

5）四肢瘫（肌力4级以下）；

6）单肢瘫（肌力2级以下）；

7）非肢体瘫运动障碍（中度）；

8）双手大部分肌瘫（肌力2级以下）；

9）双足全肌瘫（肌力2级以下）；

10）排便伴排尿功能障碍，其中一项达重度。

5.5.2 头面部损伤

1）符合容貌毁损（重度）标准之二项者；

2）一眼球缺失、萎缩或者盲目5级，另一眼中度视力损害；

3）双眼重度视力损害；

4）双眼视野重度缺损，视野有效值≤16%（直径≤20°）；

5）一侧眼睑严重畸形（或者眼睑重度下垂，遮盖全部瞳孔），伴另一眼盲目3级以上；

6）双耳听力障碍≥81dB HL；

7）一耳听力障碍≥91dB HL，另一耳听力障碍≥61dB HL；

8）舌根大部分缺损；

9）咽或者咽后区损伤遗留吞咽功能障碍，只能吞咽流质食物。

5.5.3 颈部及胸部损伤

1）未成年人甲状腺损伤致功能减退，药物依赖；

2）甲状旁腺功能损害（重度）；

3）食管狭窄，仅能进流质食物；

4）食管损伤，肠代食管术后。

5.5.4 腹部损伤

1)胰头合并十二指肠切除术后;

2)一侧肾切除术后,另一侧肾功能中度下降;

3)肾移植术后,肾功能基本正常;

4)肾上腺皮质功能明显减退;

5)全胃切除术后;

6)小肠部分切除术后,消化吸收功能障碍,部分依赖肠外营养;

7)全结肠缺失。

5.5.5 盆部及会阴部损伤

1)永久性输尿管腹壁造口;

2)尿瘘难以修复;

3)直肠阴道瘘难以修复;

4)阴道严重狭窄(仅可容纳一中指);

5)双侧睾丸缺失或者完全萎缩,丧失生殖功能;

6)阴茎大部分缺失(残留长度≤3.0cm)。

5.5.6 脊柱、骨盆及四肢损伤

1)一上肢肘关节以上缺失;

2)一肢缺失(上肢腕关节以上,下肢膝关节以上),另一肢各大关节功能丧失均达50%或者其余肢体任二大关节功能丧失均达75%;

3)手功能丧失分值≥120分。

5.6 六级

5.6.1 颅脑、脊髓及周围神经损伤

1)精神障碍或者中度智能减退,日常生活能力部分受限,但能部分代偿,部分日常生活需要帮助;

2)外伤性癫痫(中度);

3)尿崩症(重度);

4)一侧完全性面瘫;

5)三肢瘫(肌力4级以下);

6)截瘫(肌力4级以下)伴排便或者排尿功能障碍;

7)双手部分肌瘫(肌力3级以下);

8)一手全肌瘫(肌力2级以下),伴相应腕关节功能丧失75%以上;

9)双足全肌瘫(肌力3级以下);

10)阴茎器质性勃起障碍(中度)。

5.6.2 头面部损伤

1）符合容貌毁损（中度）标准之四项者；

2）面部中心区条状瘢痕形成（宽度达0.3cm），累计长度达20.0cm；

3）面部片状细小瘢痕形成或者色素显著异常，累计达面部面积的80%；

4）双侧眼睑严重畸形；

5）一眼球缺失、萎缩或者盲目5级，另一眼视力≤0.5；

6）一眼重度视力损害，另一眼中度视力损害；

7）双眼视野中度缺损，视野有效值≤48%（直径≤60°）；

8）双侧前庭平衡功能丧失，睁眼行走困难，不能并足站立；

9）唇缺损或者畸形，累计相当于上唇2/3以上。

5.6.3 颈部及胸部损伤

1）双侧喉返神经损伤，影响功能；

2）一侧胸廓成形术后，切除6根以上肋骨；

3）女性双侧乳房完全缺失；

4）心脏瓣膜置换术后，心功能不全；

5）心功能不全，心功能Ⅱ级；

6）器质性心律失常安装永久性起搏器后；

7）严重器质性心律失常；

8）两肺叶切除术后。

5.6.4 腹部损伤

1）肝切除1/2以上；

2）肝衰竭早期；

3）胰腺部分切除术后伴功能障碍，需药物治疗；

4）肾功能中度下降；

5）小肠部分切除术后，影响消化吸收功能，完全依赖肠内营养。

5.6.5 盆部及会阴部损伤

1）双侧卵巢缺失或者萎缩，完全丧失功能；

2）未成年人双侧卵巢萎缩，部分丧失功能；

3）未成年人双侧睾丸萎缩，部分丧失功能；

4）会阴部瘢痕挛缩伴阴道狭窄；

5）睾丸或者附睾损伤，生殖功能重度损害；

6）双侧输精管损伤难以修复；

7）阴茎严重畸形，不能实施性交行为。

5.6.6 脊柱、骨盆及四肢损伤

1)脊柱骨折后遗留30°以上侧弯或者后凸畸形;

2)一肢缺失(上肢腕关节以上,下肢膝关节以上);

3)双足跖跗关节以上缺失;

4)手或者足功能丧失分值≥90分。

5.6.7 体表及其他损伤

1)皮肤瘢痕形成达体表面积50%;

2)非重型再生障碍性贫血。

5.7 七级

5.7.1 颅脑、脊髓及周围神经损伤

1)精神障碍或者轻度智能减退,日常生活有关的活动能力极重度受限;

2)不完全感觉性失语;

3)双侧大部分面瘫;

4)偏瘫(肌力4级以下);

5)截瘫(肌力4级以下);

6)单肢瘫(肌力3级以下);

7)一手大部分肌瘫(肌力2级以下);

8)一足全肌瘫(肌力2级以下);

9)重度排便功能障碍或者重度排尿功能障碍。

5.7.2 头面部损伤

1)面部中心区条状瘢痕形成(宽度达0.3cm),累计长度达15.0cm;

2)面部片状细小瘢痕形成或者色素显著异常,累计达面部面积的50%;

3)双侧眼睑重度下垂,遮盖全部瞳孔;

4)一眼球缺失或者萎缩;

5)双眼中度视力损害;

6)一眼盲目3级,另一眼视力≤0.5;

7)双眼偏盲;

8)一侧眼睑严重畸形(或者眼睑重度下垂,遮盖全部瞳孔)合并该眼盲目3级以上;

9)一耳听力障碍≥81dB HL,另一耳听力障碍≥61dB HL;

10)咽或者咽后区损伤遗留吞咽功能障碍,只能吞咽半流质食物;

11)上颌骨或者下颌骨缺损达1/4;

12)上颌骨或者下颌骨部分缺损伴牙齿缺失14枚以上;

13）颌面部软组织缺损，伴发涎漏。

5.7.3 颈部及胸部损伤

1）甲状腺功能损害（重度）；
2）甲状旁腺功能损害（中度）；
3）食管狭窄，仅能进半流质食物；食管重建术后并发反流性食管炎；
4）颏颈粘连（中度）；
5）女性双侧乳房大部分缺失或者严重畸形；
6）未成年或者育龄女性双侧乳头完全缺失；
7）胸廓畸形，胸式呼吸受限；
8）一肺叶切除，并肺段或者肺组织楔形切除术后。

5.7.4 腹部损伤

1）肝切除1/3以上；
2）一侧肾切除术后；
3）胆道损伤胆肠吻合术后，反复发作逆行性胆道感染；
4）未成年人脾切除术后；
5）小肠部分（包括回盲部）切除术后；
6）永久性结肠造口；
7）肠瘘长期不愈（1年以上）。

5.7.5 盆部及会阴部损伤

1）永久性膀胱造口；
2）膀胱部分切除术后合并轻度排尿功能障碍；
3）原位肠代膀胱术后；
4）子宫大部分切除术后；
5）睾丸损伤，血睾酮降低，需药物替代治疗；
6）未成年人一侧睾丸缺失或者严重萎缩；
7）阴茎畸形，难以实施性交行为；
8）尿道狭窄（重度）或者成形术后；
9）肛管或者直肠损伤，排便功能重度障碍或者肛门失禁（重度）；
10）会阴部瘢痕挛缩致肛门闭锁，结肠造口术后。

5.7.6 脊柱、骨盆及四肢损伤

1）双下肢长度相差8.0cm以上；
2）一下肢踝关节以上缺失；
3）四肢任一大关节（踝关节除外）强直固定于非功能位；

4）四肢任二大关节（踝关节除外）功能丧失均达75%；

5）一手除拇指外，余四指完全缺失；

6）双足足弓结构完全破坏；

7）手或者足功能丧失分值≥60分。

5.8　八级

5.8.1　颅脑、脊髓及周围神经损伤

1）精神障碍或者轻度智能减退，日常生活有关的活动能力重度受限；

2）不完全运动性失语；不完全性失用、失写、失读或者失认；

3）尿崩症（中度）；

4）一侧大部分面瘫，遗留眼睑闭合不全和口角歪斜；

5）单肢瘫（肌力4级以下）；

6）非肢体瘫运动障碍（轻度）；

7）一手大部分肌瘫（肌力3级以下）；

8）一足全肌瘫（肌力3级以下）；

9）阴茎器质性勃起障碍（轻度）。

5.8.2　头面部损伤

1）容貌毁损（中度）；

2）符合容貌毁损（重度）标准之一项者；

3）头皮完全缺损，难以修复；

4）面部条状瘢痕形成，累计长度达30.0cm；面部中心区条状瘢痕形成（宽度达0.2cm），累计长度达15.0cm；

5）面部块状增生性瘢痕形成，累计面积达15.0cm^2；面部中心区块状增生性瘢痕形成，单块面积达7.0cm^2或者多块累计面积达9.0cm^2；

6）面部片状细小瘢痕形成或者色素异常，累计面积达100.0cm^2；

7）一眼盲目4级；

8）一眼视野接近完全缺损，视野有效值≤4%（直径≤5°）；

9）双眼外伤性青光眼，经手术治疗；

10）一侧眼睑严重畸形（或者眼睑重度下垂，遮盖全部瞳孔）合并该眼重度视力损害；

11）一耳听力障碍≥91dB HL；

12）双耳听力障碍≥61dB HL；

13）双侧鼻翼大部分缺损，或者鼻尖大部分缺损合并一侧鼻翼大部分缺损；

14）舌体缺损达舌系带；

15）唇缺损或者畸形，累计相当于上唇1/2以上；

16）脑脊液漏经手术治疗后持续不愈；

17）张口受限Ⅲ度；

18）发声功能或者构音功能障碍（重度）；

19）咽成形术后咽下运动异常。

5.8.3 颈部及胸部损伤

1）甲状腺功能损害（中度）；

2）颈总动脉或者颈内动脉严重狭窄支架置入或者血管移植术后；

3）食管部分切除术后，并后遗胸腔胃；

4）女性一侧乳房完全缺失；女性双侧乳房缺失或者毁损，累计范围相当于一侧乳房3/4以上；

5）女性双侧乳头完全缺失；

6）肋骨骨折12根以上并后遗6处畸形愈合；

7）心脏或者大血管修补术后；

8）一肺叶切除术后；

9）胸廓成形术后，影响呼吸功能；

10）呼吸困难（中度）。

5.8.4 腹部损伤

1）腹壁缺损≥腹壁的1/4；

2）成年人脾切除术后；

3）胰腺部分切除术后；

4）胃大部分切除术后；

5）肠部分切除术后，影响消化吸收功能；

6）胆道损伤，胆肠吻合术后；

7）损伤致肾性高血压；

8）肾功能轻度下降；

9）一侧肾上腺缺失；

10）肾上腺皮质功能轻度减退。

5.8.5 盆部及会阴部损伤

1）输尿管损伤行代替术或者改道术后；

2）膀胱大部分切除术后；

3）一侧输卵管和卵巢缺失；

4)阴道狭窄;

5)一侧睾丸缺失;

6)睾丸或者附睾损伤,生殖功能轻度损害;

7)阴茎冠状沟以上缺失;

8)阴茎皮肤瘢痕形成,严重影响性交行为。

5.8.6 脊柱、骨盆及四肢损伤

1)二椎体压缩性骨折(压缩程度均达1/3);

2)三个以上椎体骨折,经手术治疗后;

3)女性骨盆骨折致骨产道变形,不能自然分娩;

4)股骨头缺血性坏死,难以行关节假体置换术;

5)四肢长骨开放性骨折并发慢性骨髓炎、大块死骨形成,长期不愈(1年以上);

6)双上肢长度相差8.0cm以上;

7)双下肢长度相差6.0cm以上;

8)四肢任一大关节(踝关节除外)功能丧失75%以上;

9)一踝关节强直固定于非功能位;

10)一肢体各大关节功能丧失均达50%;

11)一手拇指缺失达近节指骨1/2以上并相应掌指关节强直固定;

12)一足足弓结构完全破坏,另一足足弓结构部分破坏;

13)手或者足功能丧失分值≥40分。

5.8.7 体表及其他损伤

1)皮肤瘢痕形成达体表面积30%。

5.9 九级

5.9.1 颅脑、脊髓及周围神经损伤

1)精神障碍或者轻度智能减退,日常生活有关的活动能力中度受限;

2)外伤性癫痫(轻度);

3)脑叶部分切除术后;

4)一侧部分面瘫,遗留眼睑闭合不全或者口角歪斜;

5)一手部分肌瘫(肌力3级以下);

6)一足大部分肌瘫(肌力3级以下);

7)四肢重要神经损伤(上肢肘关节以上,下肢膝关节以上),遗留相应肌群肌力3级以下;

8)严重影响阴茎勃起功能;

9）轻度排便或者排尿功能障碍。

5.9.2　头面部损伤

1）头皮瘢痕形成或者无毛发，达头皮面积50%；

2）颅骨缺损25.0cm^2以上，不宜或者无法手术修补；

3）容貌毁损（轻度）；

4）面部条状瘢痕形成，累计长度达20.0cm；面部条状瘢痕形成（宽度达0.2cm），累计长度达10.0cm，其中至少5.0cm以上位于面部中心区；

5）面部块状瘢痕形成，单块面积达7.0cm^2，或者多块累计面积达9.0cm^2；

6）面部片状细小瘢痕形成或者色素异常，累计面积达30.0cm^2；

7）一侧眼睑严重畸形；一侧眼睑重度下垂，遮盖全部瞳孔；双侧眼睑轻度畸形；双侧眼睑下垂，遮盖部分瞳孔；

8）双眼泪器损伤均后遗溢泪；

9）双眼角膜斑翳或者血管翳，累及瞳孔区；双眼角膜移植术后；

10）双眼外伤性白内障；儿童人工晶体植入术后；

11）一眼盲目3级；

12）一眼重度视力损害，另一眼视力≤0.5；

13）一眼视野极度缺损，视野有效值≤8%（直径≤10°）；

14）双眼象限性视野缺损；

15）一侧眼睑轻度畸形（或者眼睑下垂，遮盖部分瞳孔）合并该眼中度视力损害；

16）一眼眶骨折后遗眼球内陷5mm以上；

17）耳廓缺损或者畸形，累计相当于一侧耳廓；

18）一耳听力障碍≥81dB HL；

19）一耳听力障碍≥61dB HL，另一耳听力障碍≥41dB HL；

20）一侧鼻翼或者鼻尖大部分缺损或者严重畸形；

21）唇缺损或者畸形，露齿3枚以上（其中1枚露齿达1/2）；

22）颌骨骨折，经牵引或者固定治疗后遗留功能障碍；

23）上颌骨或者下颌骨部分缺损伴牙齿缺失或者折断7枚以上；

24）张口受限Ⅱ度；

25）发声功能或者构音功能障碍（轻度）。

5.9.3　颈部及胸部损伤

1）颈前三角区瘢痕形成，累计面积达50.0cm^2；

2)甲状腺功能损害(轻度);

3)甲状旁腺功能损害(轻度);

4)气管或者支气管成形术后;

5)食管吻合术后;

6)食管腔内支架置入术后;

7)食管损伤,影响吞咽功能;

8)女性双侧乳房缺失或者毁损,累计范围相当于一侧乳房 1/2 以上;

9)女性一侧乳房大部分缺失或者严重畸形;

10)女性一侧乳头完全缺失或者双侧乳头部分缺失(或者畸形);

11)肋骨骨折 12 根以上,或者肋骨部分缺失 4 根以上;肋骨骨折 8 根以上并后遗 4 处畸形愈合;

12)心功能不全,心功能Ⅰ级;

13)冠状动脉移植术后;

14)心脏室壁瘤;

15)心脏异物存留或者取出术后;

16)缩窄性心包炎;

17)胸导管损伤;

18)肺段或者肺组织楔形切除术后;

19)肺脏异物存留或者取出术后。

5.9.4 腹部损伤

1)肝部分切除术后;

2)脾部分切除术后;

3)外伤性胰腺假性囊肿术后;

4)一侧肾部分切除术后;

5)胃部分切除术后;

6)肠部分切除术后;

7)胆道损伤胆管外引流术后;

8)胆囊切除术后;

9)肠梗阻反复发作;

10)膈肌修补术后遗留功能障碍(如膈肌麻痹或者膈疝)。

5.9.5 盆部及会阴部损伤

1)膀胱部分切除术后;

2)输尿管狭窄成形术后;

3)输尿管狭窄行腔内扩张术或者腔内支架置入术后;
4)一侧卵巢缺失或者丧失功能;
5)一侧输卵管缺失或者丧失功能;
6)子宫部分切除术后;
7)一侧附睾缺失;
8)一侧输精管损伤难以修复;
9)尿道狭窄(轻度);
10)肛管或者直肠损伤,排便功能轻度障碍或者肛门失禁(轻度)。
5.9.6 脊柱、骨盆及四肢损伤
1)一椎体粉碎性骨折,椎管内骨性占位;
2)一椎体并相应附件骨折,经手术治疗后;二椎体压缩性骨折;
3)骨盆两处以上骨折或者粉碎性骨折,严重畸形愈合;
4)青少年四肢长骨骨骺粉碎性或者压缩性骨折;
5)四肢任一大关节行关节假体置换术后;
6)双上肢前臂旋转功能丧失均达75%;
7)双上肢长度相差6.0cm以上;
8)双下肢长度相差4.0cm以上;
9)四肢任一大关节(踝关节除外)功能丧失50%以上;
10)一踝关节功能丧失75%以上;
11)一肢体各大关节功能丧失均达25%;
12)双足拇趾功能丧失均达75%;一足5趾功能均完全丧失;
13)双足跟骨粉碎性骨折畸形愈合;
14)双足足弓结构部分破坏;一足足弓结构完全破坏;
15)手或者足功能丧失分值≥25分。
5.9.7 体表及其他损伤
1)皮肤瘢痕形成达体表面积10%。
5.10 十级
5.10.1 颅脑、脊髓及周围神经损伤
1)精神障碍或者轻度智能减退,日常生活有关的活动能力轻度受限;
2)颅脑损伤后遗脑软化灶形成,伴有神经系统症状或者体征;
3)一侧部分面瘫;
4)嗅觉功能完全丧失;
5)尿崩症(轻度);

6)四肢重要神经损伤,遗留相应肌群肌力4级以下;

7)影响阴茎勃起功能;

8)开颅术后。

5.10.2 头面部损伤

1)面颅骨部分缺损或者畸形,影响面容;

2)头皮瘢痕形成或者无毛发,面积达40.0cm^2;

3)面部条状瘢痕形成(宽度达0.2cm),累计长度达6.0cm,其中至少3.0cm位于面部中心区;

4)面部条状瘢痕形成,累计长度达10.0cm;

5)面部块状瘢痕形成,单块面积达3.0cm^2,或者多块累计面积达5.0cm^2;

6)面部片状细小瘢痕形成或者色素异常,累计面积达10.0cm^2;

7)一侧眼睑下垂,遮盖部分瞳孔;一侧眼睑轻度畸形;一侧睑球粘连影响眼球运动;

8)一眼泪器损伤后遗溢泪;

9)一眼眶骨折后遗眼球内陷2mm以上;

10)复视或者斜视;

11)一眼角膜斑翳或者血管翳,累及瞳孔区;一眼角膜移植术后;

12)一眼外伤性青光眼,经手术治疗;一眼外伤性低眼压;

13)一眼外伤后无虹膜;

14)一眼外伤性白内障;一眼无晶体或者人工晶体植入术后;

15)一眼中度视力损害;

16)双眼视力≤0.5;

17)一眼视野中度缺损,视野有效值≤48%(直径≤60°);

18)一耳听力障碍≥61dB HL;

19)双耳听力障碍≥41dB HL;

20)一侧前庭平衡功能丧失,伴听力减退;

21)耳廓缺损或者畸形,累计相当于一侧耳廓的30%;

22)鼻尖或者鼻翼部分缺损深达软骨;

23)唇外翻或者小口畸形;

24)唇缺损或者畸形,致露齿;

25)舌部分缺损;

26)牙齿缺失或者折断7枚以上;牙槽骨部分缺损,合并牙齿缺失或者折断4枚以上；

27)张口受限Ⅰ度；

28)咽或者咽后区损伤影响吞咽功能。

5.10.3　颈部及胸部损伤

1)颏颈粘连畸形松解术后；

2)颈前三角区瘢痕形成,累计面积达25.0cm^2；

3)一侧喉返神经损伤,影响功能；

4)器质性声音嘶哑；

5)食管修补术后；

6)女性一侧乳房部分缺失或者畸形；

7)肋骨骨折6根以上,或者肋骨部分缺失2根以上;肋骨骨折4根以上并后遗2处畸形愈合；

8)肺修补术后；

9)呼吸困难(轻度)。

5.10.4　腹部损伤

1)腹壁疝,难以手术修补；

2)肝、脾或者胰腺修补术后；

3)胃、肠或者胆道修补术后；

4)膈肌修补术后。

5.10.5　盆部及会阴部损伤

1)肾、输尿管或者膀胱修补术后；

2)子宫或者卵巢修补术后；

3)外阴或者阴道修补术后；

4)睾丸破裂修补术后；

5)一侧输精管破裂修复术后；

6)尿道修补术后；

7)会阴部瘢痕挛缩,肛管狭窄；

8)阴茎头部分缺失。

5.10.6　脊柱、骨盆及四肢损伤

1)枢椎齿状突骨折,影响功能；

2)一椎体压缩性骨折(压缩程度达1/3)或者粉碎性骨折;一椎体骨折经手术治疗后；

3)四处以上横突、棘突或者椎弓根骨折,影响功能；

4）骨盆两处以上骨折或者粉碎性骨折，畸形愈合；

5）一侧髌骨切除；

6）一侧膝关节交叉韧带、半月板伴侧副韧带撕裂伤经手术治疗后，影响功能；

7）青少年四肢长骨骨折累及骨骺；

8）一上肢前臂旋转功能丧失75%以上；

9）双上肢长度相差4.0cm以上；

10）双下肢长度相差2.0cm以上；

11）四肢任一大关节（踝关节除外）功能丧失25%以上；

12）一踝关节功能丧失50%以上；

13）下肢任一大关节骨折后遗创伤性关节炎；

14）肢体重要血管循环障碍，影响功能；

15）一手小指完全缺失并第5掌骨部分缺损；

16）一足拇趾功能丧失75%以上；一足5趾功能丧失均达50%；双足拇趾功能丧失均达50%；双足除拇趾外任何4趾功能均完全丧失；

17）一足跟骨粉碎性骨折畸形愈合；

18）一足足弓结构部分破坏；

19）手或者足功能丧失分值≥10分。

5.10.7　体表及其他损伤

1）手部皮肤瘢痕形成或者植皮术后，范围达一手掌面积50%；

2）皮肤瘢痕形成达体表面积4%；

3）皮肤创面长期不愈超过1年，范围达体表面积1%。

6　附则

6.1　遇有本标准致残程度分级系列中未列入的致残情形，可根据残疾的实际情况，依据本标准附录A的规定，并比照最相似等级的条款，确定其致残程度等级。

6.2　同一部位和性质的残疾，不应采用本标准条款两条以上或者同一条款两次以上进行鉴定。

6.3　本标准中四肢大关节是指肩、肘、腕、髋、膝、踝等六大关节。

6.4　本标准中牙齿折断是指冠折1/2以上，或者牙齿部分缺失致牙髓腔暴露。

6.5　移植、再植或者再造成活组织器官的损伤应根据实际后遗功能障碍程度参照相应分级条款进行致残程度等级鉴定。

6.6 永久性植入式假体(如颅骨修补材料、种植牙、人工支架等)损坏引起的功能障碍可参照相应分级条款进行致残程度等级鉴定。

6.7 本标准中四肢重要神经是指臂丛及其分支神经(包括正中神经、尺神经、桡神经和肌皮神经等)和腰骶丛及其分支神经(包括坐骨神经、腓总神经和胫神经等)。

6.8 本标准中四肢重要血管是指与四肢重要神经伴行的同名动、静脉。

6.9 精神分裂症或者心境障碍等内源性疾病不是外界致伤因素直接作用所致,不宜作为致残程度等级鉴定的依据,但应对外界致伤因素与疾病之间的因果关系进行说明。

6.10 本标准所指未成年人是指年龄未满18周岁者。

6.11 本标准中涉及面部瘢痕致残程度需测量长度或者面积的数值时,0~6周岁者按标准规定值50%计,7~14周岁者按80%计。

6.12 本标准中凡涉及数量、部位规定时,注明"以上"、"以下"者,均包含本数(有特别说明的除外)。

附录 A
(规范性附录)
致残程度等级划分依据

A.1 一级残疾的划分依据

a)组织器官缺失或者功能完全丧失,其他器官不能代偿;
b)存在特殊医疗依赖;
c)意识丧失;
d)日常生活完全不能自理;
e)社会交往完全丧失。

A.2 二级残疾的划分依据

a)组织器官严重缺损或者畸形,有严重功能障碍,其他器官难以代偿;
b)存在特殊医疗依赖;
c)日常生活大部分不能自理;
d)各种活动严重受限,仅限于床上或者椅子上的活动;
e)社会交往基本丧失。

A.3 三级残疾的划分依据

a)组织器官严重缺损或者畸形,有严重功能障碍;
b)存在特殊医疗依赖;
c)日常生活大部分或者部分不能自理;
d)各种活动严重受限,仅限于室内的活动;
e)社会交往极度困难。

A.4 四级残疾的划分依据

a)组织器官严重缺损或者畸形,有重度功能障碍;
b)存在特殊医疗依赖或者一般医疗依赖;
c)日常生活能力严重受限,间或需要帮助;
d)各种活动严重受限,仅限于居住范围内的活动;
e)社会交往困难。

A.5 五级残疾的划分依据

a)组织器官大部分缺损或者明显畸形,有中度(偏重)功能障碍;
b)存在一般医疗依赖;
c)日常生活能力部分受限,偶尔需要帮助;
d)各种活动中度受限,仅限于就近的活动;

e)社会交往严重受限。

A.6 六级残疾的划分依据

a)组织器官大部分缺损或者明显畸形,有中度功能障碍;

b)存在一般医疗依赖;

c)日常生活能力部分受限,但能部分代偿,条件性需要帮助;

d)各种活动中度受限,活动能力降低;

e)社会交往贫乏或者狭窄。

A.7 七级残疾的划分依据

a)组织器官大部分缺损或者明显畸形,有中度(偏轻)功能障碍;

b)存在一般医疗依赖,无护理依赖;

c)日常生活有关的活动能力极重度受限;

d)各种活动中度受限,短暂活动不受限,长时间活动受限;

e)社会交往能力降低。

A.8 八级残疾的划分依据

a)组织器官部分缺损或者畸形,有轻度功能障碍,并造成明显影响;

b)存在一般医疗依赖,无护理依赖;

c)日常生活有关的活动能力重度受限;

d)各种活动轻度受限,远距离活动受限;

e)社会交往受约束。

A.9 九级残疾的划分依据

a)组织器官部分缺损或者畸形,有轻度功能障碍,并造成较明显影响;

b)无医疗依赖或者存在一般医疗依赖,无护理依赖;

c)日常生活有关的活动能力中度受限;

d)工作与学习能力下降;

e)社会交往能力部分受限。

A.10 十级残疾的划分依据

a)组织器官部分缺损或者畸形,有轻度功能障碍,并造成一定影响;

b)无医疗依赖或者存在一般医疗依赖,无护理依赖;

c)日常生活有关的活动能力轻度受限;

d)工作与学习能力受到一定影响;

e)社会交往能力轻度受限。

附录 B
（资料性附录）
器官功能分级判定基准及使用说明

B.1 持续性植物生存状态

植物生存状态可以是暂时的，也可以呈持续性。持续性植物生存状态是指严重颅脑损伤经治疗及必要的康复后仍缺乏意识活动，丧失语言，而仅保留无意识的姿态调整和运动功能的状态。机体虽能维持基本生命体征，但无意识和思维，缺乏对自身和周围环境的感知能力的生存状态。伤者有睡眠—觉醒周期，部分或全部保存下丘脑和脑干功能，但是缺乏任何适应性反应，缺乏任何接受和反映信息的功能性思维。

植物生存状态诊断标准：①认知功能丧失，无意识活动，不能执行指令；②保持自主呼吸和血压；③有睡眠—觉醒周期；④不能理解或表达语言；⑤自动睁眼或刺激下睁眼；⑥可有无目的性眼球跟踪运动；⑦丘脑下部及脑干功能基本保存。

持续性植物生存状态指脑损伤后上述表现至少持续 6 个月以上，且难以恢复。

注：反复发作性意识障碍，作为癫痫的一组症状或癫痫发作的一种形式时，不单独鉴定其致残程度。

B.2 精神障碍

B.2.1 症状标准

有下列表现之一者：

a）智能损害综合征；

b）遗忘综合征；

c）人格改变；

d）意识障碍；

e）精神病性症状（如幻觉、妄想、紧张综合征等）；

f）情感障碍综合征（如躁狂综合征、抑郁综合征等）；

g）解离（转换）综合征；

h）神经症样综合征（如焦虑综合征、情感脆弱综合征等）。

B.2.2 精神障碍的认定

a）精神障碍的发病基础需有颅脑损伤的存在；

b）精神障碍的起病时间需与颅脑损伤的发生相吻合；

c)精神障碍应随着颅脑损伤的改善而缓解；

d)无证据提示精神障碍的发病存在其他原因(如强阳性家族史)。

精神分裂症和躁郁症均为内源性疾病,发病主要决定于病人自身的生物学素质,不属于人身损害所致的精神障碍。

B.3 智能损害

B.3.1 智能损害的症状

a)记忆减退,最明显的是学习新事物的能力受损；

b)以思维和信息处理过程减退为特征的智能损害,如抽象概括能力减退,难以解释成语、谚语,掌握词汇量减少,不能理解抽象意义的语汇,难以概括同类事物的共同特征,或判断力减退；

c)情感障碍,如抑郁、淡漠,或敌意增加等；

d)意志减退,如懒散、主动性降低；

e)其他高级皮层功能受损,如失语、失认、失用或者人格改变等；

f)无意识障碍。

注:符合上述症状标准至少满6个月方可诊断。

B.3.2 智能损害分级

a)极重度智能减退智商(IQ)<20;语言功能丧失;生活完全不能自理。

b)重度智能减退IQ 20~34;语言功能严重受损,不能进行有效的交流;生活大部分不能自理。

c)中度智能减退IQ 35~49;能掌握日常生活用语,但词汇贫乏,对周围环境辨别能力差,只能以简单的方式与人交往;生活部分不能自理,能做简单劳动。

d)轻度智能减退IQ 50~69;无明显语言障碍,对周围环境有较好的辨别能力,能比较恰当的与人交往;生活能自理,能做一般非技术性工作。

e)边缘智能状态IQ 70~84;抽象思维能力或者思维广度、深度及机敏性显示不良;不能完成高级或者复杂的脑力劳动。

B.4 生活自理能力

具体评价方法参考《人身损害护理依赖程度评定》(GB/T 31147)。

B.5 失语症

失语症是指由于中枢神经损伤导致抽象信号思维障碍而丧失口语、文字的表达和理解能力的临床症候群,失语症不包括由于意识障碍和普通的智力减退造成的语言症状,也不包括听觉、视觉、书写、发音等感觉和运动器官损害引起的语言、阅读和书写障碍。

失语症又可分为：完全运动性失语，不完全运动性失语；完全感觉性失语，不完全感觉性失语；混合性失语；完全性失用，不完全性失用；完全性失写，不完全性失写；完全性失读，不完全性失读；完全性失认，不完全性失认等。

注：脑外伤后失语的认定应该符合以下几个方面的要求：(1)脑损伤的部位应该与语言功能有关；(2)病史材料应该有就诊记录并且有关于失语的描述；(3)有明确的临床诊断或者专家咨询意见。

B.6　外伤性癫痫分度

外伤性癫痫通常是指颅脑损伤3个月后发生的癫痫，可分为以下三度：

a)轻度　各种类型的癫痫发作，经系统服药治疗1年后能控制的；

b)中度　各种类型的癫痫发作，经系统服药治疗1年后，全身性强直—阵挛发作、单纯或复杂部分发作，伴自动症或精神症状(相当于大发作、精神运动性发作)平均每月1次或1次以下，失神发作和其他类型发作平均每周1次以下；

c)重度　各种类型的癫痫发作，经系统服药治疗1年后，全身性强直—阵挛发作、单纯或复杂部分发作，伴自动症或精神症状(相当于大发作、精神运动性发作)平均每月2次以上，失神发作和其他类型发作平均每周2次以上。

注：外伤性癫痫致残程度鉴定时应根据以下信息综合判断：(1)应有脑器质性损伤或中毒性脑病的病史；(2)应有一年来系统治疗的临床病史资料；(3)可能时，应提供其他有效资料，如脑电图检查、血药浓度测定结果等。其中，前两项是癫痫致残程度鉴定的必要条件。

B.7　肌力分级

肌力是指肌肉收缩时的力量，在临床上分为以下六级：

a)0级　肌肉完全瘫痪，毫无收缩；

b)1级　可看到或者触及肌肉轻微收缩，但不能产生动作；

c)2级　肌肉在不受重力影响下，可进行运动，即肢体能在床面上移动，但不能抬高；

d)3级　在和地心引力相反的方向中尚能完成其动作，但不能对抗外加阻力；

e)4级　能对抗一定的阻力，但较正常人降低；

f)5级　正常肌力。

注：肌力检查时应注意以下几点综合判断：(1)肌力减退多见于神经源性和肌源性，如神经系统损伤所致肌力减退，则应有相应的损伤基础；(2)肌力检查结果是否可靠依赖于检查者正确的检查方法和受检者的理解与配合，肌力检查结果的可靠性要结合伤者的配合程度而定；(3)必要时，应进行神经电生理等客观检查。

B.8 非肢体瘫运动障碍分度

非肢体瘫的运动障碍,包括肌张力增高、深感觉障碍和(或)小脑性共济失调、不自主运动或者震颤等。根据其对生活自理的影响程度划分为轻、中、重三度:

a)重度 不能自行进食、大小便、洗漱、翻身和穿衣,需要他人护理;

b)中度 完成上述动作困难,但在他人帮助下可以完成;

c)轻度 完成上述动作虽有一定困难,但基本可以自理。

注:非肢体运动障碍程度的评定应注意以下几点综合判断:(1)有引起非肢体瘫运动障碍的损伤基础;(2)病史材料中有非肢体瘫运动障碍的诊疗记录和症状描述;(3)有相关生活自理能力受限的检查记录;(4)家属或者近亲属的代诉仅作为参考。

B.9 尿崩症分度

a)重度 每日尿量在10000mL以上;

b)中度 每日尿量在5001~9999mL;

c)轻度 每日尿量在2500~5000mL。

B.10 排便功能障碍(大便失禁)分度

a)重度 大便不能控制,肛门括约肌收缩力很弱或者丧失,肛门括约肌收缩反射很弱或者消失,肛门注水法测定直肠内压<20cmH_2O;

b)轻度 稀便不能控制,肛门括约肌收缩力较弱,肛门括约肌收缩反射较弱,肛门注水法测定直肠内压20~30cmH_2O。

注:此处排便功能障碍是指脑、脊髓或者自主神经损伤致肛门括约肌功能障碍所引起的大便失禁。而肛门或者直肠损伤既可以遗留大便失禁,也可以遗留排便困难,应依据相应条款评定致残程度等级。

B.11 排尿功能障碍分度

a)重度 出现真性重度尿失禁或者排尿困难且尿潴留残余尿≥50mL者;

b)轻度 出现真性轻度尿失禁或者排尿困难且尿潴留残余尿≥10mL但<50mL者。

注:此处排尿功能障碍是指脑、脊髓或者自主神经损伤致膀胱括约肌功能障碍所引起的小便失禁或者尿潴留。当膀胱括约肌损伤遗留尿失禁或者尿潴留时,也可依据排尿功能障碍程度评定致残程度等级。

B.12 器质性阴茎勃起障碍分度

a)重度 阴茎无勃起反应,阴茎硬度及周径均无改变;

b)中度 阴茎勃起时最大硬度>0%,<40%;

c)轻度 阴茎勃起时最大硬度≥40%,<60%,或者阴茎勃起时最大硬度

虽达 60%,但持续时间 <10 分钟。

注 1:阴茎勃起正常值范围 最大硬度≥60%,持续时间≥10 分钟。

注 2:器质性阴茎勃起障碍是指脑、脊髓或者周围神经(躯体神经或者自主神经)损伤所引起的。其他致伤因素所致的血管性、内分泌性或者药物性阴茎勃起障碍也可依此分度评定致残程度等级。

B.13 阴茎勃起功能影响程度分级

a)严重影响阴茎勃起功能 连续监测三晚,阴茎夜间勃起平均每晚≤1次;

b)影响阴茎勃起功能 连续监测三晚,阴茎夜间勃起平均每晚≤3 次。

B.14 面部瘢痕分类

本标准规定的面部包括前额发际下,两耳根前与下颌下缘之间的区域,包括额部、眶部、鼻部、口唇部、颏部、颧部、颊部和腮腺咬肌部,不包括耳廓。以眉弓水平线为上横线,以下唇唇红缘中点处作水平线为下横线,以双侧外眦处作两条垂直线,上述四条线围绕的中央部分为面部中心区。

本标准将面部瘢痕分为以下几类:

a)面部块状瘢痕 是指增生性瘢痕、瘢痕疙瘩、蹼状瘢痕等,不包括浅表瘢痕(外观多平坦,与四周皮肤表面平齐或者稍低,平滑光亮,色素减退,一般不引起功能障碍);

b)面部细小瘢痕(或者色素明显改变) 是指面部较密集散在瘢痕或者色素沉着(或者脱失),瘢痕呈网状或者斑片状,其间可见正常皮肤。

B.15 容貌毁损分度

B.15.1 重度

面部瘢痕畸形,并有以下六项中四项者:

a)双侧眉毛完全缺失;

b)双睑外翻或者完全缺失;

c)双侧耳廓完全缺失;

d)外鼻完全缺失;

e)上、下唇外翻或者小口畸形;

f)颏颈粘连(中度以上)。

B.15.2 中度

面部瘢痕畸形,并有以下六项中三项者:

a)眉毛部分缺失(累计达一侧眉毛 1/2);

b)眼睑外翻或者部分缺失;

c)耳廓部分缺损(累计达一侧耳廓15%);

d)鼻部分缺损(鼻尖或者鼻翼缺损深达软骨);

e)唇外翻或者小口畸形;

f)颏颈粘连(轻度)。

B.15.3　轻度

含中度畸形六项中二项者。

B.16　眼睑畸形分度

B.16.1　眼睑轻度畸形

a)轻度眼睑外翻　睑结膜与眼球分离,泪点脱离泪阜;

b)眼睑闭合不全　自然闭合及用力闭合时均不能使睑裂完全消失;

c)轻度眼睑缺损　上睑和/或下睑软组织缺损,范围<一侧上睑的1/2。

B.16.2　眼睑严重畸形

a)重度眼睑外翻　睑结膜严重外翻,穹隆部消失;

b)重度眼睑缺损　上睑和/或下睑软组织缺损,范围≥一侧上睑的1/2。

B.17　张口受限分度

a)张口受限Ⅰ度　尽力张口时,上、下切牙间仅可勉强置入垂直并列之示指和中指;

b)张口受限Ⅱ度　尽力张口时,上、下切牙间仅可置入垂直之示指;

c)张口受限Ⅲ度　尽力张口时,上、下切牙间距小于示指之横径。

B.18　面瘫(面神经麻痹)分级

a)完全性面瘫　是指面神经5个分支(颞支、颧支、颊支、下颌缘支和颈支)支配的全部肌肉(包括颈部的颈阔肌)瘫痪;

b)大部分面瘫　是指面神经5个分支中有3个分支支配的肌肉瘫痪;

c)部分面瘫　是指面神经5个分支中有1个分支支配的肌肉瘫痪。

B.19　视力损害分级

盲及视力损害分级标准见表B-1。

表B-1　盲及视力损害分级标准

分类	远视力低于	远视力等于或优于
轻度或无视力损害		0.3
中度视力损害(视力损害1级)	0.3	0.1
重度视力损害(视力损害2级)	0.1	0.05

续表

分类	远视力低于	远视力等于或优于
盲(盲目3级)	0.05	0.02
盲(盲目4级)	0.02	光感
盲(盲目5级)		无光感

B.20　颏颈粘连分度

a)轻度　单纯的颈部瘢痕或者颈胸瘢痕。瘢痕位于颌颈角平面以下的颈胸部,颈部活动基本不受限制,饮食、吞咽等均无影响;

b)中度　颏颈瘢痕粘连或者颏颈胸瘢痕粘连。颈部后仰及旋转受到限制,饮食、吞咽有所影响,不流涎,下唇前庭沟并不消失,能闭口;

c)重度　唇颏颈瘢痕粘连。自下唇至颈前均为挛缩瘢痕,下唇、颏部和颈前区均粘连在一起,颈部处于强迫低头姿势。

B.21　甲状腺功能低下分度

a)重度　临床症状严重,T3、T4或者FT3、FT4低于正常值,TSH > 50μU/L;

b)中度　临床症状较重,T3、T4或者FT3、FT4正常,TSH > 50μU/L;

c)轻度　临床症状较轻,T3、T4或者FT3、FT4正常,TSH轻度增高但 < 50μU/L。

B.22　甲状旁腺功能低下分度

a)重度　空腹血钙质量浓度 < 6mg/dL;

b)中度　空腹血钙质量浓度6～7mg/dL;

c)轻度　空腹血钙质量浓度7.1～8mg/dL。

注:以上分级均需结合临床症状,必要时参考甲状旁腺激素水平综合判定。

B.23　发声功能障碍分度

a)重度　声哑、不能出声;

b)轻度　发音过弱、声嘶、低调、粗糙、带鼻音。

B.24　构音功能障碍分度

a)重度　音不分明,语不成句,难以听懂,甚至完全不能说话;

b)轻度　发音不准,吐字不清,语调速度、节律等异常,以及鼻音过重等。

B.25　呼吸困难分度(见表B-2)

表 B－2 呼吸困难分度

程度	临床表现	阻塞性通气功能减退：一秒钟用力呼气量占预计值百分比	限制性通气功能减退：肺活量	血氧分压（mmHg）
极重度	稍活动（如穿衣、谈话）即气短。	<30%	<50%	<60
重度	平地步行100米即有气短。	30%～49%	50%～59%	60～87
中度	平地步行1000米无气短，但不能与同龄健康者保持相同速度，快步行走出现气短，登山或上楼时气短明显。	50%～79%	60%～69%	—
轻度	与同龄健康者在平地一同步行无气短，但登山或上楼时呈现气短。	≥80%	70%	—

注：动脉血氧分压在60～87mmHg时，需参考其他肺功能检验结果。

B.26 心功能分级

a）Ⅰ级 体力活动无明显受限，日常活动不易引起过度乏力、呼吸困难或者心悸等不适。亦称心功能代偿期；

b）Ⅱ级 体力活动轻度受限，休息时无明显不适症状，但日常活动即可引起乏力、心悸、呼吸困难或者心绞痛。亦称Ⅰ度或者轻度心衰；

c）Ⅲ级 体力活动明显受限，休息时无症状，轻于日常的活动即可引起上述症状。亦称Ⅱ度或者中度心衰；

d）Ⅳ级 不能从事任何体力活动，休息时亦有充血性心衰或心绞痛症状，任何体力活动后加重。亦称Ⅲ度或者重度心衰。

注：心功能评残时机应以损伤后心功能稳定6个月以上为宜，结合心功能客观检查结果，如EF值等。

B.27 肝衰竭分期

a）早期 ①极度疲乏，并有厌食、呕吐和腹胀等严重消化道症状；②黄疸进行性加重（血清总胆红素≥171μmol/L或每日上升17.1μmol/L；③有出血倾向，30%凝血酶原活动度（PTA）≤40%；未出现肝性脑病或明显腹水。

b）中期 在肝衰竭早期表现的基础上，病情进一步进展，并出现以下情况之一者:①出现Ⅱ度以上肝性脑病和(或)明显腹水;②出血倾向明显(出血点或瘀斑),且20%凝血酶原活动度(PTA)≤30%。

c)晚期　在肝衰竭中期表现的基础上,病情进一步进展,并出现以下情况之一者:①有难治性并发症,例如肝肾综合征、上消化道出血、严重感染和难以纠正的电解质紊乱;②出现Ⅲ度以上肝性脑病;③有严重出血倾向(注射部位瘀斑等),凝血酶原活动度(PTA)≤20%。

B.28　肾功能损害分期

肾功能损害是指:①肾脏损伤(肾脏结构或功能异常)≥3个月,可以有或无肾小球滤过率(GFR)下降,临床上表现为病理学检查异常或者肾损伤(包括血、尿成分异常或影像学检查异常);②GFR · 60mL/(min · 1.73m^2)达3个月,有或无肾脏损伤证据。

慢性肾脏病(CKD)肾功能损害分期见表B-3。

表B-3　肾功能损害分期

CKD分期	名称	诊断标准
1期	肾功能正常	GFR≥90mL/(min · 1.73m^2)
2期	肾功能轻度下降	GFR60~89mL/(min · 1.73m^2)≥3个月,有或无肾脏损伤证据
3期	肾功能中度下降	GFR30~59mL/(min · 1.73m^2)
4期	肾功能重度下降	GFR15~29mL/(min · 1.73m^2)
5期	肾衰竭	GFR<15mL/(min · 1.73m^2)

B.29　肾上腺皮质功能减退分度

B.29.1　功能明显减退

a)乏力,消瘦,皮肤、黏膜色素沉着,白癜,血压降低,食欲不振;

b)24h尿中17-羟类固醇<4mg,17-酮类固醇<10mg;

c)血浆皮质醇含量:早上8时,<9mg/100mL;下午4时,<3mg/100mL;

d)尿中皮质醇<5mg/24h。

B.29.2　功能轻度减退

a)具有功能明显减退之b)、c)两项者;

b)无典型临床症状。

B.30　生殖功能损害分度

a)重度　精液中精子缺如;

b)轻度　精液中精子数<500万/mL,或者异常精子>30%,或者死精子与运动能力很弱的精子 >30%。

B.31 尿道狭窄分度

B.31.1 尿道重度狭窄

a)临床表现为尿不成线、滴沥,伴有尿急、尿不尽或者遗尿等症状;

b)尿道造影检查显示尿道明显狭窄,狭窄部位尿道内径小于正常管径的1/3;

c)超声检查示膀胱残余尿阳性;

d)尿流动力学检查示严重排尿功能障碍;

e)经常行尿道扩张效果不佳,有尿道成形术适应证。

B.31.2 尿道轻度狭窄

a)临床表现为尿流变细、尿不尽等;

b)尿道造影检查示尿道狭窄,狭窄部位尿道内径小于正常管径的2/3;

c)超声检查示膀胱残余尿阳性;

d)尿流动力学检查示排尿功能障碍;

e)有尿道扩张治疗适应证。

注:尿道狭窄应以尿道造影等客观检查为主,结合临床表现综合评判。

B.32 股骨头坏死分期

a)股骨头坏死1期(超微结构变异期) X线片显示股骨头承载系统中的骨小梁结构排列紊乱、断裂,出现股骨头边缘毛糙。临床上伴有或不伴有局限性轻微疼痛;

b)股骨头坏死2期(有感期) X线片显示股骨头内部出现小的囊变影,囊变区周围的环区密度不均,骨小梁结构紊乱、稀疏或模糊,也可出现细小的塌陷,塌陷面积可达10% ~30%。临床伴有疼痛明显、活动轻微受限等;

c)股骨头坏死3期(坏死期) X线片显示股骨头形态改变,可出现边缘不完整、虫蚀状或扁平等形状,部分骨小梁结构消失,骨密度很不均匀,髋臼与股骨头间隙增宽或变窄,也可有骨赘形成。临床表现为疼痛、间歇性跛行、关节活动受限以及患肢出现不同程度的缩短等;

d)股骨头坏死4期(致残期) 股骨头的形态、结构明显改变,出现大面积不规则塌陷或变平,骨小梁结构变异,髋臼与股骨头间隙消失等。临床表现为疼痛、功能障碍、僵直不能行走,出现髋关节脱位或半脱位,可致相应膝关节活动部分受限。

注:本标准股骨头坏死是指股骨头坏死3期或者4期。若股骨头坏死影像学表现尚未达股骨头坏死3期,但临床已行股骨头置换手术,则按四肢大关节人工关节置换术后鉴定致残程度等级。

B.33　再生障碍性贫血

B.33.1　再生障碍性贫血诊断标准

a) 血常规检查　全血细胞减少，校正后的网织红细胞比例 $<1\%$，淋巴细胞比例增高。至少符合以下三项中的两项：$Hb<100g/L$；$BPC<50\times10^9/L$；中性粒细胞绝对值（ANC）$<1.5\times10^9/L$。

b) 骨髓穿刺　多部位（不同平面）骨髓增生减低或重度减低；小粒空虚，非造血细胞（淋巴细胞、网状细胞、浆细胞、肥大细胞等）比例增高；巨核细胞明显减少或缺如；红系、粒系细胞均明显减少。

c) 骨髓活检（髂骨）　全切片增生减低，造血组织减少，脂肪组织和（或）非造血细胞增多，网硬蛋白不增加，无异常细胞。

d) 除外检查　必须除外先天性和其他获得性、继发性骨髓衰竭性疾病。

B.33.2　重型再生障碍性贫血

a) 骨髓细胞增生程度 $<25\%$ 正常值；若 $\geq25\%$ 但 $<50\%$，则残存造血细胞应 $<30\%$。

b) 血常规需具备下列三项中的两项：$ANC<0.5\times10^9/L$；校正的网织红细胞 $<1\%$ 或绝对值 $<20\times10^9/L$；$BPC<20\times10^9/L$。

注：若 $ANC<0.2\times10^9/L$ 为极重型再生障碍性贫血。

B.33.3　非重型再生障碍性贫血

未达到重型标准的再生障碍性贫血。

附录 C
（资料性附录）
常用鉴定技术和方法

C.1　视力障碍检查

本标准所指的视力均指“矫正视力”。视力记录可采用小数记录或者 5 分记录两种方式。正常视力是指远距视力经矫正（包括接触镜、针孔镜等）达到 0.8 以上。

中心视力好而视野缩小，以注视点为中心，如视野半径小于 10 度而大于 5 度者相当于盲目 3 级，半径小于 5 度者相当于盲目 4 级。

周边视野检查要求：直径 5mm 的白色视标，检查距离 330mm，视野背景亮度为 31.5asb。

视力障碍检查具体方法参考《视觉功能障碍法医鉴定指南》（SF/Z JD 0103004）。

C.2 视野有效值计算

视野有效值计算公式：

$$实测视野有效值(\%)=\frac{8\text{条子午线实测视野值的总和}}{500}$$

视野有效值换算见表 C－1。

表 C－1 视野有效值与视野半径的换算

视野有效值(%)	视野度数(半径)
8	5°
16	10°
24	15°
32	20°
40	25°
48	30°
56	35°
64	40°
72	45°

C.3 听力评估方法

听力障碍检查应符合《听力障碍的法医学评定》(GA/T 914)。听力损失计算应按照世界卫生组织推荐的听力减退分级的频率范围，取 0.5、1、2、4kHz 四个频率气导听阈级的平均值。如所得均值不是整数，则小数点后之尾数采用 4 舍 5 入法修为整数。

纯音听阈级测试时，如某一频率纯音气导最大声输出仍无反应时，以最大声输出值作为该频率听阈级。

听觉诱发电位测试时，若最大输出声强仍引不出反应波形的，以最大输出声强为反应阈值。在听阈评估时，听力学单位一律使用听力级(dB HL)。一般情况下，受试者听觉诱发电位反应阈要比其行为听阈高 10～20 dB(该差值又称“校正值”)，即受试者的行为听阈等于其听觉诱发电位反应阈减去“校正值”。实施听觉诱发电位检测的机构应建立本实验室的“校正值”，若尚未建立，建议取参考平均值(15 dB)作为“校正值”。

纯音气导听阈级应考虑年龄因素，按照《声学听阈与年龄关系的统计分布》(GB/T 7582)听阈级偏差的中值(50%)进行修正(见表 C－2)。

表 C－2　耳科正常人随年龄增长超过的听阈偏差中值(GB/T 7582)

	男				女			
年龄	500	1000	2000	4000	500	1000	2000	4000
30～39	1	1	1	2	1	1	1	1
40～49	2	2	3	8	2	2	3	4
50～59	4	4	7	16	4	4	6	9
60～69	6	7	12	28	6	7	11	16
70～	9	11	19	43	9	11	16	24

C.4　前庭功能检查

本标准所指的前庭功能丧失及减退,是指外力作用于颅脑或者耳部,造成前庭系统的损伤,伤后出现前庭平衡功能障碍的临床表现,自发性前庭体征检查法和诱发性前庭功能检查法等有阳性发现(如眼震电图/眼震视图,静、动态平衡仪,前庭诱发电位等检查)。应结合听力检查与神经系统检查,以及影像学检查综合判定前庭功能障碍程度。

C.5　阴茎勃起功能评定

阴茎勃起功能应符合 GA/T 1188《男性性功能障碍法医学鉴定》的要求。

C.6　体表面积计算

九分估算法:成人体表面积视为100%,将总体表面积划分为11个9%等面积区域。即头(面)部与颈部共占1个9%,双上肢共占2个9%,躯干前后及会阴部共占3个9%,臀部及双下肢共占5个9%＋1%(见表C－3)。

表 C－3　体表面积的九分估算法

部位	面积,%	按九分法面积,%
头	6	(1×9)＝9
颈	3	
前躯	13	(3×9)＝27
后躯	13	
会阴	1	
双上臂	7	(2×9)＝18
双前臂	6	
双手	5	

续表

部位	面积,%	按九分法面积,%
臀	5	(5×9+1)=46
双大腿	21	
双小腿	13	
双足	7	
全身合计	100	(11×9+1)=100

手掌法:受检者五指并拢,一掌面约相当其自身体表面积的1%。

公式计算法:体表总面积 $S(m^2)=0.0061\times$身长(cm)$+0.0128\times$体重(kg)-0.1529。

注:12岁以下儿童体表面积:头颈部% =[9+(12-年龄)]%,双下肢% =[46-(12-年龄)]%。

C.7 肢体关节功能评定

先根据受损关节活动度大小及关节肌群肌力等级直接查表(见表C-4~表C-9)得出受损关节各方位功能丧失值,再将受损关节各方位功能丧失值累计求和后除以该关节活动方位数(如肩关节活动方位为6)即可得出受损关节功能丧失值。

注:(1)表C-4~表C-9仅适用于四肢大关节骨关节损伤后遗关节运动活动度受限合并周围神经损伤后遗相关肌群肌力下降所致关节功能障碍的情形。单纯中枢神经或者周围神经损伤所致关节功能障碍的情形应适用专门性条款。(2)当关节活动受限于某一方位时,其同一轴位的另一方位功能丧失值以100%计。如腕关节掌屈和背屈,轴位相同,但方位不同。当腕关节活动限制在掌屈10度与50度之间,则掌屈以40度计(查表求得功能丧失值为30%),而背屈功能丧失值以100%计。(3)伤侧关节功能丧失值应与对(健)侧进行比较,即同时用查表法分别求出伤侧和对侧关节功能丧失值,并用伤侧关节功能丧失值减去对侧关节功能丧失值,其差值即为伤侧关节功能实际丧失值。(4)由于本方法对于关节功能的评定已经考虑到肌力减退对于关节功能的影响,故在测量关节运动活动度时,应以关节被动活动度为准。

C.7.1 肩关节功能丧失程度评定(见表C-4)

表C-4 肩关节功能丧失程度(%)

	关节运动活动度	肌力				
		≤M1	M2	M3	M4	M5
前屈	≥171	100	75	50	25	0
	151~170	100	77	55	32	10
	131~150	100	80	60	40	20
	111~130	100	82	65	47	30
	91~110	100	85	70	55	40
	71~90	100	87	75	62	50
	51~70	100	90	80	70	60
	31~50	100	92	85	77	70
	≤30	100	95	90	85	80
后伸	≥41	100	75	50	25	0
	31~40	100	80	60	40	20
	21~30	100	85	70	55	40
	11~20	100	90	80	70	60
	≤10	100	95	90	85	80
外展	≥171	100	75	50	25	0
	151~170	100	77	55	32	10
	131~150	100	80	60	40	20
	111~130	100	82	65	47	30
	91~110	100	85	70	55	40
	71~90	100	87	75	62	50
	51~70	100	90	80	70	60
	31~50	100	92	85	77	70
	≤30	100	95	90	85	80
内收	≥41	100	75	50	25	0
	31~40	100	80	60	40	20
	21~30	100	85	70	55	40
	11~20	100	90	80	70	60
	≤10	100	95	90	85	80

续表

	关节运动活动度	肌力				
		≤M1	M2	M3	M4	M5
内旋	≥81	100	75	50	25	0
	71~80	100	77	55	32	10
	61~70	100	80	60	40	20
	51~60	100	82	65	47	30
	41~50	100	85	70	55	40
	31~40	100	87	75	62	50
	21~30	100	90	80	70	60
	11~20	100	92	85	77	70
	≤10	100	95	90	85	80
外旋	≥81	100	75	50	25	0
	71~80	100	77	55	32	10
	61~70	100	80	60	40	20
	51~60	100	82	65	47	30
	41~50	100	85	70	55	40
	31~40	100	87	75	62	50
	21~30	100	90	80	70	60
	11~20	100	92	85	77	70
	≤10	100	95	90	85	80

C.7.2 肘关节功能丧失程度评定(见表C-5)

表C-5 肘关节功能丧失程度(%)

	关节运动活动度	肌力				
		≤M1	M2	M3	M4	M5
屈曲	≥41	100	75	50	25	0
	36~40	100	77	55	32	10
	31~35	100	80	60	40	20
	26~30	100	82	65	47	30
	21~25	100	85	70	55	40
	16~20	100	87	75	62	50
	11~15	100	90	80	70	60
	6~10	100	92	85	77	70
	≤5	100	95	90	85	80

续表

	关节运动活动度	肌力				
		≤M1	M2	M3	M4	M5
伸展	81～90	100	75	50	25	0
	71～80	100	77	55	32	10
	61～70	100	80	60	40	20
	51～60	100	82	65	47	30
	41～50	100	85	70	55	40
	31～40	100	87	75	62	50
	21～30	100	90	80	70	60
	11～20	100	92	85	77	70
	≤10	100	95	90	85	80

注:为方便肘关节功能计算,此处规定肘关节以屈曲 90 度为中立位 0 度。

C.7.3 腕关节功能丧失程度评定(见表 C－6)

表 C－6 腕关节功能丧失程度(%)

	关节运动活动度	肌力				
		≤M1	M2	M3	M4	M5
掌屈	≥61	100	75	50	25	0
	51～60	100	77	55	32	10
	41～50	100	80	60	40	20
	31～40	100	82	65	47	30
	26～30	100	85	70	55	40
	21～25	100	87	75	62	50
	16～20	100	90	80	70	60
	11～15	100	92	85	77	70
	≤10	100	95	90	85	80

续表

	关节运动活动度	肌力				
		≤M1	M2	M3	M4	M5
背屈	≥61	100	75	50	25	0
	51～60	100	77	55	32	10
	41～50	100	80	60	40	20
	31～40	100	82	65	47	30
	26～30	100	85	70	55	40
	21～25	100	87	75	62	50
	16～20	100	90	80	70	60
	11～15	100	92	85	77	70
	≤10	100	95	90	85	80
桡屈	≥21	100	75	50	25	0
	16～20	100	80	60	40	20
	11～15	100	85	70	55	40
	6～10	100	90	80	70	60
	≤5	100	95	90	85	80
尺屈	≥41	100	75	50	25	0
	31～40	100	80	60	40	20
	21～30	100	85	70	55	40
	11～20	100	90	80	70	60
	≤10	100	95	90	85	80

C.7.4　髋关节功能丧失程度评定(见表C－7)

表C－7　髋关节功能丧失程度(%)

	关节运动活动度	肌力				
		≤M1	M2	M3	M4	M5
前屈	≥121	100	75	50	25	0
	106～120	100	77	55	32	10
	91～105	100	80	60	40	20
	76～90	100	82	65	47	30
	61～75	100	85	70	55	40
	46～60	100	87	75	62	50
	31～45	100	90	80	70	60
	16～30	100	92	85	77	70
	≤15	100	95	90	85	80
后伸	≥11	100	75	50	25	0
	6～10	100	85	70	55	20
	1～5	100	90	80	70	50
	0	100	95	90	85	80
外展	≥41	100	75	50	25	0
	31～40	100	80	60	40	20
	21～30	100	85	70	55	40
	11～20	100	90	80	70	60
	≤10	100	95	90	85	80
内收	≥16	100	75	50	25	0
	11～15	100	80	60	40	20
	6～10	100	85	70	55	40
	1～5	100	90	80	70	60
	0	100	95	90	85	80
外旋	≥41	100	75	50	25	0
	31～40	100	80	60	40	20
	21～30	100	85	70	55	40
	11～20	100	90	80	70	60
	≤10	100	95	90	85	80

续表

	关节运动活动度	肌力				
		≤M1	M2	M3	M4	M5
内旋	≥41	100	75	50	25	0
	31~40	100	80	60	40	20
	21~30	100	85	70	55	40
	11~20	100	90	80	70	60
	≤10	100	95	90	85	80

注:表中前屈指屈膝位前屈。

C.7.5 膝关节功能丧失程度评定(见表C-8)

表C-8 膝关节功能丧失程度(%)

	关节运动活动度	肌力				
		≤M1	M2	M3	M4	M5
屈曲	≥130	100	75	50	25	0
	116~129	100	77	55	32	10
	101~115	100	80	60	40	20
	86~100	100	82	65	47	30
	71~85	100	85	70	55	40
	61~70	100	87	75	62	50
	46~60	100	90	80	70	60
	31~45	100	92	85	77	70
	≤30	100	95	90	85	80
伸展	≤-5	100	75	50	25	0
	-6~-10	100	77	55	32	10
	-11~-20	100	80	60	40	20
	-21~-25	100	82	65	47	30
	-26~-30	100	85	70	55	40
	-31~-35	100	87	75	62	50
	-36~-40	100	90	80	70	60
	-41~-45	100	92	85	77	70
	≥-46	100	95	90	85	80

注:表中负值表示膝关节伸展时到达功能位(直立位)所差的度数。考虑到膝关节同一轴位屈伸活动相互重叠,膝关节功能丧失程度的计算方法与其他关节略有不同,即根据关节屈曲与伸展运动活动度查表得出相应功能丧失程度,再求和即为膝关节功能丧失程度。当二者之和大于100%时,以100%计算。

C.7.6　踝关节功能丧失程度评定(见表C－9)

表C－9　踝关节功能丧失程度(%)

	关节运动活动度	肌力				
		≤M1	M2	M3	M4	M5
背屈	≥16	100	75	50	25	0
	11～15	100	80	60	40	20
	6～10	100	85	70	55	40
	1～5	100	90	80	70	60
	0	100	95	90	85	80
跖屈	≥41	100	75	50	25	0
	31～40	100	80	60	40	20
	21～30	100	85	70	55	40
	11～20	100	90	80	70	60
	≤10	100	95	90	85	80

C.8　手、足功能丧失程度评定

C.8.1　手、足缺失评分(见图C－1和图C－2)

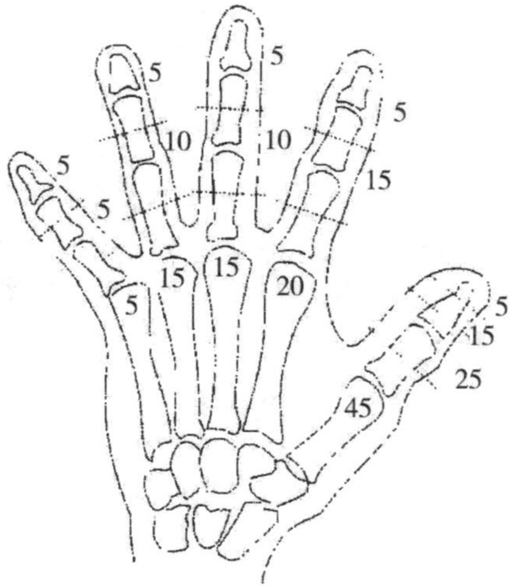

图C－1　手缺失评分示意图

图中数字示手指缺失平面
相当于手功能丧失的分值

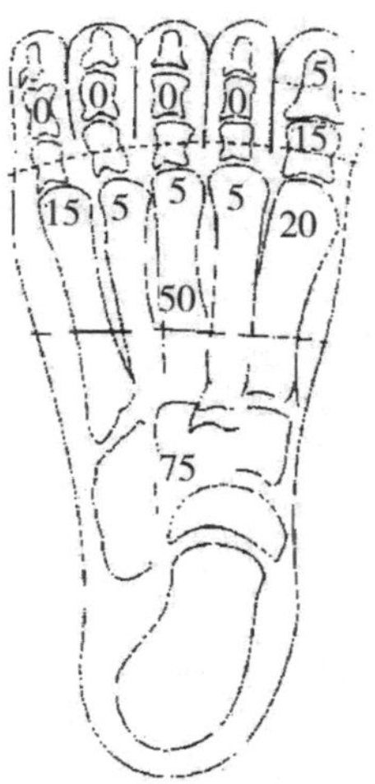

图C－2　足缺失评分示意图

图中数字示足缺失平面
相当于足功能丧失的分值

C.8.2 手指关节功能障碍评分(见表 C－10)

表 C－10 手指关节功能障碍相当于手功能丧失分值的评定

受累部位及情形		功能障碍程度及手功能丧失分值		
		非功能位强直	功能位强直或关节活动度≤1/2 参考值	关节活动度>1/2、但≤3/4 参考值
拇指	第一掌腕/掌指/指间关节均受累	40	25	15
	掌指、指间关节均受累	30	20	10
	掌指、指间单一关节受累	20	15	5
示指	掌指、指间关节均受累	20	15	5
	掌指或近侧指间关节受累	15	10	0
	远侧指间关节受累	5	5	0
中指	掌指、指间关节均受累	15	5	5
	掌指或近侧指间关节受累	10	5	0
	远侧指间关节受累	5	0	0
环指	掌指、指间关节均受累	10	5	5
	掌指或近侧指间关节受累	5	5	0
	远侧指间关节受累	5	0	0
小指	掌指、指间关节均受累	5	5	0
	掌指或近侧指间关节受累	5	5	0
	远侧指间关节受累	0	0	0
腕关节	手功能大部分丧失时腕关节受累	10	5	0

注 1:单手、单足部分缺失及功能障碍定级说明:(1)手、足缺失及功能障碍量化图表不能代替标准具体残级条款,条款中有列举的伤情应优先依据相应条款确定残级,只有在现有残级条款未能列举具体致残程度等级的情况下,可以参照本图表量化评估定级;(2)图 C－1中将每一手指划分为远、中、近三个区域,依据各部位功能重要性赋予不同分值。手部分缺失离断的各种情形可按不同区域分值累计相加,参考定级。图 C－2 使用方法同图 C－1;(3)表 C－10 按手指各关节及腕关节功能障碍的不同程度分别赋予不同分值,各种手功能障碍的情形或合并手部分缺失的致残程度情形均可按对应分值累计相加。

注 2:双手部分缺失及功能障碍定级说明:双手功能损伤,按双手分值加权累计定级。设一手功能为 100 分,双手总分为 200 分。设分值较高一手分值为 A,分值较低一手分值为 B,最终双手计分为:A＋B×(200－A)/200。

注 3:双足部分缺失定级说明:双足功能损伤,按双足分值加权累计定级。设一足功能为 75 分,双足总分为 150 分。设分值较高一足分值为 A,分值较低一足分值为 B,最终双足计分为:A＋B×(150－A)/150。

第二部分　适 用 指 南

第一章　总则、附则与附录A

第一节　总　　则

一、总则部分的标准条款

条款一级序号	二级序号与条款内容
1 范围	本标准规定了人体损伤致残程度分级的原则、方法、内容和等级划分。 本标准适用于人身损害致残程度等级鉴定。
2 规范性引用文件	下列文件对本标准的应用是必不可少的。凡是注日期的引用文件，仅注日期的版本适用于本标准；凡是不注日期的引用文件，其最新版本（包括所有的修改单）适用于本标准。 最高人民法院、最高人民检察院、公安部、国家安全部、司法部发布人体损伤程度鉴定标准 GB/T 16180－2014 劳动能力鉴定　职工工伤与职业病致残等级 GB/T 31147 人身损害护理依赖程度评定
3 术语和定义	3.1 损伤　各种因素造成的人体组织器官结构破坏和/或功能障碍。
	3.2 残疾　人体组织器官结构破坏或者功能障碍，以及个体在现代临床医疗条件下难以恢复的生活、工作、社会活动能力不同程度的降低或者丧失。
4 总则	4.1 鉴定原则　应以损伤治疗后果或者结局为依据，客观评价组织器官缺失和/或功能障碍程度，科学分析损伤与残疾之间的因果关系，实事求是地进行鉴定。 受伤人员符合两处以上致残程度等级者，鉴定意见中应该分别写明各处的致残程度等级。
	4.2 鉴定时机　应在原发性损伤及其与之确有关联的并发症治疗终结或者临床治疗效果稳定后进行鉴定。

续表

条款一级序号	二级序号与条款内容
4 总则	4.3 伤病关系处理　当损伤与原有伤、病共存时,应分析损伤与残疾后果之间的因果关系。根据损伤在残疾后果中的作用力大小确定因果关系的不同形式,可依次分别表述为:完全作用、主要作用、同等作用、次要作用、轻微作用、没有作用。 除损伤"没有作用"以外,均应按照实际残情鉴定致残程度等级,同时说明损伤与残疾后果的因果关系;损伤"没有作用"时,不应进行致残程度鉴定。
	4.4 致残等级划分　本标准将人体损伤致残程度划分为10个等级,从一级(人体致残率100%)到十级(人体致残率10%),每级致残率相差10%。致残程度等级划分依据见附录A。
	4.5 判断依据　依据人体组织器官结构破坏、功能障碍及其对医疗与日常生活护理的依赖程度,适当考虑由于残疾引起的社会交往和心理因素影响,综合判定致残程度等级。

二、应用说明

(一)准确把握损伤的概念

不同的技术标准因其研制目的与适用范围各不相同,决定了在条款设计时势必各有侧重。《道路交通事故受伤人员伤残评定》因为重点关注道路交通事故损伤所致伤残情况,当然尽量涵盖各种机械性损伤,兼顾交通事故中可能发生的各种物理性、化学性损伤,而对道路交通事故中相对少见、罕见的其他损伤类型较少甚至不予涉及,如甲状腺损伤、甲状旁腺损伤等均未作残级规定。《劳动能力鉴定　职工工伤与职业病致残等级》重点在于处理劳动工伤事故与职业病受伤人员的伤残评定,故更加关注工伤事故中受伤机会较多的损伤(如手部损伤等)以及较常见的职业病类型。本次发布《人体损伤致残程度分级》的大背景与各类涉及人身伤害的刑事案件的定罪量刑与附带民事赔偿案件审理的需要以及《侵权责任法》的实施密切相关,重要目的在于逐步统一各类人身损害赔偿,故其在适用范围的表述为"适用于人身损害致残程度等级鉴定",没有规定具体适用范围,确切的适用范围将由相关部门研究决定。鉴于本标准今后有可能将规范各种案由、多种类型人身损害的损伤致残程度鉴定,故在总则"定义"部分明确规定了各种因素造成的人体组织器官结构破坏和/或功能障碍均属于标准所规定的“损伤”的范畴，也就是说，我们可以把新标准所称的“损伤”理解为包括可以导致人体残疾的各种致伤因素（诸如机械的、物理的、化学的、生物的以及其他各种致伤因素）所致的损伤。这也是新标准具体分级条款较多的关键原因之一。

本标准对“损伤”定义的规定与最高人民法院、最高人民检察院、公安部、国家安全部、司法部联合发布的《人体损伤程度鉴定标准》事实上是一脉相承的。

（二）准确把握残疾的概念

1. 组织器官结构破坏与功能障碍

本标准对“残疾”的定义提出了两个关键词，即“组织器官结构破坏”与“功能障碍”，前者强调形态学观察，后者强调功能学检验。此种表述在《道路交通事故受伤人员伤残评定》中虽也有类似存在，但不如《人体损伤致残程度分级》具体、明确。除非极个别情况，《人体损伤致残程度分级》所有具体致残程度等级条款均围绕“组织器官结构破坏”与“功能障碍”这两个关键词展开布局与设计。这就要求我们在具体适用条款，尤其比照应用相似条款时，应当严格按照上述理念进行鉴定。

“组织器官结构破坏”包括了两个方面：(1)缺失或者部分缺失。如一侧肾脏挫裂伤行该侧肾脏切除术，伤者仅余孤肾，或者小肠破裂行小肠部分切除术。(2)畸形或者形态异常。如骨盆骨折致骨盆畸形愈合，或者肢体骨折后遗肢体短缩畸形。此种情形可以伴有或者不出现明显的功能障碍。

“功能障碍”包括三种情形：(1)功能降低。如甲状腺切除术后遗留甲状腺素分泌水平降低，需适当补充外源性激素药物。(2)功能丧失。如男性会阴部严重损伤遗留阴茎勃起功能完全丧失。(3)功能紊乱。如垂体下丘脑损伤后导致体内代谢与内环境功能紊乱，伤者需依赖持续治疗。

“组织器官结构破坏”与“功能障碍”可以单独存在，但多数同时存在，在实际鉴定时需加以关注，既不要遗漏也不可重复鉴定。

2. 生活、工作、社会活动能力

为了进一步明确残疾严重程度的考察与评价方法，本标准又规定了残疾者应当存在生活能力、工作能力或者社会活动能力的降低或丧失。

“生活能力”主要包括日常生活活动能力与日常生活自理能力，是个体作为正常健康成年人能够在离开他人帮助的情况下维持生命、独立生存的最基本能力。

"工作能力"并非特指从事某一专门工种或者职业的能力，而是泛指正常健康成年人应当具有从事轻微体力劳动与简单办公室工作（也包括操持简单家务）的能力，是一个人能够有尊严地独立生存于社会必须具备的基本能力，可依据伤者是否能够独自料理简单的家务、参与一般的室外活动、独自外出搭乘公交车辆、独自外出购物、与人正常交往、学习简单的知识与技能、从事一般的工作劳动以及参与日常社会活动等方面进行评价。未成年人或者老年人相应能力的评价可对照同龄正常人群综合分析，例如，未成年人在求学的，应重点考察其学习能力，老年人尚能从事家务的，可考察其操持家务的能力。

"社会活动能力"则包括了更高层次与更广范围的内容，诸如系统学习知识与技能、理财持家、帮扶家人、赡养老人、抚养小孩、参与人际交往、参加与其年龄相称的体育文艺娱乐活动的能力，是一个人能够获得愉悦与生活乐趣而应当具备的基本能力。

简言之，上述三种能力分别描述了个体作为生物人、家庭人、社会人在不同需求层次所需要的相应能力。当然，随着需求层次的提高，对个体能力的要求也就越高，而越是低层次的能力受损，给个体带来的伤害也就越大，致残程度等级相对越高。就"生活能力"与护理依赖而言，本标准规定的一至四级残疾者多数需要给予不同程度的护理，五级至六级残疾者仅在极个别情形下可考虑评定为部分护理依赖（例如，伤者原为高龄老人或者原有身体残疾者，伤者因外伤导致伤残后果致确有日常生活活动能力或日常生活自理能力较伤前明显受损的），七至十级残疾者一般均不需要护理依赖。

3. 在现代临床医疗条件下难以恢复

本标准关于"残疾"的定义中规定的残疾须属"在现代临床医疗条件下难以恢复"的情形，实际上有三个层面的含义：(1)人体损伤须经过及时的、合理的且符合现代临床医学原则的治疗；(2)应当在原发性损伤及其并发症达到医疗终结以后，对不可恢复的后果，方可进行致残程度等级的鉴定；(3)凡是因伤者自身因素或者其他并非加害人过错导致的未能经过及时、恰当治疗的损伤，不能简单按照最终损害后果评定致残程度等级。

（三）关于鉴定原则

1. 以损伤后果与结局为鉴定依据的原则

致残程度等级的鉴定，应以损伤的最终后果与结局作为鉴定依据，具体体现在：(1)损伤后应经过及时的、符合临床一般医疗原则的治疗；(2)经临床治疗与必要的康复,症状已经消失或者稳定,体征达到相对固定;(3)经鉴定人评估,伤情难以继续恢复,符合鉴定时机的要求。

以损伤的最终后果与结局作为鉴定依据,并非否定原发性损伤及其并发症在鉴定中的重要性。相反,鉴定人应充分评估原发性损伤及其并发症的严重程度,全面分析、综合评定其与最终后果或结局的关联性,避免混淆诸如自身既往伤病、医疗因素、医疗配合因素等对最终后果或结局的影响,客观鉴定致残程度等级。

2. 客观评价、科学分析的原则

在进行致残程度等级的鉴定时,应当坚持客观、科学的鉴定原则,具体要求:(1)对可能致残的损伤后果或者结局,应当尽可能以客观的方法进行检验、评价,避免完全依赖被鉴定人的主观陈述,减少鉴定人主观判断对鉴定意见的影响;(2)分析损伤与最终后果或结局的因果关系,应注意以鉴定人的专业理论知识、专门技能方法进行判断,避免陷入并不属于鉴定范围的、完全可以通过普通人的生活经验与常识加以分析判断的问题;(3)无论采用专业理论知识或者专门技术方法进行鉴定,获得鉴定意见的过程应符合科学的方法论,具有严密的逻辑性,避免主观臆断。

3. 实事求是的原则

在进行致残程度等级的鉴定时,应当坚持实事求是的鉴定原则,具体要求:(1)应以损伤的最终后果或者结局作为鉴定依据,凡与损伤并无关联的症状、体征,均不得据以鉴定致残程度等级;(2)应严格按照标准的致残程度分级条款进行鉴定,不得随意曲解条款规定,在确实遇有分级条款以外的残情时,应严格按照附录A"致残程度等级划分依据"的规定,比照最相似等级的具体分级条款,本着合理、平衡、相当的原则,提出鉴定意见;(3)在遇到损伤与最终后果或者结局的因果关系不能完全明确(如既无法充分肯定,也无法完全排除)的情况时,在鉴定意见书中应如实加以反映。

4. "一伤一残"与"多伤多残"的原则

本标准在总则中规定了"受伤人员符合两处以上致残程度等级者,鉴定意见中应该分别写明各处的致残程度等级",明确了本标准的重要原则,即只要达到标准致残程度分级条款的规定,存在一处损伤致残的即应评定一处残疾,存在多处损伤致残的则应鉴定多处残疾。简言之,不同的残疾后果均应分别鉴定残级。本标准最终未采纳"晋级原则"的规定,故鉴定人无须考虑如何确定最终的残级,更不能对赔偿数额与方法提出具体意见。

至于应当如何确定究竟是否属于“不同”的残疾后果，笔者认为，还是应该根据标准致残程度分级条款确定。例如，《人体损伤致残程度分级》颅脑损伤致残程度等级具体条款中对肢体瘫痪、失语、精神障碍等分别作出了残级规定，这是因为上述残情与相应中枢功能区的损害分别相关，不能混同。若某位被鉴定人因颅脑创伤致成上述多种后遗症，则应当分别鉴定残级。

（四）关于鉴定时机

鉴定时机的总体要求是：原发性损伤及其与之确有关联的并发症已经符合临床一般医疗原则的治疗与必要的康复，症状已经消失或者稳定，体征达到相对固定，经评估其组织器官结构破坏或功能障碍符合难以继续恢复的情形。治疗及康复期原则上不超过2年。

在判定是否符合鉴定时机时，应以临床治愈或者好转标准作为是否符合医疗终结的判断依据。以下为几种常见损伤的临床治愈和/或好转标准。

（1）体表损伤的治愈标准：创口愈合，缝线拆除，局部肿胀及皮下血肿消退，症状基本消失，无感染。

（2）头颅损伤的治愈好转标准：局部肿胀消退，伴随的皮肤损伤已经愈合，无感染；合并骨折的碎骨片去除或局部已经整复；出血吸收；神经系统症状、体征好转或消失，遗留后遗症的趋于稳定。

（3）眼、耳、口腔损伤治愈好转标准：局部肿胀和出血消失，刺激症状好转或消失，视、听及其他相应功能得到有效恢复或趋于稳定。

（4）骨折的治愈标准：骨折复位良好，骨折线消失，基本达到骨性愈合，功能得到有效恢复，局部症状消失。骨折的好转标准：骨折线消失或者不再出现动态变化，功能部分恢复，症状和体征趋于稳定。

（5）血、气胸及肺挫伤的治愈好转标准：局部出血消失，胸部症状好转或消失，X线或CT等检查显示胸腔无异常影像或趋于稳定。

（6）腹腔、盆部器官损伤的治愈好转标准：局部症状好转或消失，部分难以恢复的后遗症趋于稳定。

（7）脊髓损伤的治愈好转标准：相关肢体功能恢复或症状、体征趋于稳定。

（8）肌腱损伤、周围神经损伤的治愈好转标准：肢体功能恢复或症状、体征趋于稳定。

（9）肢体离断伤的治愈好转标准：损伤痊愈，残肢功能趋于稳定。

应根据个案情况判定是否符合鉴定时机的要求，自满足医疗终结起，直至作出终审判决以前，均可以进行致残程度等级的鉴定。对于个别难以达到医疗终结标准者，可视具体情况在伤情基本稳定时实施鉴定。

（五）关于伤病关系的处理

伤病关系是法医临床学鉴定永恒的话题。笔者理解，《人体损伤致残程度分级》总则4.1与4.3都是有关伤病关系的处理原则的规定。4.1是伤病关系的总体原则规定，该条款明确了致残程度等级鉴定须考虑损伤与残疾的因果关系，分析的方法应当而且只能是科学（医学）的方法，而非其他任何方法。4.3是伤病关系处理的具体方法，其规定了当损伤与原有伤、病共存时，应当分析损伤与残疾后果之间的因果关系，在鉴定中不得含糊处理。

按照伤残鉴定的一般原则，在鉴定中一般可遵循首先确定最终损害后果所相当的致残程度等级，然后分析伤病关系，再判定作用力大小（亦可称为“原因力”）大小的思路。当然，若最终排除损伤与损害后果之间存在因果关系的，则对其致残程度不予评定。确定损伤与损害后果之间存在因果关系的前提是必须有足够的证据证明两者之间存在医学上的内在联系，且这种联系有一定的必然性。

有关损伤参与度问题，在《人体损伤致残程度分级》研制过程中有过许多不同的意见。曾有专家建议应当在标准中对损伤参与度的表述原则与方法作出具体规定，避免实践中的混乱局面。但考虑到该问题在法医学界至今仍缺乏统一的标准或规范，在司法实务中也有一定的争议，故最终未采纳该建议。实践中，可以根据具体案件的情况及委托人的要求，确定具体操作方式，妥善解决此类问题。

《人体损伤致残程度分级》附则中规定了不得将精神分裂症或者心境障碍等内源性疾病作为致残程度等级鉴定的依据，实际上明确了与残疾后果不存在直接因果关系的“内源性疾病”不论其严重程度如何，均不应鉴定致残程度等级。此类内源性疾病，还包括原发性高血压病、Ⅱ型糖尿病等多种躯体疾病。在今后实际鉴定工作中，虽不能以此类疾病作为致残程度等级鉴定的依据，但应当依据《人体损伤致残程度分级》附则相关条款的规定，对损伤与疾病的因果关系加以必要的论述、判定。

第二节 附 则

一、附则部分的标准条款

条款序号	条款内容
6.1	遇有本标准致残程度分级系列中未列入的致残情形,可根据残疾的实际情况,依据本标准附录A的规定,并比照最相似等级的条款,确定其致残程度等级。
6.2	同一部位和性质的残疾,不应采用本标准条款两条以上或者同一条款两次以上进行鉴定。
6.3	本标准中四肢大关节是指上肢肩、肘、腕、髋、膝、踝等六大关节。
6.4	本标准中牙齿折断是指冠折1/2以上,或者牙齿部分缺失致牙髓腔暴露。
6.5	移植、再植或者再造成活组织器官的损伤应根据实际后遗功能障碍程度参照相应分级条款进行致残程度等级鉴定。
6.6	永久性植入式假体(如颅骨修补材料、种植牙、人工支架等)损坏引起的功能障碍可参照相应条款进行致残等级鉴定。
6.7	本标准中四肢重要神经是指臂丛及其分支神经(包括正中神经、尺神经、桡神经和肌皮神经等)和腰骶丛及其分支神经(包括坐骨神经、腓总神经和胫神经等)。
6.8	本标准中四肢重要血管是指与四肢重要神经伴行的同名动、静脉。
6.9	精神分裂症或者心境障碍等内源性疾病不是外界致伤因素直接作用所致,不宜作为致残程度等级鉴定的依据,但应对外界致伤因素与疾病之间的因果关系进行说明。
6.10	本标准所指未成年人是指年龄未满18周岁者。
6.11	本标准中涉及面部瘢痕致残程度需测量长度或者面积的数值时,0~6周岁者按标准规定值50%计,7~14周岁者按80%计。
6.12	本标准中凡涉及数量、部位规定时,注明"以上"、"以下"者,均包含本数(有特别说明的除外)。

二、应用说明

(一)关于"比照原则"

采用列举式表述方法的标准不可能穷尽所有伤情与残情,本标准同样如此。因此，本标准与《道路交通事故受伤人员伤残评定》以及《劳动能力鉴定　职工工伤与职业病致残等级》等伤残鉴定标准一样，在附则 6.1 中明文规定，“遇有本标准致残程度分级系列中未列入的致残情形，可根据残疾的实际情况，依据本标准附录 A 的规定，并比照最相似等级的残疾条款，确定其致残程度等级”。笔者认为，正确采用“比照原则”须注意以下原则。

（1）本标准已列入的致残情形，不得比照。如肢体多关节损伤伤情严重后遗显著功能障碍，因已经有具体残级条款规定，故一般不得根据比照原则鉴定致残程度等级。

（2）在依据该附则规定时，一定要比照最相似的具体致残程度等级条款，不得单独依照附录 A 中的规定确定残级。如不得仅仅按照附录 A 十级残疾的划分依据中有关“工作与学习能力受到一定影响”的条款鉴定为十级伤残。

（3）在实际“比照”时，应注意就近原则，即尽量比照最相似的情形评定伤残等级，包括：①残疾情形相仿。例如，某种残情与标准分级系列致残程度等级具体条款所规定残情的严重程度大致相仿，适用更高等级条款存在明显不足，适用更低等级条款也显失公平，但因损伤基础不同，若简单适用具体分级条款确定残级可能会产生一定的疑问。此时可在说明该残情符合附录 A 致残程度等级划分依据中相关条款的情况，并明确所比照具体致残程度等级条款，最终确定其构成相应致残程度等级。②残疾程度相当。本标准分级系列中将致残程度等级具体条款划入不同的部位，若某种伤残的严重程度在实际损伤部位的致残程度等级具体分级条款中未见列举，但在其他部位的具体分级条款中可以找到与之严重程度基本相当的规定，此时可比照相应分级条款确定残级。

总之，“比照原则”的应用务须十分谨慎，原则上应由具备较高技术能力与丰富实践经验的鉴定人把握应用，切忌滥用。建议鉴定人在遇到类似案件时充分讨论，总结经验，逐渐形成可供参考的案例，供他人借鉴。

（二）关于同一部位和性质残疾的鉴定

本标准附则 6.2 规定了“同一部位和性质的残疾，不应采用本标准条款两条以上或者同一条款两次以上进行鉴定”。《道路交通事故受伤人员伤残评定》中也有类似规定。上述规定的实质是指部位与性质均相同的残情，仅可综合鉴定为一处伤残，不得重复鉴定。

例如，对于一腰椎椎体粉碎性骨折、椎管内骨性占位经行内固定术的被鉴定人，不能按照“粉碎性骨折”本身及“内固定术后”等不同条款鉴定其分别构成九级与十级两处伤残。

因此总结本条规定的实质含义，需要准确把握：(1)“同一部位和性质的残疾”主要是指残疾情况而非损伤情况，更关注残疾的根本缘由是什么。例如，下肢胫腓骨近端骨折后畸形愈合影响邻近膝关节功能致其丧失25%，并致下肢短缩且与健侧相差2cm。该两处残情均系由骨关节性损伤引起，既在同一部位，又属同一性质，故应合并为一处伤残。(2)确定是否属于“同一部位”的依据，主要是分级系列中条款的具体规定，若分级系列条款中规定并不明确的，可按照一般医学与法医学理论加以确定。例如，分级系列5.10.5.5“一侧输精管破裂修复术后”明确规定了该残情仅限于单侧，故若双侧输精管均有破裂且均经手术修复，可分别按照该条款鉴定为两处十级伤残。(3)若“同一部位和性质的残疾”可对应分级系列中两条不同致残程度等级的条款，应优先选择适用高等级条款，而非引用低等级条款。再以上述“双侧输精管破裂经手术修复”为例，若术后影响生育功能的，可另行参照分级条款鉴定致残等级，但应放弃同时按照5.10.5.5条款的规定鉴定残级。

当然，对于同一部位、不同性质或者不同部位、同一性质的残情，则不适用本标准附则6.2之规定。例如，颅脑损伤后遗肢体瘫、失语及精神障碍的，因其中枢功能区域并不相同，仍应分别定残；再如，不同肢体大关节分别后遗功能障碍时，除非达到条款规定可以合并定残的情形，均应分别鉴定致残程度等级。

（三）关于移植、再植、再造组织器官损伤引起的功能障碍

本标准附则6.5规定的“移植、再植或者再造成活组织器官的损伤应根据实际后遗功能障碍程度参照相应分级条款进行致残程度等级鉴定”，实际上与总则有关残疾的定义是一脉相承的，特别强调本标准所称的残疾是指损害后果与最终结局。移植、再植、再造均为现代临床医疗条件下的治疗方法或手段，手术成功、组织器官成活即能够全部或者部分发挥正常的生理功能，使个体部分或全部恢复生活、工作、社会活动能力，一旦再发生损伤，将直接关乎个体最终的残情，故在鉴定时应予考虑。

强调以损伤的后果或者最终结局作为鉴定依据，并非强调必须无限治疗、持续康复，待到完全恒定才能实施鉴定，更不是因为移植、再植、再造均为现代临床医疗条件下的治疗方法或手段，就强调有条件实施上述手术的被鉴定人必须在接受该手术后才能鉴定，甚至一次移植、再植、再造手术失败后要求其再次手术。鉴定实践中，必须认识到所有的后果或者最终结局实际上都是相对的，经过符合临床一般医疗原则的诊疗（“符合临床一般医疗原则的诊疗”是指在经济上社会大众能够普遍接受的、在医疗技术上医疗机构能够广泛了解并开展的、在治疗效果上经一定时期检验医患各方能够广为肯定的诊断或者治疗项

目），满足医疗终结与损伤后经过时间的要求，即可符合鉴定时机，不应以临床较少使用甚至仍处于临床试验中的诊疗手段作为医疗尚未终结的依据。

（四）关于永久性植入式假体损坏引起的功能障碍

本标准附则6.6规定的"永久性植入式假体（如颅骨修补材料、种植牙、人工支架等）损坏引起的功能障碍可参照相应分级条款进行致残程度等级鉴定"，赋予了永久性植入式人工假体与正常身体组织器官基本相同的"权利"，与上述移植、再植或者再造成活组织器官的损伤有异曲同工之处，在此不再赘述。

针对该条款，我们同样不能过度理解。秉承上述"符合临床一般医疗原则的诊疗"的规定，不能简单地将植入永久性人工假体作为把握鉴定时机的前提和依据，鉴定时机的把握只能以是否满足医疗终结的要求为准。对于依据临床一般医疗原则，应当而且可以植入永久性人工假体的，在植入后按照所检见的功能状态进行致残程度等级的鉴定，一时难以植入或者经医学评估认为虽植入但对功能状况难有改善的，则可即时进行鉴定。例如，对于股骨颈骨折致股骨头坏死的被鉴定人，若因身体状况或者年龄因素难以实施髋关节假体置换术，可在其残情相对稳定时按照相应分级系列条款鉴定致残程度等级。当然，对于此类已经定残的情形，鉴定人不宜认定其需再行进一步关节假体置换术的后续治疗。

除此之外，人工假体的坚固程度及其对外界暴力的抵御能力可能较自身组织器官相对薄弱，在鉴定实践中应结合致伤方式、成伤机制、暴力程度以及自身原有伤病、身体状况等因素综合分析伤病关系。例如，对于拳击头部致实施金属材料修复的颅骨发生损伤，修补材料变形并致相应硬脑膜下出血后遗功能障碍的，应分析外力只是损伤与伤残后果的因素之一，而颅骨修补术后同样与后果存在密切的因果关系。

（五）关于内源性疾病

本标准附则6.9规定了不得将内源性疾病作为致残等级鉴定的依据，实际上规定了与损伤不存在明确因果关系的"内源性疾病"不论其严重程度如何，均不应直接据以鉴定致残程度等级。当然，有证据证明外伤对内源性疾病的显现、进展与加重造成影响，或者两者之间确有其他形式内在联系的，可以对损伤与疾病之间的因果关系加以必要的论述、判定，避免出现受害人无法获得任何赔偿而造成新的不公平的情况。

本标准所谓的内源性疾病，是指由于自身先天性、遗传性或者其他因素引起的病理基础与病理改变，既包括原发性高血压病、Ⅱ型糖尿病等多种躯体疾病，也包括精神分裂症、心境障碍等精神疾病。

第三节 附录A致残程度等级划分依据

一、附录A的标准条款

条款一级序号	条款二级序号与条款内容
A.1 一级残疾的 划分依据	a 组织器官缺失或者功能完全丧失,其他器官不能代偿;
	b 存在特殊医疗依赖;
	c 意识丧失;
	d 日常生活完全不能自理;
	e 社会交往完全丧失。
A.2 二级残疾的 划分依据	a 组织器官严重缺损或者畸形,有严重功能障碍,其他器官难以代偿;
	b 存在特殊医疗依赖;
	c 日常生活大部分不能自理;
	d 各种活动严重受限,仅限于床上或者椅子上的活动;
	e 社会交往基本丧失。
A.3 三级残疾的 划分依据	a 组织器官严重缺损或者畸形,有严重功能障碍;
	b 存在特殊医疗依赖;
	c 日常生活大部分或者部分不能自理;
	d 各种活动严重受限,仅限于室内的活动;
	e 社会交往极度困难。
A.4 四级残疾的 划分依据	a 组织器官严重缺损或者畸形,有重度功能障碍;
	b 存在特殊医疗依赖或者一般医疗依赖;
	c 日常生活能力严重受限,间或需要帮助;
	d 各种活动严重受限,仅限于居住范围内的活动;
	e 社会交往困难。

续表

条款一级序号	条款二级序号与条款内容
A.5 五级残疾的划分依据	a　组织器官大部分缺损或者明显畸形,有中度(偏重)功能障碍;
	b　存在一般医疗依赖;
	c　日常生活能力部分受限,偶尔需要帮助;
	d　各种活动中度受限,仅限于就近的活动;
	e　社会交往严重受限。
A.6 六级残疾的划分依据	a　组织器官大部分缺损或者明显畸形,有中度功能障碍;
	b　存在一般医疗依赖;
	c　日常生活能力部分受限,但能部分代偿,条件性需要帮助;
	d　各种活动中度受限,活动能力降低;
	e　社会交往贫乏或者狭窄。
A.7 七级残疾的划分依据	a　组织器官大部分缺损或者明显畸形,有中度(偏轻)功能障碍;
	b　存在一般医疗依赖,无护理依赖;
	c　日常生活有关的活动能力极重度受限;
	d　各种活动中度受限,短暂活动不受限,长时间活动受限;
	e　社会交往能力降低。
A.8 八级残疾的划分依据	a　组织器官部分缺损或者畸形,有轻度功能障碍,并造成明显影响;
	b　存在一般医疗依赖,无护理依赖;
	c　日常生活有关的活动能力重度受限;
	d　各种活动轻度受限,远距离活动受限;
	e　社会交往受约束。
A.9 九级残疾的划分依据	a　组织器官部分缺损或者畸形,有轻度功能障碍,并造成较明显影响;
	b　无医疗依赖或者存在一般医疗依赖,无护理依赖;
	c　日常生活有关的活动能力中度受限;
	d　工作与学习能力下降;
	e　社会交往能力部分受限。

续表

条款一级序号	条款二级序号与条款内容
A.10 十级残疾的 划分依据	a 组织器官部分缺损或者畸形，有轻度功能障碍，并造成一定影响；
	b 无医疗依赖或者存在一般医疗依赖，无护理依赖；
	c 日常生活有关的活动能力轻度受限；
	d 工作与学习能力受到一定影响；
	e 社会交往能力轻度受限。

二、应用说明

本标准附录A是分级系列中一至十级致残程度等级的划分依据，在标准研制过程中，严格围绕附录A的定级原则，设定各种残情的致残程度等级。附录A中存在以下五组关键词：(1)组织器官结构破坏，功能障碍；(2)特殊医疗依赖，一般医疗依赖；(3)日常生活能力，护理依赖；(4)日常生活有关的活动能力；(5)社会交往。每一个致残程度等级中均围绕上述关键词形成了五个条款，至少符合其中之一项条款规定的情形，其残情即可划入该致残程度等级的范畴。

依照本标准附则6.1之规定，附录A的所有条款不能单独作为致残程度等级鉴定的依据，仅能在遇到本标准确缺乏针对性规定的情况下，比照分级系列中残情基本相当的具体条款，确定致残程度等级。因此，鉴定意见书的分析说明部分须明确说明所依据的附录A条款以及所比照的致残程度分级具体条款，两者缺一不可。

(一)组织器官结构破坏或者功能障碍

有关组织器官结构与功能情况的表述贯穿于一至十级残疾的全部划分依据，是关键的定级依据，与本标准关于残疾的定义直接呼应。当然，此处的组织器官泛指对个体维持生命或者保持健康具有重要作用的人体结构，如心、肺、脑、肾、肝、胃、肠、输尿管、膀胱等，也泛指对实现视、听、嗅等感觉功能以及坐、站、行走、持物等适当活动起到关键作用的人体结构，如眼、耳、鼻、四肢、手、足等，还泛指维系个体繁殖需要的性器官，如卵巢、子宫、阴道、睾丸、输精管、附睾、阴茎等。由于残疾划分依据中关于组织器官结构与功能情况的规定较为笼统，而且上述列举的“组织器官”并不完整、全面且各自的重要性也不尽相同，故在实际应用中应当保持严谨的态度，尽可能应用本标准分级系列中的具体残级条款确定被鉴定人的致残程度等级，在遇到分级系列以外的少见、罕见的残情时（如较少受到伤害的组织器官发生损伤），不要随意扩大解释。

在应用有关组织器官结构与功能情况的残疾划分依据时，应注意：（1）应当将有待评价的受损组织器官的重要性及其残情与分级系列相应致残程度等级中列举的组织器官情况进行比较，做到横向对比公平、相当；（2）应当将有待评价的受损组织器官的重要性及其残情与分级系列中上、下相邻残级的组织器官情况进行比较，做到纵向对比客观、有序；（3）应当在分级系列中找到性质最为接近、残情最为相似的组织器官损害具体残级条款，据此作为评估待定损害残级的标准依据。

（二）医疗依赖

本标准附录 A 致残程度等级划分依据中规定了医疗依赖与护理依赖作为残疾定级的依据，需要正确理解两种医疗依赖的异同，正确把握应用。首先，不论是特殊医疗依赖还是一般医疗依赖，都是指组织器官损伤经治疗后遗留功能障碍，残情业已基本稳定，达到医疗终结的规定，符合致残程度等级鉴定的时机要求，但定残后仍需维持适当的治疗，否则可能破坏残情的稳定性，甚至出现危及生命的情形。其次，医疗依赖的描述是对上述组织器官结构与功能相关规定的重要补充，反过来也能进一步作为确定组织器官重要性与损害后残疾严重程度的依据。

特殊医疗依赖，是指因损伤致残后必须终身接受特殊药物、特殊医疗设备或装置进行的治疗，且该治疗是维系生命之必需。此类医疗包括血液透析、人工呼吸机以及免疫抑制剂等。例如肾衰竭，在未能实施肾移植的情况下须接受透析治疗，否则难以维系生命，且该治疗需借助特定的设备或装置。

一般医疗依赖，是指因损伤致残后仍需接受长期或终身药物治疗，而该治疗是维持个体健康之必需，包括诸如降压药物、降糖药物、抗凝剂及抗癫痫药物治疗等。与特殊医疗依赖不同的是，此处的治疗通常仅需一般方法（如口服、肌肉或静脉注射）给予。例如，甲状腺损伤后功能低下者，通常仅需服用甲状腺素药物即可得到必要的补充，大致代替甲状腺的生理功能，故仅属一般医疗依赖。

（三）护理依赖

按照《人身损害护理依赖程度评定》（GB/T 31147），日常生活活动能力丧失是指躯体残疾者因各种损害因素导致日常生活活动能力部分或全部永久性丧失；日常生活自理能力丧失是指精神障碍者因感知、思维、情感、行为、意志、智力等出现异常，部分或全部丧失料理自己日常生活的能力。上述两种能力丧失情况的评价是评定护理依赖程度的主要依据。

本标准附录A致残程度等级划分依据中的“日常生活能力”的表述与《人身损害护理依赖程度评定》中所称的“日常生活活动能力”与“日常生活自理能力”相当,其中“日常生活能否自理”实际上是“日常生活能力”的进一步具体化描述。按照附录A的规定,本标准中分级系列中的一级残疾,多需完全护理依赖;二级残疾,多需大部分护理依赖;三级残疾,多需大部分或者部分护理依赖;四级残疾,可能需要部分护理依赖;七至十级残疾,则基本不需要护理依赖。而五级与六级残疾,本标准未给出明文规定。一般而言,在上述两种致残程度等级的情况下无须护理依赖,但因残疾者个体情况千差万别,针对某些特殊情形,有时可以考虑给予设置部分护理依赖。当然,本标准并非护理依赖评定的专门性标准,遇有是否需要护理依赖及其护理依赖程度的鉴定时,还需依据上述《人身损害护理依赖程度评定》进行个体化评价。

新的《劳动能力丧失 职工工伤与职业病致残等级》(GB/T 16180－2014)将旧标准中的“护理依赖”统一改称为“生活自理障碍”,并对评定方法作出了更为明确的限制性解释。虽然规定内容与上述《人身损害护理依赖程度评定》有所不同,但评价结果基本趋于一致。在本标准适用中,若需根据是否存在生活自理障碍确定致残程度等级,原则上建议应用《人身损害护理依赖程度评定》作为评估标准,也可适当参考《劳动能力丧失 职工工伤与职业病致残等级》的相关规定。

(四)日常生活有关的活动能力

本标准附录A致残程度等级划分依据中在七至十级残疾的规定中所提到的“日常生活有关的活动能力”一般是指健康成年人员无须他人协助,能在日常生活中独自完成一定的有特定意义的活动,具体可包括:(1)自行料理简单的家务,例如保持与维护室内清洁、完成简单的烹饪等;(2)参与一般的室外活动,如散步等;(3)独自外出乘坐各种(公共)交通工具;(4)独自外出购买一般常用物品,处理购买中可能遇到的问题;(5)参与社交,结识朋友,交流经验与感情;(6)参与学习各种生活或者工作技能,学习所需的理论与知识;(7)从事一般的工作劳动,主要是指轻微的体力劳动与简单的办公室工作;(8)参与其他日常社会活动,如各种与被鉴定人性别、年龄、性格与社会背景相当的文艺、体育及其他娱乐活动。

“日常生活有关的活动能力”与上述“日常生活能力”显著不同之处在于,前者是指正常健康成年人能够有尊严地独立生存于社会所需的基本能力,而后者是个体作为正常健康成年人能够在离开他人帮助的情况下独立生存、维持生命的最基本能力。

“日常生活有关的活动能力”包括了躯体残疾与精神残疾所致的情形，在遇到精神障碍与智能减退的情形时，应由具备法医精神病鉴定资格的鉴定人或者精神疾病专科医师进行评价。

（五）社会交往

本标准附录 A 致残程度等级划分依据在一至十级的定残依据中均提及“社会交往”的描述，该描述主要是针对精神障碍致残情形的规定。社会交往的实现需要个体具备相应的能力，包含了正确表达自己喜欢、厌恶、高兴、愤怒、骄傲、不屑、痛苦、疲倦等感情，与他人进行口头、书面语言或者面容表情、肢体动作的交流能力，妥善处置与他人的纠纷、争取权益、获得彼此谅解的能力，乃至学习知识与技能，理财持家，帮扶家人，赡养老人，抚养小孩，参与社会人际交流，参加与其年龄相称的体育、文艺、娱乐活动的能力。社会交往能力的评估经常需要具备法医精神病鉴定资格的鉴定人或者精神疾病专科医师进行。

确因躯体损伤遗留残疾，影响社会交往的，在援引本标准分级系列具体条款时可参照上述内容，综合考虑，有助于更加客观、准确地鉴定致残程度等级。

第二章　颅脑、脊髓与周围神经损伤

第一节　精神障碍与智力减退

一、关于精神障碍与智力减退的标准条款

条款序号	条款内容
5.1.1.2	精神障碍或者极重度智能减退，日常生活完全不能自理。
5.2.1.1	精神障碍或者重度智能减退，日常生活随时需有人帮助。
5.3.1.1	精神障碍或者重度智能减退，不能完全独立生活，需经常有人监护。
5.4.1.1	精神障碍或者中度智能减退，日常生活能力严重受限，间或需要帮助。
5.5.1.1	精神障碍或者中度智能减退，日常生活能力明显受限，需要指导。
5.6.1.1	精神障碍或者中度智能减退，日常生活能力部分受限，但能部分代偿，部分日常生活需要帮助。
5.7.1.1	精神障碍或者轻度智能减退，日常生活有关的活动能力极重度受限。
5.8.1.1	精神障碍或者轻度智能减退，日常生活有关的活动能力重度受限。
5.9.1.1	精神障碍或者轻度智能减退，日常生活有关的活动能力中度受限。
5.10.1.1	精神障碍或者轻度智能减退，日常生活有关的活动能力轻度受限。

二、应用说明

（一）概述

1. 精神障碍

（1）基本概念

精神障碍，又称精神疾病，是指在包括生物学因素、社会心理因素等各种致病因素的作用下发生大脑功能失调，而出现的感知、思维、情感、行为、意志以及智力等精神运动方面异常，需要用医学方法进行治疗的一类疾病。

精神障碍是多种致病因素综合作用的结果,损伤对精神障碍发生的作用可以分三个层次描述:①第一层次是存在所谓的脑“器质性”损害,实验室检验与各种辅助检查能确证脑损伤的存在并评估其严重程度,因损伤直接导致精神障碍的发生,损伤与精神障碍之间存在直接因果关系,可依据本标准相应条款评定致残程度等级的情形,如器质性精神障碍、非成瘾物质所致精神障碍等;②第二层次是无证据确证器质性损害的存在,损伤仅作为精神创伤,对精神障碍的发生起主要或者部分作用(构成直接因果关系或部分因果关系),如应激相关障碍;③第三层次是损伤对精神障碍的发生仅起诱发、促进等作用,甚至不起明显作用的情形,如精神分裂症、偏执型精神病、心境障碍、神经症性障碍、分离(转换)性障碍等。

对于应激相关障碍、精神分裂症、情感性精神障碍等后两个层次的精神障碍,即使对被鉴定人的日常生活、学习或工作等方面存在严重影响,也不宜进行致残程度等级的鉴定。当委托人在此情形下委托鉴定致残等级时,可出具“根据现行有效的鉴定标准,不宜对被鉴定人进行致残程度等级的鉴定”的结论性意见或者说明。

(2)器质性(症状性)精神障碍

器质性精神障碍是指由脑部器质性损害所致认知、情感、行为、意识和/或人格等各方面障碍构成的一大组综合征。通常分为以下情形:①原发性,系指脑部病变所致,包括脑变性疾病、脑血管病、颅内感染、脑外伤、脑瘤等所致精神障碍;②继发性,系由脑部以外疾病、中毒、感染、代谢或系统性疾病以及可引起脑功能障碍的躯体疾病等所致,也称为症状性精神障碍。

器质性精神障碍包括下列临床表现:

①智能损害综合征;

②遗忘综合征;

③人格改变;

④意识障碍;

⑤精神病性症状(如幻觉、妄想、紧张综合征等);

⑥情感障碍综合征(如躁狂综合征、抑郁综合征等);

⑦解离(转换)综合征;

⑧神经症样综合征(如焦虑综合征、情感脆弱综合征等)。

(3)非成瘾物质所致精神障碍

非成瘾物质所致精神障碍,是指来自体外的某些有害物质,虽不产生心理或躯体性成瘾,但可影响个人精神状态,如摄入过量所致的中毒症状(过去称为中毒性精神障碍),或突然停用所致的停药综合征(如反跳现象)。包括一氧化碳所致精神障碍、非成瘾药物所致精神障碍、有机化合物所致精神障碍、重金属所致精神障碍、食物所致精神障碍等多种亚型。症状表现同器质性(症状性)精神障碍。

(4)应激相关障碍

应激相关障碍是指一组由心理、社会(因素)引起的异常心理反应导致的精神障碍,也称为反应性精神病。包括急性应激障碍、创伤后应激障碍、适应障碍三个主要亚型。

①急性应激障碍:主要以急剧、严重的精神打击为直接原因。在受刺激后立刻(通常在1小时以内)发病。表现有强烈恐惧体验的精神运动性兴奋,行为有一定的盲目性;或者为精神运动性抑制,甚至木僵。如果应激源被消除,症状往往历时短暂,预后良好,缓解完全。

②创伤后应激障碍(PTSD):由异乎寻常的威胁性或灾难性心理创伤导致延迟出现和长期持续的精神障碍。主要表现为:a. 反复发生闯入性的创伤性体验、梦境,或因面临与刺激相似或有关的境遇,而感到痛苦和不由自主地反复回想;b. 持续的警觉性增高;c. 持续的回避;d. 对创伤性经历的选择性遗忘;e. 对未来失去信心。少数患者可有人格改变或有神经症病史等附加因素,从而降低了对应激源的应对能力或加重疾病过程。精神障碍延迟发生,在遭受刺激后数日甚至数月后才出现,病程可长达数年。

③适应障碍:因长期存在应激源或困难处境,加上患者有一定的人格缺陷,产生以烦恼、抑郁等情感障碍为主,同时有适应不良的行为障碍或生理功能障碍,并使社会功能遭受一定的损害。病程往往较长,但一般不超过6个月。通常在应激性事件或生活改变发生后1个月内起病。随着事过境迁,刺激的消除或经过调整形成新的适应,精神障碍有望随之缓解。

(5)其他精神障碍

精神分裂症是一组病因未明的精神障碍,常缓慢起病,具有思维、情感、行为等多方面障碍,及精神活动不协调。通常意识清晰,智能正常,自然病程多迁延,呈反复加重或恶化,但部分患者可保持痊愈或基本痊愈状态。

心境障碍,又称情感性精神障碍,是各种原因引起的以明显而持久的心境高涨或低落为主的一组精神障碍,并有相应的思维和行为改变。多有反复发作的倾向,每次发作多可缓解,部分可有残留症状甚至转为慢性。

解离(转换)综合征,过去称为"癔症",指一种以部分或完全丧失对自我身份识别和对过去记忆的解离症状以及将在遭遇无法解决的问题和冲突时产生的不快心情以转化为躯体症状的转换表现为主的精神障碍,症状没有可证实的器质性病理基础;有癔症人格基础,起病常受心理社会(环境)因素的影响,除癔症性精神病或癔症性意识障碍伴有自知力障碍外,患者自知力基本完整,病程多迁延。

神经症是一组主要表现为焦虑、抑郁、恐惧、强迫、疑病症状,或神经衰弱症状的精神障碍,有一定人格基础,起病常受心理社会(环境)因素影响,症状没有可证实的器质性病变作基础,与被鉴定人的现实处境不相称,但被鉴定人对存在的症状感到痛苦和无能为力,自知力完整或基本完整,病程多迁延。各种神经症性症状或其组合可见于感染、中毒、内脏、内分泌或代谢和脑器质性疾病,称神经症样综合征。

2. 智能减退

(1)基本概念

智能减退是精神障碍的一种表现形式,其病因复杂多样。本标准中的智能减退主要指由于诸如脑外伤、一氧化碳中毒等器质性损害导致的智能损害,病程至少持续6个月以上,且难以治愈、康复。

(2)智能减退的主要表现

①记忆减退,最明显的是学习新事物的能力受损。

②以思维和信息处理过程减退为特征的智能损害,如抽象概括能力减退,难以解释成语、谚语,掌握词汇量减少,不能理解抽象意义的语汇,难以概括同类事物的共同特征,或判断力减退。

③情感障碍,如抑郁、淡漠,或敌意增加等。

④意志减退,如懒散、主动性降低。

⑤其他高级皮层功能受损,如失语、失认、失用或者人格改变等。

⑥无意识障碍。

(3)智能减退的分级

①极重度智能减退。智商(IQ) <20;语言功能丧失;社会功能完全丧失,不会逃避危险;生活完全不能自理。

②重度智能减退。IQ 20~34;语言功能严重受损,不能进行有效的交流;不能学习和劳动;生活大部分不能自理。

③中度智能减退。IQ 35~49;能掌握日常生活用语,但词汇贫乏;对周围环境辨别能力差,只能以简单的方式与人交往;生活部分不能自理;能做简单劳动,但质量低、效率差。

④轻度智能减退。IQ 50~69;无明显语言障碍;对周围环境有较好的辨

别能力，能比较恰当地与人交往；生活能自理，能做一般非技术性工作。

⑤边缘智能状态。IQ 70～84；抽象思维能力或者思维广度、深度及机敏性显示不良；不能完成高级或者复杂的脑力劳动。

（二）检验方法

1. 智力减退

智力检查一般从以下几个方面入手：

（1）一般常识。可让被鉴定人回答一些常识性的问题，包括历史、天文、地理、文学、自然等方面，以检查被鉴定人的知识广度、兴趣范围、长时记忆等能力。

（2）领悟力。通过询问一些有关社会价值观念、词语的解释和表达等的问题了解被鉴定人对社会的适应程度和理解判断能力。

（3）分析综合和抽象概括能力。通过对事物的共性、差异和命题的判断分析来反映被鉴定人在该方面的能力。

（4）计算力。通过一些心算题，了解被鉴定人对数的概念和运算能力。

2. 记忆功能

记忆功能按时间段来划分，常分为瞬间记忆、短时记忆和长时记忆（远记忆）三种。对损伤所致记忆损害者，一般据此进行检查。

（1）瞬间记忆。可以通过数字广度实验来检查，或者让被鉴定人在很短的时间内重复词组（言语记忆）或图画（视觉记忆）等来进行评估。

（2）短时记忆。可以通过提一些简单问题的方法来进行，看被鉴定人是否保存有对近期发生事情的记忆。也可以先告知其鉴定人的姓氏，在邻近检查结束时要求被鉴定人讲述出来。另一个简单的方法是让被鉴定人讲述前一晚的饮食情况，或者让被鉴定人重复数分钟前已告知的三个在发音和词义上都不相关的词语。

（3）远记忆。远记忆的检查方法是让被鉴定人讲出生活中的特定事件，或者询问一些众所周知的历史事件和有影响力的历史人物，也可以询问当今国家政府要员和当地城市政府官员的名字等。

3. 人格改变

对损伤所致人格改变者，应从下面几个心理机能方面展开检查。

（1）意志、欲望的改变。一方面注意被鉴定人有无意志减退或缺乏，对周围事物是否关心，生活工作有无主动性、积极性；另一方面要注意被鉴定人有无欲望增强、活动增多、多言好辩、纠缠不休、食欲或性欲亢进，以及仅满足个人需要，不考虑别人利益。

（2）情感、心境的改变。一方面要检查被鉴定人有无欣快、情绪高昂、小事大笑不止、自我感觉良好、精神饱满等症状；另一方面要注意被鉴定人是否有不满、委屈感、易激惹、暴怒或情感淡漠等。

(3)行为幼稚。观察被鉴定人有无行为幼稚，如同小孩，说话不经思考，行为不计后果，情绪反应单纯而易表露或行为放荡等。

4. 心理测验

目前对智力、记忆及人格改变均有成型的心理测验工具，其中智力、记忆测验工具具有全国常模，得到普遍运用，而人格改变的评定工具主要是一些小规模的研究，可在鉴定实践中参考使用。

(1)智力测验

可通过智力测验测评智力水平，常用的有韦氏智力量表和成人智残评定量表。

韦克斯勒氏智力量表简称为韦氏量表，主要包括三套量表，分别用于成人、儿童和幼儿。这个量表是目前世界范围内最为公认的反映智力水平的测量工具。成人韦氏智力量表由 11 个分测验组成，其中语言量表有 6 个分测验，操作量表有 5 个分测验。鉴定实践中，有时会采用简式韦氏智力测验，通过计算估计智商。值得注意的是，简式估计智商的准确率比全量表评定的智商值稍差一些，尤其是对智商损伤较重的被试，简式估计值会高估被试的智商。同时必须注意，颅脑损伤患者在检查时容易发生疲劳，影响智力检查结果，必要时检查可以分阶段进行。另需说明的是，目前国内使用较多的中国修订韦氏成人智力量表(WAIC－RC)已多年未修订，条目难度已显偏低；加之智力测验成绩也易受诸如测验者水平、受试者配合程度、学习效应等影响，智力测验结果仅可作为鉴定时的参考，必须结合精神检查来判断与确认。

对于有严重的智能障碍或难以实施韦氏智力测验的被鉴定人，可以根据成人智残评定量表来评估其日常生活能力，包括语言、人际交流、日常生活自理情况、学习或参加劳动的情况，对时间、地点和人物的定向力等。智残评分一般是通过对反映个体社会功能状况的参数来间接推断智力缺陷的程度。由于智残评定量表的内容主要是反映个体的社会功能状况，因而，智残评定实际上也是评定个体与社会活动有关的能力。

(2)记忆测验

检查记忆最为理想和系统的方法是利用韦氏记忆量表，能获得较为准确的记忆商数，以判断被鉴定人的记忆水平。

中国修订版的韦氏记忆测验内容包括长时记忆、短时记忆和瞬间记忆三个部分，计分方法将测验的原始分换算成量表分，再将各年龄组的总分换算成标准分，即离差记忆商数(MQ)。

5. 实验室检验与辅助检查

条件许可时,可以进行脑电图、事件相关电位等脑电生理检查,进一步明确被鉴定人脑功能状况。必要时可以要求被鉴定人再次进行头颅 CT 平扫、MRI、fMRI 等颅脑影像学检查,明确其目前脑部后遗损害情况。

(三)鉴定要点

1. 基本原则

当前在精神科(精神障碍与智能减退)致残程度等级的鉴定主要有两种趋势:一种是根据精神障碍诊断标准予以明确诊断;另一种则是不做明确诊断,直接套用伤残鉴定标准相应条款,如"被鉴定人因某种类型的颅脑损伤致出现精神障碍或达到某种程度的智能减退"。从法医精神病专业角度出发,建议在进行精神科致残程度等级的鉴定时,首先评定被鉴定人的精神状态,根据 ICD－10 或 CCMD－3 等诊断标准进行医学诊断;在确认被鉴定人患有某种精神障碍的基础上,考察精神症状对其日常生活、工作和社会活动能力等的影响,再根据受损程度确定相应的致残等级。

精神障碍的医学诊断包括两步,第一步是确定有无精神症状,第二步是确定属于精神障碍中的何种具体疾病。在鉴定时应重点查证、核实精神症状的真实性,确认是否真实存在精神障碍。精神障碍的诊断需要系统收集详细病史和进行系统、全面的检查,包括系统收集被鉴定人病史资料、精神检查、特殊检查及资料的整理、核实和分析等。

2. 操作程序

(1)损伤确证

明确被鉴定人是否存在脑外伤、一氧化碳中毒、食源性中毒等可查证的器质性损害。

(2)精神异常调查

明确被鉴定人在损伤后是否出现精神行为异常,是否到精神专科医院就诊,应明确其精神异常的主要表现。

(3)旁证调查及旁证材料审查

了解被鉴定人伤后是否出现记忆低下、智能低下、人格改变、情绪病理性改变、幻觉、妄想等精神异常;如有,明确其具体表现,尤其对日常生活、学习或工作的影响。对未成年被鉴定人,还应了解其母孕期、生产期情况、生长发育情况,特别是幼年时是否有脑炎、高热惊厥等疾病发作情况;了解其学习情况;了解其损伤前生活、工作情况。

需要特别注意的是,鉴定中的资料来源一般是相关知情人员,如被鉴定人家属、陪护人员或同事，应注意对调查资料的可信度进行评估。

（4）精神检查

应当注意被鉴定人的一般表现，明确被鉴定人是否存在认知、情感、意志行为等方面障碍。需要特别注意的是，该类被鉴定人可能存在索赔心理，在精神检查中有夸大或伪装症状（装坏）的可能，或者故意不合作。也有人因存在情绪不稳定或严重的人格改变，客观上不能配合检查，使检查结果欠理想。在精神检查中应当重点注意其是否存在智能、记忆及人格等方面改变或精神病性症状与情绪障碍等。

3. 伤病关系

存在原有伤、病时，可首先确定被鉴定人目前精神状况所相当的伤残程度；然后根据原有伤、病对目前伤残程度的影响进行相应扣除，最终给出本次人身损害所致的精神伤残程度；如不能区分原有伤、病对造成目前伤残程度的影响，应特别说明。

4. 鉴定人资格和鉴定时机

（1）鉴定人资格

精神科致残程度等级鉴定的专业性较强，如智商检查受很多因素影响（如测试者水平、被测者合作程度、智测工具本身等），智商结果只能作为参考，必须结合精神检查综合评价智商测定结果的真实性；同时，精神障碍并不像智商一样能进行轻、中、重度的程度分级，法医临床鉴定人仅根据精神科诊断/测验报告难以进行准确评定，因此，原则上一般应由具有法医精神病鉴定资质的司法鉴定人进行精神科致残程度等级的鉴定。

（2）鉴定时机

精神科致残程度等级的鉴定应当在临床医疗终结后进行，结合器质性精神障碍等诊断上对病程的要求以及以往鉴定实践经验，建议一般应在损伤6个月以后方可实施鉴定；如果伤情严重或者估计致残等级较高者，可视情况延长至受伤9～12个月后进行。

如果后遗精神异常主要表现为精神病性症状等较严重情形的，建议在进行系统精神专科治疗后方可进行鉴定。此处所述的精神病性症状，主要是指由于丧失了现实检验能力而明显地不能处理某些现实问题的表现，通常为出现下列表现之一：①突出的妄想；②持久或反复出现的幻觉；③紧张症行为，包括紧张性兴奋与紧张性木僵；④广泛的兴奋和活动过多；⑤显著的精神运动性迟滞。

第二节 植物生存状态与外伤性癫痫

一、关于意识改变

（一）标准条款

条款序号	条款内容
5.1.1.1	持续性植物生存状态。

（二）应用说明

1. 概述

（1）基本概念

随着临床医学理论与医疗技术水平的不断提高，严重的创伤性颅脑损伤或者缺血、缺氧性脑病患者的死亡率较前有所降低，但是因脑损伤伤情严重或者持续缺血、缺氧时间过长，致成脑细胞损害不可逆转，后遗持续性植物生存状态（Persistent Vegetative State，PVS）的发病率较前也有明显增高的趋势。

持续性植物生存状态，也称为持续性植物状态或者持续性植物生存，可以是创伤性的，也可以是非创伤性的，但创伤性的较为常见。鉴定实践中发现，机械性损伤导致持续性植物生存状态的，多见于较为严重的创伤性颅脑损伤后，非创伤性的见于物理化学性损害的缺血缺氧性脑病后，如医疗损害案件中与医疗因素有关的缺血缺氧性脑病后遗症。

（2）诊断标准

持续性植物生存状态是指严重脑损伤经过一段时间的治疗及康复后仍缺乏意识活动，丧失语言，而仅保留无意识的姿态调整和运动功能的状态，是一种临床特殊的意识障碍。主要表现有：①对自身和外界的认识功能完全丧失；②能睁眼，有睡眠—觉醒周期；③丘脑下部及脑干功能基本保存。

对于植物生存状态持续多长时间才可以称之为持续性植物生存状态的认识，在国内外并不完全统一。目前国内临床实践中一般认为至少持续 1 个月以上才能作出该诊断。但据研究资料表明，在外伤后经历前 3 个月内的植物生存状态后，约有 33% 的患者可能恢复自主意识；在外伤后第 3 ~ 6 个月期间，仍会有 9% 的患者可能恢复自主意识。美国相关专题研究认为，外伤后植物生存状态持续达 12 个月以上的，可判定为永久性植物生存状态。

本标准中植物生存状态条款所指的状态应为永久性的，因此建议，被鉴定人须满足外伤后经过 12 个月以上无法恢复自主意识，持续呈植物生存状态的，方可符合本标准相应致残程度等级的鉴定时机要求。

2. 检验方法

法医学鉴定中，针对持续性植物生存状态的诊断和认定可以参照我国的相关诊断标准：(1) 认识功能完全丧失，无意思活动，不能执行指令；(2) 保持自主呼吸和血压；(3) 有睡眠觉醒周期；(4) 不能理解和表达语言；(5) 能自动睁眼或在刺激下睁眼；(6) 可有无目的性的眼球跟踪运动；(7) 丘脑下部及脑干功能基本保存。

实际检验、鉴定中，应注意与某些具有相似表现的疾病进行鉴别：(1) 闭锁综合征，典型者系因双侧脑桥基底部病变而导致的缄默和四肢瘫痪，类似意识丧失，但实际上意识清楚，能用睁闭眼等动作回答问话。(2) 昏迷，是一种持续的、深度的病理性意识障碍，其特征是两眼闭合，意识丧失，既不能唤醒，又无认知。(3) 脑死亡，是脑的全部（特别是脑干）功能的持久且不可逆地丧失，特征是深度昏迷，且无自主呼吸，依赖呼吸机维持，脑干反射全部丧失，无任何自主活动。(4) 无动性缄默症，表现为不说话、无自发活动，激励下也几乎没有动作，能睁眼注视周围，对疼痛刺激无反应或仅有局部异常轻微的反应，大、小便失禁，存在睡眠—觉醒周期。可由多处病变引起，包括亚急性交通性脑积水、第三脑室后部及导水管肿瘤、双侧额叶病变累及扣带皮质（双侧大脑前动脉血栓）、双侧脑干上行网状结构及丘脑正中核群的局限性病变等。

3. 鉴定要点

本标准"持续性植物生存状态"条款的适用首先需确定引起植物生存状态的损伤或者疾病的病理基础，然后按照上述诊断标准作出客观认定，确认为永久性植物生存状态的方可以适用本条款评定为一级伤残。建议致残程度等级的鉴定时机在损伤后 12 个月以上。

二、关于外伤性癫痫

（一）标准条款

条款序号	条款内容
5.4.1.2	外伤性癫痫（重度）。
5.6.1.2	外伤性癫痫（中度）。
5.9.1.2	外伤性癫痫（轻度）。

（二）应用说明

1. 概述

（1）基本概念

癫痫是一组由已知或未知病因所引起的脑部神经元高度同步化，且常具自限性的异常放电所导致的一组临床综合征，以反复、发作性、短暂性、通常为刻板性的中枢神经系统功能失常为特征。

颅脑损伤所引起的损伤后癫痫发作（Post-traumatic Seizure，PTS），是脑部神经元异常和高度同步化放电所造成的临床现象，其特征主要表现为突然和一过性症状，由于异常放电的神经元在大脑中部位的不同而有多种多样的表现，可以是运动、感觉、意识、行为、精神或自主神经的障碍，伴有或不伴有意识或警觉程度的变化。

外伤性癫痫（Posttraumatic Epilepsy，PTE），也称颅脑损伤后癫痫，是颅脑损伤所引起的一种脑部疾病，系因颅脑器质性损伤引起的反复发生的脑部神经元异常同步过度放电，以暂时性中枢神经系统功能失常为其典型特征，存在能产生癫痫反复发作的脑部持久性改变，并出现相应的神经生物学、认知、心理学以及社会学等方面的后果。

外伤性癫痫约占所有癫痫的5%、症状性癫痫的20%。

按照癫痫发作与外伤在时间上的关系可以分为以下几类：①即刻发作的癫痫。创伤性颅脑损伤后24～48小时内发作，可能是脑结构区域直接受到机械性激惹的结果。②早期发作癫痫。常于创伤性颅脑损伤后1个月左右发作，多由脑挫裂伤、蛛网膜下腔出血、凹陷性骨折、硬脑膜撕裂、脑水肿、继发性脑组织反应等病变引起。③晚期癫痫。常于颅脑损伤后3个月左右至2年之间发作，少数也可间隔数年后方开始出现癫痫症状。开放性颅脑损伤在损伤发生10年以后、闭合性颅脑损伤在损伤发生2年以后发生的癫痫，在确定其与外伤之间的因果关系时尤需谨慎。

本标准所指外伤性癫痫主要是指各种颅脑损伤后的晚期癫痫。

（2）发作类型及其判定

本标准所规定的癫痫发作类型与《道路交通事故受伤人员伤残评定》（GB 18667－2002）规定的原则及分类方法有所不同，是按照国际防治癫痫联盟（ILAE）规定的发作类型进行分类，鉴定人应熟悉不同类型发作的临床表现。

①全身性强直—阵挛性发作。主要临床特征是伴有意识丧失，双侧肢体强直后随即出现伴有阵挛的序列活动。可由部分性发作演变而来，也可在起病时即表现为全身强直—阵挛性发作，典型者发作过程可分为强直期、阵挛

期、发作后期。

此类发作即为本标准附录 B.6 中规定的大发作。

②单纯部分性发作。部分性发作是指发作起始时的临床表现和脑电图改变提示发作源于一侧大脑皮质的局部区域。单纯部分性发作除具有癫痫的共性外,发作时始终意识存在,其主要特征表现为发作后能复述发作的生动细节。

③复杂部分性发作。复杂部分性发作的特征是指发作时伴有意识障碍,对外界刺激没有反应,往往有自主神经症状和精神症状发作。脑电图(EEG)可以记录单侧或双侧不同的脑部神经元异常放电,通常位于颞叶内侧面的海马、海马回、杏仁核等结构,少数可始于额叶。

本标准附录 B.6 中规定,复杂部分性发作伴有自动症或精神症状的,可相当于大发作或者精神运动性发作。所谓自动症,是指患者出现意识障碍并出现缺乏目的性的发作性行为异常。部分患者发作前可有感觉和运动先兆,发作时出现反复咂嘴、噘嘴、咀嚼、舔牙、吞咽或者反复搓手、抚面、不断穿衣、脱衣、解衣扣、摸索衣裳、自言自语、叫喊、唱歌以及机械重复发作前动作。发作后患者意识模糊,常有头昏、不能回忆发作中的情况。

④失神发作。失神发作的标志性特点是突然发生和突然终止的意识丧失。典型者表现为突然停止活动,如讲话、走路、进食时出现发呆、呼之不应、眼球上翻、手中物体落地。部分患者可机械重复原有的简单动作,每次发作持续数秒钟。发作后立即清醒,可继续先前的活动。醒后不能回忆,甚至不知刚才发了病。脑电图上常可见典型的双侧对称的每秒 3Hz 棘—慢复合波,背景活动正常,预后较好。

(3)外伤性癫痫分度

根据本标准附录 B.6 中规定,外伤性癫痫按严重程度可以分为:①轻度,指颅脑损伤后器质性晚期癫痫,不论何种发作类型,经规范性药物治疗至少 1 年且已达到有效控制发作效果的情形;②中度,指颅脑损伤后器质性晚期癫痫,虽经规范性药物治疗至少 1 年但仍有发作,如全身强直—阵挛发作平均每月 1 次或未达 1 次,单纯部分性发作或者复杂部分性发作,伴自动症或精神症状,平均每月 1 次或未达 1 次,失神发作或其他类型发作平均每周 1 次或未达 1 次;③重度,指颅脑损伤后器质性晚期癫痫,虽经规范性药物治疗至少 1 年但仍有发作,如全身强直—阵挛发作平均每月 2 次或超过 2 次,单纯部分性发作或者复杂部分性发作,伴自动症或精神症状,平均每月 2 次或超过 2 次,失神发作或其他类型发作平均每周 2 次或超过 2 次。

2. 鉴定要点

可参考《外伤性癫痫鉴定实施规范》(SF/Z JD 0103007－2014)。

鉴定实践中,应全面了解外伤史,掌握癫痫发作后的治疗经过,判定其是否已进行正规的抗癫痫治疗,以及经治疗后癫痫的发作类型、频率与程度。还应了解被鉴定人的既往史、个人史与家族史。

判定为外伤性癫痫的,首先应通过案情提供的致伤方式、病历材料分析、判定有无确证的脑部外伤,是否存在脑组织器质性病灶(如软化灶等)。然后通过全面审阅临床病历资料,判定是否确实存在癫痫发作,判定发作的类型,明确发作的频率,了解是否经过规范系统的抗癫痫治疗,治疗史是否达到1年以上的规定;疑有未经规范性药物治疗的,可行血药浓度测定加以明确。鉴定中还需注意进行必要的鉴别诊断。

实验室辅助检查中,颅脑CT或者MRI可以明确脑部是否存在器质性损害。EEG检查是必需的,常规EEG阳性检出率很低,一般在10%~30%。目前国际通用的规范化的EEG,延长了扫描时间,包括各种诱发试验,特别是睡眠诱发,必要时加作蝶骨电极描记,可使阳性检出率提高至80%左右。对于其余20%左右的患者,可以应用遥控脑电图和便携式长程记录仪进行检查。EEG阳性有助于确定是否为癫痫发作、发作属于何种类型、规范系统抗癫痫药物治疗的效果以及了解癫痫灶部位等。

在明确为外伤致器质性癫痫、准确判定癫痫发作的类型并了解发作频率,确证已经过12个月的规范系统治疗后,可参照本标准附录B.6确定癫痫的严重程度,并依据具体致残程度分级条款鉴定伤残等级。

第三节　失　　语

一、关于失语的标准条款

条款序号	条款内容
5.3.1.2	完全感觉性失语或者混合性失语。
5.5.1.2	完全运动性失语。
5.7.1.2	不完全感觉性失语。
5.8.1.2	不完全运动性失语;不完全性失用、失写、失读或者失认。

二、应用说明

(一)概述

1.病理生理

失语症是指脑部病变或损害所致的获得性语言障碍或语言功能丧失,患者理解、形成或表达语言的能力丧失或部分受限,但并不是由于语言发育性疾病、单纯运动性言语障碍(如口吃、构音障碍、言语失用)、严重听力障碍、原发性精神障碍(如精神分裂症等)或者严重智能减退所导致的语言沟通能力的缺失。失语者能听到言语的声音、看见文字的形象,但是不能理解这些声音或文字所代表的含义,或者理解力明显削弱,以致不能与他人正常交流;咽喉与口腔器官、肌肉能够咀嚼、吞咽,也能够发出简单的音节或者成串的声音,手指能握筷取物,却不能通过说话、写字表达自己的意思,或者语不能成句、词不能达意。

传统理论认为,脑部有四个主要语言区域,有两个区域与语言理解有关。与口语理解相关的区域包括颞叶的后部—后上部,亦称 Wernicke 区和 Heschl 回;第二语言理解区是角回,位于顶叶下部,视觉接受区的前部,管理书面语言理解。缘上回可能也是语言理解区域的组成部分。与语言表达相关的区域,一般认为位于额下回后部,称为 Broca 区,主要与口语表达相关;另外还有与书面语言表达相关的区域,是位于第二额回后部的第四语言区(也称 Exner 书写中枢)。不过这一概念迄今仍有一定争议。这些结论多数是根据脑卒中等有局限性脑损害病理表现的病例并结合其失语表现作出的推断,但各种失语症与脑定位损害并非存在严格的一一对应的关系。

目前普遍认为,涉及语言理解和产生的神经结构解剖和生理均非常复杂,颞叶上部负责听觉的输入和言语解码,顶叶负责语言的分析,额叶负责语言的表达,这些脑叶的相关区域联合形成语言中枢区,主要在外侧裂周边。但可能导致失语的脑受累范围并不局限于以上区域。

2.分类

多数失语患者,语言功能各个方面可有不同形式、不同程度的损害,且随病程变化可出现不同的演化。正因为如此,失语的分类标准很难达到良好的统一。迄今为止,应用比较多的分类方法主要有传统失语分类法和近代失语分类法,其中近代失语分类法以 Benson 为代表,主要分为 Broca 失语、Wernicke 失语、传导性失语、完全性失语、命名性失语、经皮质性失语、皮质下失语、失读和失写。由于失语主要是缘于脑病变或功能损害后所致言语功能区及联络纤维受损，表现为语言能力的丧失或削弱，主要体现在语言表达和语言理解两个方面，因此，本标准采用相对简化的分类方法，将失语划分为运动性失语、感觉性失语以及混合性失语，便于理解与把握。

(1)运动性失语

又称 Broca 失语、表达性失语或非流畅性失语等，是指患者的语言输出或言语产生的障碍，而理解能力则有相对完整的保留。其主要特点是口语表达障碍，具有非流利型口语的四个特点——说话费力、语调障碍、语句短、语法词减少。对于严重的运动性失语，患者可表现为自发言语完全缺乏，但能咀嚼、吞咽、咳嗽和叫喊，偶尔可说出“是”或“不是”等音节较少的词语，但多数情况下不符合当时场景，不知其所云，根本难以让人理解。也有患者仅能重复说几个刻板的词，也称为单语症。情况好一些的患者能说出短句或唱出熟悉的歌词。在较轻的 Broca 失语或严重失语的恢复期，患者讲话犹豫，单词音节之间过渡困难，有结结巴巴的感觉，尤其是说多音节单词时表现更为明显。讲话缺乏抑扬顿挫的语调，声音低缓，语句简短，呈“电报式语言”，严重者不合语法，可以有名词和动词，明显缺乏语法词(如冠词、形容词、副词或连词)。口语理解好于表达，但对含有比较、次序含义以及语法词较多的句子则易出现理解困难，复述及阅读理解同样也存在一定问题，尤其是对被动语态或复杂的句法结构，或主谓关系基于代词(如“他看见她”)而不是简单名词(如“小强看见小丽”)的句子，也被称为深诵读困难。这些均说明严重 Broca 失语并非仅表现为运动性失语，而是多数也存在全面的语言功能障碍，例如出现写字笨拙，构字障碍，听写和抄写困难等。因脑损害部位邻近，伴右侧肢体偏瘫的情形不少见，面部和上肢症状可较下肢为重。面颊失用也常见，可嘱患者做“飞吻”或“吹气”动作加以检查。

(2)感觉性失语

又称 Wernicke 失语、流利性失语等。患者有流利的语言，但言语空洞，无实际意义，不知所云。患者可以滔滔不绝地讲话而不自知，但因对语言的理解差，严重者常完全丧失对言语的听力理解，表现为答非所问，无法与人沟通。谈话姿势自然，构音正常，词组长短和语调正常，但能被发现许多音素错误、语义错误和自创新词。语法保留程度比 Broca 失语好，但对实质词和语法理解均有相当困难。命名时表现为找词困难，或多错语和赘语。复述差，常无法大声朗读，尤其不能理解性默读。书写障碍以听写障碍为主，能写熟悉的字词、数字，字迹清晰，自发书写如口语，多错词、新词、词不成句，抄写慢且费力。

(3)混合性失语

是指语言的所有基本功能均严重受损或者基本丧失,包括自发性言语、命名、复述、听觉理解、阅读和书写能力的严重受损或丧失,也即既有运动性失语的症状,也有感觉性失语的表现,但损害并非一定要完全的,可有一定程度的保留。混合性失语具有完全性失语的一些特征,脑病损部位涉及包括 Broca 区和 Wernicke 区在内的左侧半球广泛结构。

(4)失用、失写、失读、失认

①失用,即获得性运用不能,患者不能执行原先掌握的一些动作,其运用障碍并非由于无力、感觉丧失、共济失调、视力丧失、不随意运动或理解障碍。目前多认为失用症是由于指导有目的动作的中枢运用程序丢失或无法获得。失用症者常伴有失语等表现,可分为肢体失用、口—颊—舌失用、结构性失用、穿衣失用等不同类型。

②失写,包括失语性失写、视空间性失写、失用性失写等。失语性失写症常有拼写和语法错误,如伴 Broca 失语的失写。视空间性失写多表现为书写部位的定向障碍,字母和单词拼写正确,但在页面错误排列,如对汉字则表现为笔画移位、偏旁分离。失用性失写者书写字形无法辨认、潦草,但语言处理能力可保持正常,如知道字应当怎么写、怎么念,拼音和打字能力可有所保留。

③失读,包括不伴失写的失读和伴失写的失读。不伴失写的失读症患者丧失朗读、理解文字的能力,能抄写、自发书写或听写,却读不出所写的文字。自发言语、听力理解、复述尚可。丧失色彩辨识能力的,无法将所见颜色与其名字相配,但能抽象命名颜色或者表述颜色的特征。伴失写的失读症患者丧失原已掌握的阅读和书写能力,类似获得性文盲。丧失拼写能力,不能理解拼写的字词,数字和音符同样不能辨识,多伴有不同程度的失语。

④失认,是指患者丧失经由某一感觉形式辨察原本应当熟悉的物体的认识能力,如不能通过形状、声音或气味等辨察能力识别物体,但特殊的感觉并未受损,记忆、智能和意识等也可无明显障碍。失认症大致可分为视觉失认、听觉失认、身体失认等。

(二)检验方法

详细的检查和应用适合的量表能发现更多、更细微的异常。MRI(包括功能磁共振)等医学影像学检查能发现更多脑的结构和功能异常。必要时,应结合病史以及其他辅助检查尽可能明确病因。

实施体格检查时，针对失语的检查通常包含自发言语、命名、听力理解、复述、阅读、书写等内容。

在失语的评价量表方面，当前国际上经常使用的语言检查方法主要有波士顿诊断性失语症检查法（BDAE）、西部失语症检查法（NAB）、双语失语检查法、失语症的标准语言试验、Porch 交流能力指数、功能交流概貌测定等。国内失语的检查方法中应用较广的是北京大学第一医院神经内科汉语失语检查量表（ABC）。该表是在西方失语量表的基础上，在口语表达、听力理解、阅读、书写等方面用规范的图表、版式、语言等修订的适合国内具体情况的一套检查量表，其目的在于对患者的失语类型进行明确的分类、评估言语障碍的严重程度。

按照 BDAE，失语症由重至轻可分为以下六级：(1)0 级，缺乏有意义的言语或听理解能力；(2)1 级，言语交流中有不连续的言语表达，但大部分需要听者去推测、询问和猜测，可交流的信息范围有限，听者在言语交流中感到困难；(3)2 级，在听者的帮助下，可能进行熟悉话题的交流，但对陌生话题常常不能表达出自己的思想，使患者与评定者都感到进行言语交流有困难；(4)3 级，在仅有少量帮助或无帮助的情况下，患者可以讨论几乎所有的日常问题，但由于言语或理解力的减弱，使部分交流出现困难或难以继续进行；(5)4 级，言语流利，但可观察到有一定的理解障碍，思想和言语表达不至于受到明显限制；(6)5 级，有极少的可分辨得出的言语障碍，患者主观上可能自觉有一定困难或者不够流畅，但听者不一定能明显察觉到。

国家民政部发布实施的《残疾人实用评定标准》将言语残疾分为以下四级：(1)一级，指仅能简单发音而言语能力完全丧失者，语言清晰度 < 10%；(2)二级，指具有一定的发音能力，语音清晰度在 10% ~30%；(3)三级，指具有一定的发音能力，语音清晰度在 31% ~50%；(4)四级，指具有发音能力，语音清晰度在 51% ~70%。

实际检验、鉴定中，应注意与以下病理情况加以鉴别：(1)某些心理过程失调和异常所致的言语障碍及精神病性言语障碍；(2)智能障碍所致的言语障碍；(3)转换分离障碍引起的失音或失语；(4)口吃；(5)由于感觉器官（尤其是听觉器官）功能受损或者发音器官机能障碍所致的言语交流能力下；(6)伪装、诈称失语。

（三）鉴定要点

1. 鉴定原则

适用本标准失语相关条款者必须同时把握以下鉴定要点：(1)被鉴定

人存在可能导致失语、失用、失写、失读、失认的脑器质性损伤；(2)后遗症的临床表现符合相关诊断标准；(3)多伴有其他神经系统症状和体征，如肢体瘫痪、视野缺损、偏身型感觉缺失等表现(若不伴有其他伴随体征而仅表现为失语，应注意此类失语很有可能获得好转)；(4)有脑组织(语言功能区)损伤的影像学证据和/或局灶性脑损伤的电生理学证据；(5)排除语言发育性疾病、单纯运动性言语障碍(如口吃、构音障碍、言语失用)、原发性精神障碍(如精神分裂症等)、重度智能减退所致的语言障碍或者心理因素的影响；(6)根据临床表现的性质及其严重程度对照标准相关具体条款。

原则上，创伤后失语的致残程度等级鉴定仅适用于3岁以上儿童或成人，建议鉴定时机为经规范系统治疗1年以上。

2. 标准条款适用

(1)感觉性失语

本标准规定的“完全感觉性失语”是指严重的感觉性失语，被鉴定人完全丧失对言语的听力理解，常答非所问，且虽保留一定的说话能力，但言语空洞，多无实际意义。被鉴定人因失语致社会交往极度困难。BDAE中的0级可符合完全感觉性失语。

本标准规定的“不完全感觉性失语”是指较完全感觉性失语而言症状相对为轻，被鉴定人对语言的理解较差，仅能听懂简单语句，复述能力差，且能被发现许多音素错误、语义错误，常有自创新词而令人难解其意，提问太快或者内容复杂时即出现理解困难。被鉴定人因失语致社会交往能力降低。BDAE中的1级与2级可符合不完全感觉性失语。

(2)运动性失语

本标准规定的“完全运动性失语”是指严重的运动性失语，被鉴定人可表现为完全无自发言语，偶尔可说出“是”或“不是”，但多数情况下不知所云；或者表现为仅能重复说几个刻板词的单语症。被鉴定人因失语致社会交往严重受限。BDAE中的0级或者国家民政部的一级言语残疾可符合完全运动性失语。

本标准规定的“不完全运动性失语”是指较完全运动性失语而言症状相对为轻，被鉴定人表现为能够说出短句或唱出熟悉的歌词，但讲话犹豫，单词音节过渡困难，有结结巴巴的感觉，讲话缺乏抑扬顿挫的语调，声音低缓，语句简短，呈“电报式语言”，经常不合语法，口语理解能力好于表达能力。被鉴定人因失语致社会交往受到约束。BDAE中的1级、2级或者国家民政部的二级、三级言语残疾可符合不完全运动性失语。

(3)混合性失语

本标准规定的“混合性失语”同样是严重的失语类型,被鉴定人表现出严重的理解能力障碍,兼有明显的表达能力障碍。因失语致社会交往极度困难。BDAE 中的 0 级可符合混合性失语。

(4)失用、失写、失读、失认

被鉴定人有失用、失写、失读或失认的症状时,通常伴有一定程度的失语表现,鉴定时大多可根据失语的严重程度直接鉴定致残程度等级。应当注意,若已经按照失语鉴定致残程度等级,不应再另行适用本节其他条款。如单独出现失用、失写、失读或失认症状,通常为失用、失写、失读或失认部分类型的表现。实际鉴定时可按“不完全性失用、失写、失读或失认”对照相关条款予以鉴定。

第四节 面 瘫

一、关于面瘫的标准条款

条款序号	条款内容
5.5.1.4	双侧完全性面瘫。
5.6.1.4	一侧完全性面瘫。
5.7.1.3	双侧大部分面瘫。
5.8.1.4	一侧大部分面瘫,遗留眼睑闭合不全和口角歪斜。
5.9.1.4	一侧部分面瘫,遗留眼睑闭合不全或者口角歪斜。
5.10.1.3	一侧部分面瘫。

二、应用说明

(一)概述

1.解剖与生理

面神经是人体中穿过骨管最长的脑神经,同时含有运动纤维、感觉纤维与副交感神经纤维,其自小脑中脚下缘出脑后进入内耳门,穿过内耳道底进入面神经管,由茎乳孔出颅,向前穿过腮腺到达面部。面神经在面神经管弯曲处有膝神经节,并发出三个分支,分别为支配舌前2/3味觉和腺体分泌的鼓索和岩大分支,以及镫骨肌支。面神经经颞骨外段进入腮腺实质后分成五支:(1)颞支出腮腺上缘支配额肌和眼轮匝肌等;(2)颧支向前上支配眼轮匝肌和颧部肌肉;(3)颊支出腮腺前缘支配颊部肌肉以及口轮匝肌和口周围肌;(4)下颌缘支沿下颌骨下缘向前,支配面下份及下唇部肌肉;(5)颈支向下进入颈阔肌深面并支配该肌肉。

面神经最常见的损伤部位为鼓室段和乳突段,常见于颞骨骨折、面部外伤、产伤以及中耳乳突或颞骨部位手术引起的医源性损伤。面神经管内出血、神经鞘膜挫伤和神经水肿,以及因碎骨片或听骨嵌入骨管,或骨折处骨管移位等,可造成面神经纤维挫伤、牵拉、扭转、撕裂甚至断裂,均能引起面神经传导功能障碍,即"面瘫"。

面瘫又称为面神经麻痹,是一组由于多种原因造成面神经损害,以面部表情功能部分或全部丧失及组织营养障碍为主要表现的综合征候群。因面神经行程长,损伤可发生在面神经管、中耳和腮腺区等不同部位,并呈现不同的临床表现:(1)面神经管外损伤,主要表现为患侧表情肌瘫痪、额纹消失、不能闭眼、不能皱眉、鼻唇沟变浅、不能鼓腮、口角歪向健侧;(2)面神经管内损伤,除上述表现外,还可出现患侧舌前2/3味觉障碍、泪腺、舌下腺及下颌下腺分泌障碍,以及结合膜、鼻腔、口腔黏膜干燥等现象。

2. 损伤分型与范围

根据损伤部位,可分为中枢性面神经麻痹(核上性)与周围性面神经麻痹(核性或核下性)。本标准所称的面瘫主要指外周性(核下性)面神经损伤。

中枢性面瘫的特点为患侧皱眉正常,额纹不消失,且多伴有偏瘫症状。

原发性面瘫,是周围性面瘫中最常见的一种,约占周围性面瘫的80%。如Bell面瘫,常发病于受凉之后,多见于糖尿病、中年女性,可能与病毒感染和微循环障碍使神经鞘膜水肿而引发面神经受压所致。

其他非外伤性面瘫,如先天性、肿瘤、中毒以及代谢性疾病等引起的,均存在不同的临床表现特点。

周围性面瘫的特点视损伤部位不同有所差异。面神经不同分支损伤后主要临床表现见表2-4-1。

表 2－4－1 面神经不同分支损伤后主要临床表现

损伤分支	临床表现
颞支	损伤侧额纹消失，不能皱眉
颧支	损伤侧闭眼困难或者不能
颊支	损伤侧表情肌活动减少，表情僵硬。颊支分支及吻合、交通支多，代偿能力较强
下颌缘支	损伤侧口角歪斜，鼓腮时口角漏气
颈支	损伤侧颈阔肌功能受限

由此可见，面神经不同分支损伤可造成不同的损害，颧支、下颌缘支不仅损害表情，还可造成面部器官功能障碍，危害相对较大，颞支、颊支损伤对面部表情亦可造成一定损害，而颈支损伤则影响最小。

根据损伤的严重程度和预后，周围性面瘫又可分为两类，即生理性或功能性麻痹（可逆性传导阻滞）和华勒变性（Wallerian degeneration）麻痹。例如，神经受压时，冲动的传导被阻而远侧段轴索无变性，有时受压处的髓磷脂可有损失，但当压力解除后，神经功能即可完全恢复而无任何遗迹，这种情况即称为生理性麻痹。若较严重的神经纤维损伤，轴索断伤而其他神经内部结构仍保存完好，可造成完全的周围变性。若为神经断裂伤，可发生在手术外伤和颞骨骨折或轴索断裂后，神经内压力继续增加，可导致轴索逐渐蜕变消失，髓鞘破碎成脂肪小滴状，即出现华勒变性。通常周围性神经损伤是混合型的，即功能性麻痹和纤维的变性同时存在。

（二）检验方法

1. 临床表现

面瘫的主要临床表现为面部表情肌运动障碍，当神经受累部位、程度不同，临床表现轻重及组合不同。

（1）静态表现

面神经轻度损伤时，面部静态时外观可以对称、正常。严重损伤者，静态时面部患侧无额纹，眼裂较宽，鼻唇沟消失，口角下垂，面部明显不对称。

（2）动态表现

蹙眉、皱眉时患侧额部无纹，眉毛不能上扬，眼睑不能完全闭合，闭唇鼓气时，患侧面颊部无力，不能做吹口哨动作，露齿时口角歪向健侧。

（3）范围及严重度评估

临床上评价面神经损伤轻重主要看容貌改变及功能障碍程度，有各种不同的评估方法，其中 House-Brackmann 评分系统在临床广泛运用，将面肌功能分为 6 级，见表 2－4－2。

表 2－4－2　面肌功能 House 分级

分级	分度	临床表现	
一级	完好	无论在静止状态还是在运动状态，面部各区功能均正常，两侧基本对称	
二级	轻度	仔细检查时，才能发现轻微的面肌无力	静止状态对称 运动时前额运动接近正常 稍用力即可闭眼，但稍不对称 能运动口角，但稍不对称 无联带运动，无面肌挛缩或面肌痉挛
三级	中度	明显的面肌无力，但无面部变形	静止状态对称 运动时，前额部运动减弱或消失 用力时能完全闭眼，但有明显不对称 有明显的联带运动、面肌挛缩或半面痉挛，但无面部变形
四级	中重度	明显的面部变形和或面肌无力	静止状态对称 前额部运动消失，用力亦不能完全闭眼，口角运动不对称 有严重的联带运动，总体运动和面肌痉挛
五级	重度	刚刚可以看到轻微的闭眼和口角运动	静止状态面部不对称，口角下垂，鼻唇沟浅或消失 前额部运动消失 闭眼不完全，用力时才出现轻微的眼睑运动 口角能轻微运动 常无联带运动、面肌痉挛和面肌挛缩
六级	极重度，完全麻痹	不对称，张力丧失，无运动	无联带运动，面肌痉挛和面肌挛缩

除 House-Brackmann 评分系统以外，Fisch 评分法较为简单实用，详见表 2－4－3。

表 2－4－3　面肌功能 Fisch 分级

状态	评分(满分)	总分分级
静止状态	20 分	0 分：完全面瘫
皱额	10 分	30 分：部分恢复，较差
闭目	30 分	70 分：部分恢复，较好
笑	30 分	100 分：完全恢复
吹口哨	10 分	

本标准分级条款涉及的面瘫主要分为完全性面瘫、大部分面瘫以及部分面瘫。根据本标准分级附录 B.18 中关于面瘫的规定,完全性面瘫是指面神经五个分支(颞支、颧支、颊支、下颌缘支和颈支)支配的全部肌肉瘫痪。大部分面瘫是指面神经 3 支以上分支支配的肌肉瘫痪,主要是指面神经除颈支以外的 4 支中 2 支以上支配的面肌瘫痪,同时遗留眼睑闭合不全和口角歪斜。眼睑闭合不全是指平视闭目时部分眼球暴露,口角歪斜是指口唇中线偏离面部中线 0.7cm 以上(静态时健侧口角偏离中线)。部分面瘫是指面神经分支中有 1 个分支支配的肌肉瘫痪。

2. 辅助检查

(1)功能检查

如镫骨肌反射,确定神经在镫骨肌支发出前损伤还是之后损伤(需结合中耳传声功能及听功能综合分析);味觉实验,确定神经在鼓索神经支发出前损伤还是之后损伤;泪分泌试验,判断病变是否位于运动神经核以下至膝神经节以上等。

对以上定位试验结果应注意结合神经变性程度综合诊断,仅当神经完全麻痹时,上述定位试验方有意义。

(2)电诊断检查

可以选择神经兴奋性试验,根据病侧及对侧兴奋阈差值 3.5mA 作为预后不良的提示来估计预后。针极肌电图,神经变性或肌肉去神经支配后可出现纤颤电位等。电诊断试验可在损伤后不同时期了解面神经功能和神经纤维的损伤部位,为面神经损伤提供客观依据。

(3)影像学检查

颞骨高分辨率 CT 可以通过不同成像技术手段了解面神经在颞骨段是否有损伤及损伤程度等。MRI 可显示面神经本身,轴位可较好显示面神经脑池段,内听道段,迷路段起始部,前膝和颅外腮腺段,冠状面可较好地显示面神经乳突段、后膝部等。

(三)鉴定要点

根据所提供的案情材料,了解、分析致伤方式,确证有头(面)部外伤史。面神经损伤多见于钝器、锐器等机械性损伤,如颞骨骨折(损伤面神经管)、腮腺咬肌部软组织创(损伤面神经颅外段相应部位的分支)。

根据确证的头、面部损伤病史,损伤后出现伤侧周围性面瘫的临床表现,神经电生理检查证实面神经损伤支配肌肉有失神经电位,且与损伤部位吻合,可以判定损伤与面瘫之间存在直接因果关系。

在法医学鉴定中,外伤性面瘫需与一些常见疾病鉴别,如脑血管疾病、急性感染性多发性神经炎、听神经瘤、耳带状疱疹等。

第五节 肢体瘫与非肢体瘫运动障碍

一、关于肢体瘫

(一)标准条款

条款序号	条款内容
5.1.1.3	四肢瘫(肌力3级以下)或者三肢瘫(肌力2级以下)。
5.1.1.4	截瘫(肌力2级以下)伴重度排便功能障碍与重度排尿功能障碍。
5.2.1.2	三肢瘫(肌力3级以下)。
5.2.1.3	偏瘫(肌力2级以下)。
5.2.1.4	截瘫(肌力2级以下)。
5.3.1.3	截瘫(肌力3级以下)伴排便或者排尿功能障碍。
5.4.1.3	偏瘫(肌力3级以下)。
5.4.1.4	截瘫(肌力3级以下)。
5.5.1.5	四肢瘫(肌力4级以下)。
5.5.1.6	单肢瘫(肌力2级以下)。
5.6.1.5	三肢瘫(肌力4级以下)。
5.6.1.6	截瘫(肌力4级以下)伴排便或者排尿功能障碍。
5.7.1.4	偏瘫(肌力4级以下)。
5.7.1.5	截瘫(肌力4级以下)。
5.7.1.6	单肢瘫(肌力3级以下)。
5.8.1.5	单肢瘫(肌力4级以下)。

(二)应用说明

1. 概述

(1)基本概念

肢体瘫,从大脑皮质到随意肌的运动通路中的任何一部分受损,都可能导致随意肌收缩功能障碍，肌肉活动能力减退或丧失，称为瘫痪。

脑部、脊髓或周围神经损害均可以引起肢体瘫痪，瘫痪的程度以肌力分级作为标准。本标准中的肢体瘫是指大脑、脊髓严重损伤引起的肢体所有肌肉瘫痪，不包括周围神经损伤或肌肉疾病引起的某些肌群肌力下降、肢体部分肌瘫及功能性（或癔症性）瘫痪。

肢体周围神经损伤遗留某些肌群肌力下降、肢体部分肌肉瘫痪等，应参照本标准有关部分肌群肌力下降等专门性条款进行伤残程度鉴定。

（2）分级

根据本标准附录 B.7 肌力分级的规定，为便于分级，目前仍然按照徒手肌力进行检查和分级，以判断肢体瘫痪程度。肌力的记录采用 0～5 级的六级分级法，即 LOVETT 肌力分级法：① 0 级，肌肉无任何收缩现象，相当于正常肌力的 0%；② 1 级，可见肌肉收缩但无关节有效运动，相当于正常肌力的 10%；③ 2 级，在减重状态下，能作全幅运动，即能作平面移动，相当于正常肌力的 25%；④ 3 级，能克服重力作全幅运动，不能抵抗外加阻力，相当于正常肌力的 50%；⑤ 4 级，能克服重力，并能抵抗部分外加阻力，但抗阻力能力较正常人明显降低，相当于正常肌力的 75%；⑥ 5 级，能克服重力并能抵抗外加阻力运动，相当于正常肌力的 100%。

不同程度的肌力减退分别称为完全性瘫痪和不完全性瘫痪（轻瘫）。瘫痪的肢体处于完全不随意运动状态，肌力完全丧失，为完全性瘫痪；肢体肌力呈一定程度减退，可有一些随意运动，为不完全性瘫痪。

（3）分类

肢体瘫痪有不同的命名分类方法，本标准采用了混合命名分类方法。如按照瘫痪的性质（致瘫病灶）可分为单（肢）瘫、偏瘫、截瘫、交叉性偏瘫，高位截瘫可以表现为四肢瘫；按照瘫痪肢体的数量可以分为单肢瘫、二肢瘫、三肢瘫、四肢瘫；按照病变部位分类，可分为上运动神经元瘫痪、下运动神经元瘫痪及肌源性瘫痪。

①单瘫，也称单肢瘫，主要指单个肢体（一上肢或一下肢）所有肌肉无力或瘫痪。不伴有肌肉明显萎缩的常见于大脑皮质的损害，伴随肌肉萎缩的多见于下运动神经元损害。肢体长期废用可引起萎缩，但程度一般较下运动神经元损害者为轻。例如，周围神经丛或神经根受损可导致单瘫伴肌肉萎缩、腱反射减低或消失、肌张力低下，符合神经支配区的感觉障碍；脊髓前角病损可有肌萎缩、肌张力低下，但无感觉障碍；若伴分离性节段性感觉障碍则考虑为脊髓空洞症；大脑中央前回的某一局部病变则表现为上运动神经元性的瘫痪；

瘫痪肢体不恒定，与情绪波动有关，伴有不符合神经支配区域的感觉障碍及不符合神经解剖的体征，多为癔病性瘫痪（解离转换综合征）。

病程中出现偏瘫或截瘫，若不同肢体肌力恢复程度不尽相同，仅有一肢体肌力未能恢复至5级，其余肢体均已恢复或基本恢复的，也可称为单肢瘫。此种情形多见于偏瘫，且多为不全瘫。

②偏瘫，指一侧上、下肢的瘫痪，多伴面、舌瘫。主要由皮质运动区、内囊、脑干及脊髓的病损引起，是常见的瘫痪形式，除少数病例外，因皮质—脊髓通路受损所致者较为多见。偏瘫病因最多见于脑血管病，其次是脑外伤（如脑挫伤、硬脑膜外或硬脑膜下出血）、脑肿瘤、脑部感染等。其鉴别要点为：一般皮质及皮质下偏瘫多为不完全，或上肢重，或下肢重，可伴有癫痫发作以及失用、失语、失认等症状；内囊性偏瘫者多为三偏征，即偏瘫、偏侧感觉障碍、偏盲；脑干性偏瘫者为交叉性瘫痪，即患侧病变平面脑神经周围性瘫，对侧平面下中枢性脑神经瘫痪及上、下肢体瘫；脊髓性瘫痪者为不伴面、舌瘫的上、下肢瘫。

③截瘫，主要表现为双下肢瘫，高位病变者也可累及双上肢，主要由脊髓、神经根或外周神经疾病引起。急性截瘫常见于脊髓外伤。感染性脊髓炎、硬脑膜外脓肿、脱髓鞘疾病或肿瘤压迫脊髓引起的截瘫或四肢瘫发展较慢，达数小时、数天或更长时间。也有将双上肢瘫者称为颈截瘫，癔病者也可表现为类似截瘫的症状。

④四肢瘫，即四肢均出现瘫痪，可为神经性或肌源性。所有在截瘫中提到的脊髓病因均可适用于四肢瘫，损伤在脊髓颈段而不是胸段或腰段。双侧大脑及脑干病变者可有真、假延髓性麻痹、精神症状、意识障碍、痴呆等；高位颈髓病变者可伴有延髓性麻痹，但不伴有痴呆、面瘫等；颈膨大病变者为双上肢弛缓性、双下肢中枢性瘫痪；周围神经病变者可表现为四肢弛缓性瘫痪。瘫痪肢体常伴有主观感觉障碍，如疼痛、麻木等，以及客观感觉障碍，如手套、袜筒样痛温觉减退等。

⑤癔症性瘫痪，属解离转换综合征的一种重要表现，可出现单瘫、偏瘫、截瘫甚或三肢瘫、四肢瘫，以截瘫最为常见。同一病人瘫痪症状有时会在短时间内出现较大变化，时而完全性瘫痪，时而可有部分随意动作。瘫痪较少仅累及肢体某组肌肉，常累及整个肢体。腱反射一般可正常引出，极少出现病理反射，肌肉萎缩少见。瘫痪肢体常伴有感觉障碍，有时感觉障碍变化不定。癔症性瘫痪的诊断依据包括：a. 瘫痪的发生多有明显的精神因素；b. 瘫痪的性质既非上运动神经元，也非下运动神经元；c. 感觉的缺失不符合解剖生理特点；

d. 病人暗示性强,症状可因暗示加重或减轻;e. 以往可能曾经出现类似表现;f. 多见情感不稳定、暗示与自我暗示比较突出的年轻女性。

⑥上运动神经元瘫痪。实际鉴定时主要涉及外伤或中毒所致的瘫痪,因此重点阐述上、下运动神经元性损害所致的瘫痪。上运动神经元起自额叶中央前回运动区,其轴突形成皮质脊髓束和皮质延髓束。上运动神经元性瘫痪,又称中枢性瘫痪。其特点包括:a. 由于锥体束下行时其运动纤维较集中,当内囊、脑干、脊髓等部位有病变时,常累及这些较集中的纤维,出现对侧整个肢体或偏身的瘫痪,大脑皮质运动区的病变可出现对侧肢体的单瘫;b. 瘫痪肢体肌张力通常增高;c. 瘫痪肢体腱反射较健侧活跃乃至亢进;d. 浅反射减退,如腹壁反射、提睾反射减弱;e. 瘫痪肢体的神经病理反射可为阳性;f. 通常不出现明显的肌肉萎缩,但如长时间的肢体瘫痪,可出现废用性萎缩;g. 神经肌电图检查显示神经传导速度正常,一般不出现失神经电位。

⑦下运动神经元瘫痪。下运动神经元是指位于脊髓前角细胞和脑干颅神经运动核内的运动神经元,接受锥体束等系统的冲动,将各方面的冲动组合起来,经前根、周围神经、传递到运动终扳,引起肌肉的收缩。下运动神经元瘫痪又称周围性瘫。其特点包括:a. 瘫痪的分布符合脊髓的节段性、神经丛性、神经干性或周围神经性支配的规律,依损害部位而定。如系脊髓前角细胞或前根病变。病肌瘫痪呈节段性,无感觉障碍。如系周围神经病变,其瘫痪分布与感觉障碍分布基本一致,主要表现四肢远端肌肉无力、萎缩,同时有四肢末悄型感觉障碍和自主神经功能障碍;b. 瘫痪肢体肌张力减弱,临床上又称软瘫;c. 瘫痪肢体腱反射减弱或消失;d. 瘫痪肢体肌肉萎缩;e. 瘫痪肢体神经病理反射多为阴性;f. 神经肌电图显示神经传导速度减慢,并出现失神经电位。

2. 检验方法

(1)体格检查

应进行运动系统的全面检查,包括主动运动和肌力检查,肌张力检查,肌肉萎缩检查,触觉、痛觉、温度觉等感觉检查,神经系统生理反射与病理反射检查。

①主动运动和肌力检查:记录主动运动有无困难,是否灵活,两侧对比有无不同,并按照肌力情况予以分级。

②肌张力:可记录为肌张力增高、正常、降低。

③肌萎缩检查:记录肩胛带、臀部和肢体肌肉(包括鱼际肌)有无萎缩,记录两侧肢体同一平面周径,加以对比。

④感觉检查:又可以分为多种类型的感觉检查。a. 轻触觉,记录棉签轻划

皮肤反应情况;b. 浅痛觉,记录大头针尖刺皮肤反应情况;c. 温度觉,记录所试部位冷、热感觉;d. 深感觉,记录关节运动觉,震动觉、本体位置觉。

感觉功能分 5 级标准:0 级(完全无感觉);1 级(深痛觉存在);2 级(有痛觉及部分触觉);3 级(痛觉和触觉完全);4 级(痛、触觉完全,且有两点区别觉,但需较大距离);5 级(感觉完全正常)。

⑤反射检查:又可以分为深、浅两类神经反射。a. 浅反射,记录腹壁反射、提睾反射、肛门反射、趾跖屈反应等情况,检查结果分为正常、减弱和消失;b. 深反射,记录肱二、三头肌反射、桡骨膜反射、膝腱反射、跟腱反射情况等。

⑥神经病理反射检查:记录巴彬斯基征、夏道克征、高登征等。

⑦自主神经系统的检查:记录皮肤温度和划痕试验、括约肌功能、膀胱括约肌功能、淀粉碘试验、茚三酮试验结果。

(2)辅助检查

主要包括神经电生理检查与医学影像学检查。①肌电图检查。疑有周围神经损伤时应进行肌电图检查,有助于对神经损伤的部位、神经损伤的程度、有无神经再生等作出初步诊断。②神经诱发电位。疑有神经系统损伤时,应进行神经诱发电位检查,包招感觉神经、躯体运动神经和自主神经诱发电位检查。神经诱发电位检查可对神经损伤部位、程度、神经再生等作出初步诊断。③影像学检查。脊髓损伤者,应进行 CT 扫描或 MRI 检查,结合对躯体感觉和运动功能的检查,明确脊髓损伤的平面。

3. 鉴定要点

在鉴定中首先应明确损伤部位,判定瘫痪的类型(单瘫、偏单、四肢瘫或者截瘫等),再根据肌力减退的程度适用标准条款鉴定致残程度等级。

应确证是否存在脑部、脊髓损伤,了解外伤史、伤后诊疗病史,并审阅所提供的影像学资料等。大脑、脊髓存在严重器质性损伤,如严重脑挫裂伤、弥漫性轴索损伤或脊髓损伤(如横贯性损伤等),损伤后引起与损伤部位相吻合的肢体瘫痪。

颅脑损伤、脊髓损伤、颈椎骨折及脱位应有医学影像学检查结果的支持;脊神经损伤可以通过神经电生理学检验提供支撑。

肌电图检查提示有多根脊神经和颈髓部分性损伤,但包括 MRI 在内的影像学摄片却未见颈髓损伤,根据损伤部位、临床表现及多次肌电图检查,可以认定存在多根脊神经损伤。值得关注的是,临床上肌电图检查提示的功能性障碍的出现可以早于影像学显示的形态学改变。

实际鉴定中不宜过分倚重 MRI 等影像学检查,忽视肌电图等功能性检查。

凡颅脑、脊髓、周围神经损伤恢复后可能遗留肢体功能障碍的，应在治疗终结、损伤恢复达到状态稳定（即功能障碍基本稳定，经评估认为其障碍程度一般不会进一步好转亦不会进一步恶化）后进行鉴定，一般建议在损伤后6～12个月以上。

二、关于非肢体瘫运动障碍

（一）标准条款

条款序号	条款内容
5.2.1.5	非肢体瘫运动障碍（重度）。
5.5.1.7	非肢体瘫运动障碍（中度）。
5.8.1.6	非肢体瘫运动障碍（轻度）。

（二）应用说明

1. 概述

（1）基本概念

非肢体瘫的运动障碍，是指锥体系、锥体外系运动系受到损伤，出现肢体随意运动障碍。锥体系分为上运动神经元和下运动神经元。下运动神经元是直接和骨骼肌相连接的部分，而上运动神经元是支配下运动神经元的。当损伤发生在上运动神经元时，由于下运动神经元不再受抑制，可发生功能亢进。非肢体瘫运动障碍不是单纯指某一种具体的损伤或者疾病，而是指除肌力下降的肢体瘫痪以外的肢体运动功能障碍症候群。其主要表现包括：肌张力增高、深感觉障碍和/或小脑共济失调、不自主运动或震颤等。该表述在《职工工伤与职业病致残程度鉴定》（GB/T 16180－1996）中出现，并沿用至今。

（2）分级

根据本标准附录B.8，非肢体瘫的运动障碍按照对生活自理能力的影响程度，划分为轻度、中度、重度三种等级。

①重度：不能自行进食、翻身、大小便、穿衣、洗漱以及自主行动，需由他人接触身体地帮助与护理。

②中度：完成上述动作存在相当困难，但在他人帮助下可以（勉强）完成。

③轻度：完成上述运动虽有一定困难，但基本可以自理。

（3）临床表现及其特点

①肌张力增高。肌张力是维持身体姿势以及正常运动的基础，可表现为

多种形式。如人在静卧休息时,身体各部肌肉所具有的张力称静止性肌张力。躯体站立时,虽不见肌肉显著收缩,但躯体前后肌肉均需保持一定张力,以维持站立姿势和身体稳定,称为姿势性肌张力。肌肉在运动过程中的张力,称为运动性肌张力,是保证肌肉运动连续、平滑(无颤抖、抽搐、痉挛)的重要因素。肌张力亢进可致姿势异常,如两下肢内收肌张力亢进致交叉腿。肌强直主要是指肌张力明显亢进并持续存在,类似抽搐,如去大脑强直。肌张力不协调主要是指伸肌、屈肌张力不平衡,往往造成手足徐动。肌张力增高的分级如表2-5-1所示。

表2-5-1 Ashworth肌张力分级法

分级方法	肌张力
0级	无肌张力增高
1级	轻度增高,被动运动时有一过性停顿
2级	增高较明显,活动未受限
3级	增高明显,被动活动困难
4级	肢体僵硬,被动活动不能

肌张力高还可造成入睡困难,穿衣时难以将其手臂插入袖内,穿裤子时不易把两腿分开,洗澡时难以将拳头掰开,当下肢刚触及浴盆或水面时,全身立即成僵硬姿势。行走时下肢伸直、内收交叉,呈剪刀状。

②共济失调,是指肌力正常的情况下运动的协调障碍。肢体随意运动的幅度及协调发生紊乱,以及不能维持躯体姿势和平衡。但不包括肢体轻度瘫痪时出现的协调障碍、眼肌麻痹所致的随意运动偏斜,视觉障碍所致的随意运动困难以及大脑病变引起的失用症。深感觉、前庭系统、小脑和大脑损害都可发生共济失调。

根据病变部位不同,共济失调可分为四种类型:a. 小脑性共济失调;b. 大脑性共济失调;c. 感觉性共济失调;d. 前庭迷路性共济失调。

小脑性共济失调早期首发症状多表现为下肢共济失调,表现为走路时步履不稳,肢体摇晃,动作反应迟缓及准确性变差。中期则说话时发音含糊不清,无法控制音调;眼球转动不平顺,物像容易产生“重叠”;肌肉不协调感加重,无法写字;有时感到吞咽困难,进食时容易呛咳。至晚期再进一步加重为说话极不清楚,甚至无法语言;肢体乏力,不能站立,需靠轮椅代步;理解能力逐步下降,最后失去意识,昏睡不醒。应注意与脊髓小脑性共济失调加以区别，后者是以小脑性共济失调为主要症状的常染色体显性遗传性疾病，病理改变以小脑、脊髓、脑干变性为主，临床主要特征为小脑性共济失调，可伴有构音障碍、震颤、锥体束征以及痴呆等。

③不自主运动，是指患者在意识清楚的情况下无目的、不自主、不能控制的病态动作。不自主运动可出现于神经系统的任何部的病变，如大脑皮质运动区及其下行纤维，基底节、脑干、小脑、脊髓、周围神经以及各部的病变都可引起，其表现多种多样，产生不自主运动主要和锥体外系的功能失调有关。临床上常见的不自主运动有：震颤、舞蹈样运动、偏身投掷症、手足徐动症、肌强直、肌阵挛、肌纤维颤动、肌痉挛等。

④深感觉障碍，是指传导深感觉的神经纤维或大脑感觉中枢病损，出现肌肉及关节的位置觉、运动觉、震动觉的减退或者丧失。

2. 检验方法

(1)体格检查

①不自主运动的检查：记录震动、震颤特点，记录有无手足徐动和舞蹈症、肌纤维颤动、痉挛等。

②共济协调的检查：记录指鼻试验、鼻—指—鼻试验、跟—膝—胫试验、轮替动作试验、闭目难立征等情况。

③肌张力检查：如本节前述内容。

④深感觉障碍检查：请受检者闭目，检查者触摸其某一手指或某一足趾，要求回答触摸的是哪一个。回答正确，则说明位置觉正常，回答不正确则提示位置觉障碍。检查者轻微向上、向下或向左、向右活动受检者的手指(足趾)，要求其回答活动方向，回答正确的说明运动觉正常，回答不正确则提示运动觉障碍。检查者把震动的音叉置于受检者骨突起部位，要求回答有无震动感觉，能够感受震动的说明其震动觉正常，无震动感觉者则属震动觉障碍。

(2)辅助检查

主要包括神经电生理检查与医学影像学检查。①多排螺旋 CT 或 MRI 检查，观察小脑、脑干、脊髓等部位有无损伤、病变等；②脑干诱发电位检查可显示异常，肌电图检查可示周围神经损害。

3. 法医学鉴定

通过全面了解外伤史、诊疗病史，并审阅伤后系列影像学资料，确证是否存在锥体系、锥体外系损伤。全面查体，结合必要的辅助检查，全面分析，综合认定损伤及其后遗症的类型及严重程度。

非肢体瘫运动障碍病因复杂，临床表现形式也具有多种多样性，对于外伤所致非肢体瘫运动障碍的致残程度等级鉴定并非简单依据肌张力、共济失调、不自主运动或者震颤等临床表现的严重程度，而须着重依据伤者生活自理能力受限程度进行鉴定。

第六节　手、足肌瘫与部分肌群肌力下降

一、关于手、足肌瘫

（一）标准条款

条款序号	条款内容
5.3.1.5	双手全肌瘫（肌力2级以下），伴双腕关节功能丧失均达75%。
5.5.1.8	双手大部分肌瘫（肌力2级以下）。
5.5.1.9	双足全肌瘫（肌力2级以下）。
5.6.1.7	双手部分肌瘫（肌力3级以下）。
5.6.1.8	一手全肌瘫（肌力2级以下），伴相应腕关节功能丧失75%以上。
5.6.1.9	双足全肌瘫（肌力3级以下）。
5.7.1.7	一手大部分肌瘫（肌力2级以下）。
5.7.1.8	一足全肌瘫（肌力2级以下）。
5.8.1.7	一手大部分肌瘫（肌力3级以下）。
5.8.1.8	一足全肌瘫（肌力3级以下）。
5.9.1.5	一手部分肌瘫（肌力3级以下）。
5.9.1.6	一足大部分肌瘫（肌力3级以下）。

（二）应用说明

1. 概述

（1）手肌瘫

本标准所列有关手部肌瘫的条款是指支配手指运动的肌肉发生完全性瘫痪或不全性瘫痪，而不包括仅位于手部但不涉及手指运动的肌肉。因此，与手肌瘫有关的神经主要是指支配手部肌肉的周围神经，如桡神经、正中神经与尺神经。

①一手全肌瘫的损伤基础为：上肢桡神经、正中神经和尺神经全部损伤，

其中桡神经的损伤水平在肘部以上(肌肉标志为旋后肌段,骨性标志为桡骨颈),正中神经的损伤水平亦在肘部以上(肌肉标志为旋前圆肌以上,骨性标志为桡骨颈水平);尺神经损伤水平一般在肘部水平或肘部以上(肌肉标志为尺侧腕屈肌段,骨性标志为桡骨近端)。

②一手大部分肌瘫的损伤基础为:上肢桡神经、正中神经和尺神经中任意两大神经均损伤,其中桡神经的损伤水平在前臂段以上(桡神经深支),正中神经的损伤水平亦在前臂段以上,尺神经的损伤水平在腕部以上(豌豆骨、钩骨处)。

③一手部分肌瘫的损伤基础为:上肢桡神经、正中神经和尺神经中任意一根神经损伤,其中桡神经的损伤水平在前臂段以上(桡神经深支),正中神经的损伤水平在腕部以上(腕骨处),尺神经的损伤水平亦在腕部以上(豌豆骨、钩骨处)。

(2)足肌瘫

本标准所列足肌瘫的有关条款是指支配足趾运动的肌肉发生完全性瘫痪或不全性瘫痪,而不包括仅位于足部但不涉及足趾运动的肌肉。因此,与足肌瘫有关的神经包括下肢坐骨神经及其分支胫神经、腓总神经。

一足肌瘫不论全部还是大部分肌肉瘫痪,其损伤基础均为:下肢坐骨神经损伤,或胫神经和腓总神经同时损伤,其中,胫神经和腓总神经的损伤水平在小腿段以上。

2. 检验方法

(1)手肌瘫

对于手部肌瘫者功能障碍程度的评定,应结合体格检查与辅助检查结果全面分析、综合判定。

实践中,应测量损伤累及手指关节(包括掌指关节与指间关节)的主动活动能力,如能否完成主动伸、屈手指的活动,根据手指的不同有针对性地检查各指能否完成对指、对掌以及内收、外展等活动,活动过程中能否克服阻力以及活动的范围是否可以达到正常范围等。对于主动活动能力明显降低,或者虽有一定主动活动能力但不能克服任何阻力的,可予认定,并按照相应原则评定肌力分级。

辅助检查主要包括神经电生理方法,应重点关注肌电图、神经传导速度及运动神经诱发电位,感觉神经诱发电位也可作为参考。

(2)足肌瘫

对于足部肌瘫者功能障碍程度的评定,应结合体格检查与辅助检查结果全面分析、综合判定。

鉴定实践中，应测量损伤累及足趾关节（包括跖趾关节与趾间关节）的主动活动能力，如能否主动完成拇趾趾间关节屈曲、跖趾关节背伸以及其余第2至第5趾跖趾关节背伸等活动，活动过程中能否克服阻力以及活动的范围是否可以达到正常范围等。对于主动活动能力明显降低，或者虽有一定主动活动能力但不能克服任何阻力的，可予认定，并按照相应原则评定肌力分级。

如前所述，辅助检查主要包括神经电生理方法。

3. 法医学鉴定

（1）标准条款适用

鉴于手、足部肌肉分别由多条神经支配，外伤后可出现完全肌瘫，亦可表现为不完全性肌瘫，在手、足部肌瘫致残程度等级鉴定时，首先应确定神经损伤部位、程度并结合查体情况，区分究竟是全肌瘫、大部分肌瘫还是部分肌瘫，再依据所检见的肌力分级评定情况，准确适用标准条款。

本标准所称双手、双足或一手、一足全肌瘫，是指因上肢有关的桡神经、正中神经、尺神经或者下肢有关的胫神经、腓总神经等周围神经均有损伤，导致支配双手十指、双足十趾或一手五指、一足五趾运动的全部肌肉均发生完全性或者不全性瘫痪。

所谓双手大部分肌瘫，是指双上肢桡神经、正中神经、尺神经中各有两支以上周围神经损伤，导致支配双手十指的大部分肌肉发生完全性或者不全性瘫痪。

所谓一手大部分肌瘫，是指一上肢桡神经、正中神经、尺神经中有两支以上周围神经损伤，导致支配一手五指的大部分肌肉发生完全性或者不全性瘫痪。

所谓一手部分肌瘫，是指一上肢桡神经、正中神经、尺神经中至少有一支以上周围神经损伤，导致支配一手五指的部分肌肉发生完全性或者不全性瘫痪。

所谓一足大部分肌瘫，是指一下肢胫神经与腓总神经等周围神经均有损伤，导致支配一足五趾的大部分肌肉发生完全性或者不全性瘫痪。

（2）注意事项

本节所列上述条款与手、足功能专门条款均涉及手、足功能的评定，在实际鉴定中若遇有肢体瘫等情形的，则可能存在条款竞合的问题。笔者建议可按就高评定的原则进行致残程度的鉴定，但不宜同时适用两类条款分别定残。

二、关于部分肌群肌力下降

(一)标准条款

条款序号	条款内容
5.9.1.7	四肢重要神经损伤(上肢肘关节以上,下肢膝关节以上),遗留相应肌群肌力3级以下。
5.10.1.6	四肢重要神经损伤,遗留相应肌群肌力4级以下。

(二)应用说明

1.概述

(1)损伤基础

按照本标准附则6.7之规定,四肢重要神经是指臂丛及其分支神经,包括正中神经、尺神经、桡神经和肌皮神经,以及腰骶丛及其分支神经,包括坐骨神经、腓总神经和胫神经。

引起上述周围神经损伤的成伤机制各不相同,如高速运动中的头部或肩部遭受撞击、高能量的钝性重物致伤肩颈部、胎儿经阴道分娩难产时头颈与肩部分离,常可累及臂丛神经,多引起上干损伤,若暴力持续时间较长或者暴力足够严重,也可伤及中干甚至全部臂丛。又如水平方向或者向上的肢体持续牵拉伤,常可造成颈8、胸1神经干或臂丛神经下干损伤,同样地,若暴力足够严重或持续时间过久,也可累及中干及上干。再如,锁骨和第1肋骨骨折、肩关节脱位、锁骨上窝外伤、刀刺伤、颈部手术等,均可能引起臂丛神经全部或部分损伤。

上述各类神经损伤均可能导致所支配的肢体关节相关肌群功能障碍,此时可对照相应条款鉴定致残程度等级。

(2)臂丛及其分支的损伤

①臂丛神经损伤。臂丛是由第5至第8颈神经(C5~C8)前支以及第1胸神经(T1)前支大部分纤维组成,有时第4颈神经(C4)、第2胸神经(T2)也参加臂丛的组成。这些神经根出椎间孔后,在前斜角肌与中斜角肌之间穿出,汇合形成臂丛神经干。C5、C6合成上干,C7伸延成中干,C8、T1合成下干。三个干向外下移行到锁骨中1/3后方,各自分成前、后两股。三个后股合成后束,上、中干的前股合成外侧束,下干的前股自成内侧束。自后束发出腋神经和桡神经,外侧束发出肌皮神经和正中神经外侧头,内侧束发出正中神经内侧头以及尺神经、臂内侧皮神经和前臂内侧皮神经。正中神经外侧头和内侧头

合成正中神经。

臂丛神经损伤,多因外力牵拉引起。当外力使头部和肩部向相反方向分离时(或称为颈—肩分离),或重物坠落于肩上使肩部突然向下牵拉,都容易引起臂丛神经损伤。

当上肢过度向外、上伸展(如悬吊等)时,可致臂丛神经牵拉受损,多引起(内侧束支配的)正中神经和尺神经所支配的肌肉瘫痪,进而甚至牵累桡神经支配的区域,其所致损伤相当严重,一般可导致整个上肢肌肉萎缩、肢体残废;当上肢过度向后、上伸展(如向背后强行扭拗)时,可致臂丛神经牵拉受损,多引起(后侧束支配)桡神经和腋神经等损伤。

②臂丛神经分支损伤。腋神经受到损伤后,上肢不能外展和上举,肩肌萎缩并致肩峰突出,肩部有小块皮肤感觉迟钝。

肌皮神经受到损伤后,不能屈肘,前臂外侧皮肤感觉障碍。

正中神经受到损伤后,手腕和手指的屈曲能力大为减弱,不能握拳(环、小指尚有屈曲能力),拇指不能外展、对指、对掌,食指和中指的掌指关节过伸等。晚期,大、小鱼际肌萎缩,手掌变平。手掌面桡侧三个半手指出现感觉障碍。

尺神经受到损伤后,手指不能并拢和散开(外展和内收),以环、小指为甚(因小鱼际肌和骨间肌麻痹),手掌面尺侧一个半手指和手背面尺侧两个半手指的皮肤麻木。晚期出现掌指关节过伸,指关节呈半屈状态(第 3、4 蚓状肌麻痹),手背因骨间肌萎缩而出现深沟。

桡神经高位损伤后,肘、腕、掌指关节不能伸直,手腕下垂,手不能握拳,拇指不能背伸和外展,手背桡侧皮肤有一大小不定的麻木区域。桡神经在低位尤在腕部受损,可伤及深支,致手腕不完全下垂,掌指关节不能伸直致不能握拳,拇指不能背伸和外展等;同时浅支支配的相应区域的皮肤感觉麻木。

(3)腰骶丛及其分支的损伤

坐骨神经来自腰骶丛神经,自坐骨切迹处出盆腔,在大腿中下 1/3 处(腘窝上角附近)分为胫神经和腓总神经。腓总神经在绕腓骨颈穿腓骨长肌达小腿前面分为腓浅和腓深神经。

坐骨神经高位损伤,可造成膝关节的屈肌,小腿和足部全部肌肉瘫痪,大腿后侧、小腿后侧及外侧和足部全部感觉消失,足部出现神经营养性改变。腓总神经受累易出现胫前肌麻痹导致足下垂,而胫神经受累可出现腓肠肌麻痹导致“仰趾足”等。但是,即使坐骨神经损伤非常严重(麻痹很明显),受股神经和闭孔神经支配的股四头肌、膝的伸肌和内收肌功能仍可正常。

2. 鉴定要点

周围神经损伤的鉴定应按照《周围神经损伤鉴定实施规范》(SF/Z JD 0103005 -2014)进行。

鉴定实践中,鉴定人应尽可能全面了解案情,肢体的周围神经损伤多与锐器伤、骨损伤合并存在,宜详细审阅受伤后的病历资料,根据损伤部位出现的临床表现,以及手术探查所见、术中具体处置措施判定神经损伤的部位、性质、程度,同时鉴定人需熟悉四肢重要神经的解剖部位以及损伤后的体征以及检查方法。在鉴定时通过全面且有针对性地进行神经功能检查,印证病史中的神经损伤诊断。如通过病历审阅、体格检查初步了解神经损伤部位及性质后,进行必要的神经电生理检验,进一步明确损伤部位以及损伤的程度。

应注意,若仅遗留肢体皮肤感觉功能障碍的,不宜参照本节上述条款鉴定致残程度等级。

第七节　排便与排尿功能障碍以及尿崩症

一、关于排便与排尿功能障碍

(一)标准条款

条款序号	条款内容
5.3.1.5	重度排便功能障碍伴重度排尿功能障碍。
5.7.1.9	重度排便功能障碍或者重度排尿功能障碍。
5.9.1.9	轻度排便或者排尿功能障碍。

(二)应用说明

1. 概述

(1)排便功能障碍

本节所称排便功能障碍系指颅脑或者脊髓器质性损伤所致,不包括消化系统损伤(如直肠、肛管本身损伤)引起的情形等。正常的排便功能依赖于完整的神经反射,当直肠壁内的感受器受到刺激,发放冲动经盆内脏神经和腹下丛传入脊髓排便初级中枢,进而上传至大脑排便高级中枢,即可引起便意。健康成年人能够较好地控制便意,颅脑及脊髓损伤若破坏上述神经反射,可引起排便功能障碍；但多数伴有诸如肢体瘫等其他各种神经系统症状与体征，单独后遗排便功能障碍的情形少见。当骶髓以上损害，虽然直肠的感觉不能传至大脑皮层而不产生便意，但排便初级中枢仍然存在功能，会发动反射性排便；若骶髓或者马尾损伤时，排便初级中枢亦有受损，排便反射完全消失，则会出现自主性或者非反射性排便。

排便功能障碍多表现为大便失禁。根据本标准附录 B.10 规定，大便失禁按严重程度可分为：①重度大便失禁。大便不能控制，肛门括约肌收缩力很弱或者丧失，肛门括约肌收缩反射很弱或者消失，肛门注水法测定直肠内压 $<20cmH_2O$；②轻度大便失禁。稀便不能控制，肛门括约肌收缩力较弱，肛门括约肌收缩反射较弱，肛门注水法测定直肠内压 $20 \sim 30cmH_2O$。

（2）排尿功能障碍

本节所称颅脑或者脊髓器质性损伤导致排尿功能障碍，不包括泌尿系统损伤（如膀胱或尿道等下尿路等部位的损伤）。排尿高级反射中枢在大脑皮层旁中央小叶、丘脑下部和脑干，低级反射中枢在第 2 至第 4 骶髓，相当于胸 12 及腰 1 椎体水平。低级中枢受高级中枢的控制，故排尿具有相当的随意性。排尿指令的发放，可控制下尿路排尿器官发挥相应功能，完成排尿。下尿路是实现正常排尿的重要器官，其中包括充盈功能（指膀胱充盈功能）、储尿功能（指膀胱充盈期膀胱出口的控尿功能）和排尿功能（其中包括逼尿肌排尿反射和膀胱出口阻力的变化）。上述中枢或者神经通路的损伤，均可能通过影响下尿路的生理功能而引起排尿功能障碍，其主要表现包括尿失禁或者尿潴留。尿失禁的主要原因是逼尿肌的过度活动或括约肌协同失调，尿潴留的主要原因是逼尿肌无力及膀胱顺应性下降。

根据颅脑或者脊髓损伤部位的不同，本节所称排尿功能障碍大致可以分为上运动神经元膀胱或者下运动神经元膀胱：①前者也称为反射性膀胱或者自动性膀胱，损伤主要在大脑、脑干的排尿中枢或者其下行纤维，特别多见于双侧锥体束损害，以及骶髓以上平面的脊髓损伤。因上位神经损伤，而骶髓排尿中枢或马尾神经并未受损，反射弧完整，故尿液充盈达一定程度，即可引起逼尿肌收缩，克服括约肌的阻力而发生反射性排尿，后可逐渐形成反射性膀胱。②后者也称非反射性膀胱或者自主性膀胱，损伤主要在骶髓或者马尾神经，脊髓排尿中枢受到破坏，机体失去排尿能力，膀胱呈迟缓状态，反射性收缩功能破坏，膀胱充盈时不产生尿意，不能引起逼尿肌反射性有规律地协调性收缩，常需按压下腹部方可帮助排尿，从而形成自律性膀胱。

排尿功能障碍目前尚缺乏统一的分类方法，一般而言，尿动力学分类系统依据纯粹采用排尿功能障碍者的尿动力学资料进行分类,能较为准确地描述伤者排尿功能障碍的特征。国际尿控学会分类系统,将排尿功能分为充盈/储尿期和排尿/排空期两部分,并基于所获得的尿动力学资料对伤者不同期的功能一一加以描述,与单纯的尿动力学分类相比,能更详尽、更准确地描述伤者膀胱尿道功能的病理生理特征。

按照本标准附录 B.11 规定,排尿功能障碍分为:①重度。出现真性重度尿失禁,或者排尿困难且尿潴留残余尿≥50mL 者。②轻度。出现真性轻度尿失禁,或者排尿困难且尿潴留残余尿≥10mL 但<50mL 者。

真性重度尿失禁者于起立活动或卧位体位变化时即可发生尿失禁,严重影响其生活及社交活动。真性轻度尿失禁者在一般活动及夜间睡眠中不一定出现尿失禁,但在腹压增加(如大笑)时常有尿失禁发生。

尿失禁的检查方法有:测定残余尿量,膀胱尿道造影,膀胱测压,1 小时尿垫实验,尿流率检查以及尿动力学检查。尿动力学检查主要用于研究泌尿道对尿液的运输、储存和排空的功能,并由数个检查项目组成,单独或组合应用有助于了解膀胱、尿道的功能,能较为准确地查明排尿功能障碍的病因。其中尿流率是尿动力学检查中最常用的无创性检查,尿流率图形也可反映排尿功能的某些特征。

2. 鉴定要点

(1)排便功能障碍

颅脑或脊髓损伤所致排便功能障碍的认定,首先需明确损伤基础,并尽可能通过医学影像学及神经电生理等客观检查证实,其次通过法医学检验并结合直肠肛门测压等肛门直肠专科检查方法进行分级。鉴定时应常规行肛门直肠指检,大便失禁者一般肛门括约肌较松弛,肛门反射减弱或者消失。

(2)排尿功能障碍

颅脑或脊髓损伤所致排尿功能障碍的认定,首先需明确损伤基础,并通过医学影像学及神经电生理等客观检查证实,尤其要明确其损伤的节段;其次通过法医学检验并结合尿动力学检查等方法进行分级,分析其排尿功能障碍的类型与其损伤节段之间吻合,方可认定与本次外伤之间存在因果关系。检查上运动神经元膀胱引发的尿失禁时,可通过徒手刺激方法触发,如按压或有节律地拍打下腹部或者牵拉阴毛,观察尿道口有无小便溢出。检查下运动神经元膀胱引发的尿失禁时,应检查被鉴定人家属是否采取了必要的防护措施(如采用集尿袋或者尿垫等)。

二、外伤后尿崩症

（一）标准条款

条款序号	条款内容
5.6.1.3	尿崩症（重度）。
5.8.1.3	尿崩症（中度）。
5.10.1.5	尿崩症（轻度）。

（二）应用说明

1. 概述

尿崩症是由于抗利尿激素缺乏，肾小管重吸收水的功能障碍，从而引起多尿、烦渴、多饮与低比重尿为主要表现的一种疾病。尿崩症是创伤性颅脑损伤较少见的并发症之一，其病理基础主要是由于下丘脑垂体系统受到损害致使抗利尿激素分泌减少而引起，是下丘脑垂体系统损伤的并发症。该并发症易引起水电解质平衡紊乱而危及健康乃至生命。研究表明，颅脑器质性损伤伤及视上核或视上核—垂体束是继发性尿崩症的重要原因之一，单纯丘脑下部损伤较少，大多与严重脑挫裂伤和（或）脑干损伤伴发，其中脑挫伤、颅底骨折和脑组织在颅腔内大幅度移动为致伤的主要原因。头部外伤后尿崩症按其病情进展可分为急性起病型和迟发性起病型。前者常在伤后72小时内发病，颅脑损伤伤情往往较重，病因可能为下丘脑垂体系统原发性严重损伤所致；后者常于损伤3～12天后起病，病因可能为供血系统损害引起继发性选择性下丘脑垂体功能障碍或下丘脑垂体系统，其原发性损伤伤情相对前者可能较轻。典型尿崩症的临床诊断并不困难，但应注意排除糖尿病、肾功能衰竭等疾病。符合以下几点应考虑尿崩症：（1）头部外伤后出现烦渴、多饮、多尿，既往无上述症状；（2）尿量每日大于4000mL，多者可达10000mL，且尿比重多在1.005以下，不含糖和蛋白，尿素氮正常；（3）停用脱水剂尿量减少亦不明显，试用ADH治疗，尿量减少明显。

临床上，尿崩症还可分为暂时性和持久性两类。持久性尿崩症属于继发性尿崩症，多于损伤后1～6天内发生，并长期持续，且呈现早期表现较重、后期逐渐有所减轻的特点。本节所指尿崩症均指持久性尿崩症。

按照本标准附录B.9规定，尿崩症分为：（1）重度。每日尿量在10000mL以上。（2）中度。每日尿量在5001～9999mL。（3）轻度。每日尿量在2500～5000mL。

2. 鉴定要点

颅脑损伤所致尿崩症的认定,首先需明确损伤基础,并通过影像学检查与实验室辅助检验,结合神经系统症状和体征等临床表现加以认定;其次通过法医学检验并结合每日尿量等进行分级。对于药物应用者,应测量停用药物后或者药物应用前的尿量,避免药物因素的干扰。

尿崩症的鉴定须待临床治疗终结,并确诊为持久性尿崩症后方可实施。建议鉴定时机应在经过规范系统治疗12个月以上。

第八节 勃起功能障碍

一、关于勃起功能障碍的标准条款

条款序号	条款内容
5.4.1.3	阴茎器质性勃起障碍(重度)。
5.6.1.10	阴茎器质性勃起障碍(中度)。
5.8.1.9	阴茎器质性勃起障碍(轻度)。
5.9.1.8	严重影响阴茎勃起功能。
5.10.1.7	影响阴茎勃起功能。

二、应用说明

(一)概述

1. 基本概念

正常成年男子具有阴茎勃起能力,通常可因心理性(例如通过视、听、嗅、触、幻想、回忆等刺激引发,需依赖高级中枢的参与)、反射性(主要指通过生殖器官触觉刺激引发,需依赖脊髓反射弧的完整性)以及夜间睡眠状态(机制不明)等因素引发勃起过程。阴茎勃起障碍,亦称阴茎勃起功能障碍(Erectile Dysfunction,ED),是指阴茎勃起能力完全丧失或者虽能部分勃起,但其硬度不足以插入阴道实施正常的性交活动,或者虽能插入阴道,但勃起时间太短尚不足以完成正常的性交过程,且上述表现持续时间达6个月以上。临床上,阴茎勃起功能障碍分为心理性、器质性、混合性三大类,本标准致残程度分级条款仅涉及阴茎器质性勃起功能障碍。而器质性勃起功能障碍又可分为神经性、血管性、内分泌性、药物性等。

阴茎夜间勃起功能监测(Nocturnal Penile Tumescence,NPT)是区分心理

性、器质性 ED 的金标准,必要时联合睡眠监测,更有助于正确评价检查结果。而视听性刺激测试(Audio Visual Sexual Stimulation,AVSS)由于存在相当比例的假阳性,其诊断价值存在一定的局限性。当受试者接受 AVSS 测试时出现有效勃起的可以排除勃起功能障碍;若未记录到有效勃起时,一般应进一步行 NPT 检查。

2. 分度

所谓阴茎具有有效勃起,是指经 NPT 监测,能够记录到阴茎存在勃起现象,同时最大勃起时阴茎头部及根部的平均硬度大于或者等于 60%,且持续时间大于或者等于 10 分钟。

本标准根据《男性性功能障碍法医学鉴定》(GA/T 1188 – 2014)的分度方法,将器质性阴茎勃起功能障碍分为重度、中度、轻度。有时阴茎虽尚未达到勃起功能障碍程度,但阴茎勃起能力与正常男性相比有明显减退,此时可根据夜间监测试验所显示的有效勃起次数的多少,分为严重影响勃起功能和影响勃起功能等两种情形。具体分度判定标准如下所述:

(1)影响阴茎勃起功能。连续监测 3 晚,平均每晚阴茎有效勃起 2 次*以下(包括 2 次)。

(2)严重影响阴茎勃起功能。连续监测 3 晚,平均每晚阴茎有效勃起 1 次以下(包括 1 次)。

(3)阴茎勃起功能轻度障碍。阴茎最大勃起时头部及根部的平均硬度大于或等于 40%,但小于 60%,或者虽然阴茎最大勃起时平均硬度可以达到 60%,但持续时间小于 10 分钟。

(4)阴茎勃起功能中度障碍。阴茎最大勃起时头部及根部的平均硬度大于 0,小于 40%。

(5)阴茎勃起功能重度障碍。阴茎最大勃起时头部及根部的平均硬度及周径均无改变。

3. 损伤基础

阴茎的正常勃起功能需要相关神经、血管、内分泌激素及海绵体等因素的完备。阴茎勃起过程直接受神经系统的多重支配,大脑皮层是神经调节的最高中枢,也是性生理活动的最高控制中心。大脑皮层以下的神经中枢以及分布于性器官的周围神经则是在大脑皮层的支配下,完成性生理功能的必备条

---

* 2017 年 1 月 1 日起实施的《人体损伤致残程度分级》附录 B. 13 有关"影响阴茎勃起功能"的规定"阴茎夜间勃起平均每晚≤3 次"中存在笔误,应为"2 次"。结合当时及现行的相关技术标准,应以本书释义部分中的"2 次"为准。

件。就神经损伤而言，从颅脑、脊髓到周围神经，从性感觉的传入到传出，从心因性勃起到反射性勃起，任何一个环节出现损伤，都可能影响患者的勃起功能。目前研究表明，阴茎勃起的高级中枢位于大脑皮层性感觉相关区（比如前扣带回、枕颞区、带状前回、岛叶、眶额皮层、尾状核等），胸12至腰2脊髓节段是心因性勃起的脊髓控制中枢，骶2至骶4脊髓节段是反射性勃起的脊髓控制中枢；阴部神经则源于骶2至骶4神经根，分为传入的感觉神经、传出的运动神经以及自主神经—海绵体神经。颅脑损伤一般影响心因性勃起，脊髓损伤根据节段的不同可以影响心因性勃起或反射性勃起，骨盆骨折或阴茎损伤的病例，通常只影响反射性勃起。

阴茎的血供来源于髂内动脉分支，阴部内动脉进入阴茎后分为阴茎海绵体动脉、阴茎背动脉、尿道海绵体动脉，其中阴茎海绵体动脉是阴茎勃起的主要血供。髂内动脉损伤或者阴部内动脉及其分支损伤，可以影响阴茎血供，从而导致血管性阴茎勃起功能障碍。

外伤后内分泌性阴茎勃起功能障碍较少见，如青春发育期垂体损伤导致性腺机能减退可以导致勃起功能障碍，而性成熟后，一侧睾丸损伤由于对侧的代偿作用一般对阴茎勃起功能影响不大。

（二）检验方法

1. 一般原则

损伤后阴茎器质性勃起功能障碍的认定，宜通过3个晚上连续NPT监测来评估。对于AVSS，若能够记录到有效勃起则可以认为勃起功能未见异常；若未能记录到有效勃起的，则应进行连续3夜的NPT测试。对于阴茎夜间勃起现象不显著的病例，必要时联合动态睡眠监测，评估其睡眠质量，排除睡眠质量的影响。

损伤所致阴茎勃起功能障碍的鉴定应在伤后6个月以后进行。

小于16周岁的未成年人原则上暂不进行阴茎勃起功能鉴定。

2. 病史调查及体格检查

病史调查，主要包括系统病史、性生活及性功能史、用药史。目前临床多采用国际勃起功能问卷（International Index of Erectile Function，IIEF）协助ED的诊断，但被鉴定人出于“惩罚”或者“求偿”心理，往往会有意夸大伤情、残情，甚至可能诈称性功能障碍，故不能单独依赖IIEF作出判定，尚需进行进一步检查。

体格检查，主要包括外生殖器及末梢神经、血管功能检查，重点关注阴茎大小、外形、有无硬结，睾丸大小、质地有无异常，会阴及阴茎的皮肤感觉、末梢血供有无异常。

3. 实验室检测

包括神经系统电生理学检测、阴茎血流动力学检测、血液生化学检测、阴茎夜间勃起功能监测等[详见《男性性功能障碍法医学鉴定》(GA/T 1188 - 2014)附录B“性功能障碍实验室特殊检测方法及其结果评价”]。

(三)鉴定要点

1. 基本原则

首先要明确是否存在阴茎器质性勃起功能障碍或者影响阴茎勃起功能的情形;如存在,则依据上述分级方法准确判定严重程度,并通过阴茎血流多普勒探查、阴部神经诱发电位、内分泌激素检测等查找、明确原因,应充分了解其生育史、既往损伤疾病史,尤其糖尿病、高血压病史,以及有无长期服用对阴茎勃起功能具有抑制作用的药物等,结合其损伤部位、实际治疗情况,实验室检测结果,全面分析,综合判断损伤与阴茎勃起功能障碍之间的关系。

当损伤与影响勃起功能的自身疾病(如糖尿病、高血压、多发性硬化等)共存时,应分析损伤与残疾后果之间的因果关系。

2. 判定标准

(1)神经性勃起功能障碍

应同时具备以下条件:①有明确的神经系统外伤、手术或疾病史;②有阴部神经功能障碍的临床表现;③有阴部神经电生理学传导障碍;④阴茎硬度监测示阴茎最大勃起时头部及根部的平均硬度小于60%,或者虽然平均硬度达60%,但持续时间小于10分钟;⑤无其他器质性原因可以解释。

(2)血管性勃起功能障碍

应同时具备以下条件:①有明确的阴部或阴茎血管系统外伤、手术或疾病史;②有阴茎血液循环不良,如动脉粥样硬化等临床表现或者海绵体纤维化;③阴茎血管功能检测结果异常;④阴茎硬度监测示阴茎最大勃起时头部及根部的平均硬度小于60%,或者虽然平均硬度达60%,但持续时间小于10分钟;⑤无其他器质性原因可以解释。

(3)内分泌性勃起功能障碍

应同时具备以下条件:①有明确的内分泌系统外伤或疾病史;②有内分泌系统功能紊乱的临床表现;③血液生化检测示血糖或者血液性激素水平,包括T、LH、FSH、PRL及E2等显著异常;④阴茎硬度监测示阴茎最大勃起时头部及根部的平均硬度小于60%,或者虽然平均硬度达60%,但持续时间小于10分钟;⑤无其他器质性原因可以解释。

第九节 颅脑外伤后其他异常

一、关于颅脑外伤后其他异常的标准条款

条款序号	条款内容
5.9.1.3	脑叶部分切除术后。
5.10.1.2	颅脑损伤后遗脑软化灶形成,伴有神经系统症状或者体征。
5.10.1.4	嗅觉功能完全丧失。
5.10.1.8	开颅术后。

二、应用说明

(一)关于脑叶部分切除

严重的颅脑损伤如颅骨粉碎性骨折,骨折片刺入脑组织,除桥静脉破裂以外的硬脑膜下出血,或者脑内血肿形成等,在进行开颅血肿清除术时有可能需要清除掉挫碎坏死的(少量)脑组织。对于此类情形,需仔细审查医学影像学资料,结合手术记录,全面分析,综合判定。

确证因损伤致脑实质组织部分切除的,可视为本标准5.9.1.3所称的脑组织(脑叶)部分切除。

(二)关于脑软化灶形成

对于明确的脑挫伤、脑内血肿等脑实质损伤,经过治疗后,CT扫描或者MRI检查时在原损伤部位恒定显示低密度或者低信号病灶,可以确定为创伤性脑软化灶形成。

根据本标准5.10.1.2之规定,原发性创伤性脑损伤致后遗脑软化灶形成并伴有神经系统症状或体征的原发性损伤,应为器质性颅脑损伤,且伤情均较为严重,可以评定为十级伤残。根据该条款规定,此类损伤应伴有不同程度的神经症状或者体征,但一般并不强调必须伴有定位体征。

(三)关于开颅术后

开颅手术,亦称穿颅术,是颅骨外科手术的一种,指通过机械设备打开患者颅骨,从而进行一些非常规治疗。颅脑损伤需行开颅手术常用的方式有开颅血肿清除术、去骨瓣减压术、脑室引流术、钻孔引流术等。凡闭合性颅脑损

伤的颅内血肿、重度脑挫伤伴脑水肿、开放性颅脑损伤具有手术适应证的，均可能需及时行开颅手术。本标准5.10.1.8规定的是损伤经过开颅手术治疗后无功能障碍的情形。

(四)关于嗅觉障碍

1. 概述

嗅觉障碍可由多种原因引起，头部外伤、上呼吸道感染以及鼻—鼻窦疾病是引起嗅觉障碍最常见的原因。本标准涉及的嗅觉障碍主要指头部外伤(尤其颅脑创伤)所引起的情形。

根据嗅觉障碍的程度，可将嗅觉障碍分为嗅觉丧失和嗅觉减退等。本标准涉及的嗅觉功能完全丧失是指双侧鼻腔均不能察觉任何性质的气味，完全失去嗅感觉功能。临床上其他嗅觉障碍如部分嗅觉丧失、特殊嗅觉丧失、嗅觉减退、嗅觉过敏、嗅觉倒错、嗅幻觉等，均不属于本标准5.10.1.4所规定的情形。

2. 检验方法

(1)一般体格检查

常规前鼻镜检查，了解鼻部损伤、疾患、畸形等外周病变。

(2)嗅觉功能的心理物理测试

较简单的方法即用不同气味如苯乙醇、氨水、吡啶作为嗅剂进行检测，并以水作为对照剂，将各种嗅剂分别装于同样同色的小瓶中，分别给予被鉴定人测试，要求手指堵住同侧鼻孔，以另一侧鼻孔嗅之，并说明气味的性质，依次检查完毕，换另一侧鼻孔。在检查时，鉴定人需仔细观察被鉴定人面部表情及呼吸变化，上述嗅剂为刺激性较强的化学试剂，嗅觉功能存在者受试时会出现皱眉、避让等不愉快表情，并可能出现呼吸骤然停止数秒钟。当然该方法只能粗略评估被鉴定人有无嗅觉功能。

目前临床上常见的嗅觉功能心理物理法分类包括T&T嗅觉计试验，嗅觉阈值测试，Sniffin Sticks嗅觉测试等。

上述测试均为主观测试，需重复多次进行，排除伪装可能。

(3)嗅觉诱发电位测试

有条件的建议选择本项检查，通过观察嗅觉诱发电位的波幅、潜伏期来辨别是否存在嗅觉障碍。

3. 鉴定要点

(1)基本原则

通过案情材料，了解被鉴定人的致伤方式，确证存在颅脑外伤史。颅脑外伤性嗅觉丧失常见于额、颞叶的损伤。医学影像学检查(CT、MRI)可以观察颅底骨折、额底脑挫伤、鼻部畸形、骨折、炎症、息肉以及颅内出血、肿瘤等,有助于了解嗅觉相关组织器官的结构有无异常。确证存在足以导致嗅觉障碍的病理基础后,应经专科检验(包括辅助检查)明确是否存在嗅觉障碍并判定其严重程度。

(2)伤病关系分析

根据确证的颅脑外伤史,损伤后出现嗅觉完全丧失的临床表现,嗅觉功能测试证实嗅觉完全丧失,且经影像学检查提示存在损伤基础,可以判定损伤与嗅觉丧失之间存在直接因果关系。

在法医学鉴定中,外伤性嗅觉功能完全丧失的认定需排除其他常见嗅觉障碍的病因,如上呼吸道感染、鼻—鼻窦疾病、神经变性性疾病、癫痫、偏头疼、多发性硬化、肿瘤、有毒化学物质接触史等。

第三章　头面部损伤

第一节　头皮与颅骨损伤

一、关于头皮与颅骨损伤的标准条款

条款序号	条款内容
5. 2. 2. 2	上颌骨或者下颌骨完全缺损。
5. 4. 2. 2	上颌骨或者下颌骨缺损达1/2。
5. 7. 2. 11	上颌骨或者下颌骨缺损达1/4。
5. 8. 2. 3	头皮完全缺损,难以修复。
5. 9. 2. 1	头皮瘢痕形成或者无毛发,达头皮面积50%。
5. 9. 2. 2	颅骨缺损25. 0cm^2以上,不宜或者无法手术修补。
5. 10. 2. 1	面颅骨部分缺损或者畸形,影响面容。
5. 10. 2. 2	头皮瘢痕形成或者无毛发,面积达40. 0cm^2。

二、应用说明

(一)颌骨缺损

1. 概述

(1)解剖与生理

上颌骨居面部中区,左、右各一,相互连接构成中面部的支架。上颌骨有体部和四个与邻近面颅相连结的骨突,如额突与额骨相连,颧突与颧骨相连,腭突在上腭中缝部左、右两侧对连,牙槽突即牙齿所在部位的骨质,中含齿槽,含上颌齿。上颌骨体部内有空腔,即为上颌窦。上颌骨与下颌骨相对,既构成面部的主要部分,又与咬合咀嚼进食、吞咽、语言、呼吸功能等直接相关。

下颌骨位于颌面部下1/3,是颌面部唯一可以活动的骨骼,也是全身骨骼

中形态与功能最复杂的骨骼之一，其呈马蹄铁形，分中部有牙齿的下颌体和两侧的下颌支，两者相交处为下颌角。下颌体的下缘称下颌底，上缘为牙槽弓，中含齿槽，含下颌齿。下颌角向上有两个突起，前方的称冠突，后方的称髁突。髁突又可分为上端膨大的下颌头与下方缩细的下颌颈。

颞下颌关节通常也称为下颌关节，是颅骨间唯一的一对滑膜关节，由颞骨的下颌窝、关节结节与下颌头构成。关节囊较松弛，前部较容易剥脱，但外侧有韧带加强。两侧颞下颌关节联合运动，可使下颌骨上提、下降和向前、后、侧方运动。张口时，下颌头连同关节盘一起滑到关节结节下方，因关节囊松弛，当张口过大，下颌头可能滑到关节结节前方，进入颞下窝，造成下颌关节脱位。

(2)上颌骨缺损的分型

上颌骨缺损多见于外伤或者肿瘤经手术治疗后，其缺损对面容与面部器官功能的影响举足轻重。

有关上颌骨缺损的分类法众多，目前在临床上应用较为广泛的是 Spior 分类法，将上颌骨缺损分为三类：①上颌骨部分切除，累及一侧窦壁；②上颌骨次全切除，包括腭部在内的两侧以上窦壁；③上颌骨全切除，通常包括眶内容物。其分类依据主要是上颌骨切除术的术式和切除范围，但因所谓“部分”和“次全”缺损实际上难以区分，加之仅考虑了手术切除所致的缺损，故并不十分适宜术后功能评价。

近年来较受推崇的 Borwn 分类法相对复杂一些，但其分类详尽，从横向、纵向剖析上颌骨缺损的范围，基本涵盖了各种类型的缺损，真正将上颌骨缺损与术后生存质量联系起来。此法将上颌骨缺损分为四类：①不引起上颌窦瘘的部分上颌骨缺损，主要包括牙槽骨、筛窦或额窦的缺损，仅去除腭骨的缺损也属于此类，虽然可能存在口鼻瘘，但行义齿修复仍有一定的骨性承托；②低位上颌骨切除后牙槽骨和窦壁缺损，眶底和眶周仍保留；③高位上颌骨切除后缺损，包括眶底、眶周或颅底的缺损；④根治性上颌骨切除后，眶内容物摘除，可以包括前颅底缺损。除第一类以外，后三类还可根据水平向缺损范围，再分出三个亚类：a. 单侧牙槽骨以及硬腭缺损，不超过中线或鼻中隔；b. 双侧牙槽骨以及硬腭缺损，包括越过中线的小部分牙槽骨及鼻中隔的缺损；c. 牙槽骨以及硬腭完全缺损。

(3)下颌骨缺损的分型

下颌骨缺损的原因主要有肿瘤、外伤、感染等。不同原因造成的下颌骨缺损的解剖区域不一，相应的功能障碍特点也有明显不同。

国内外目前关于下颌骨缺损分类方法有多种，但均存在不同的局限性。

本节介绍 David 分类法,将下颌骨缺损分为 6 种类型:①A 型,单纯体部缺损;②B 型,单侧下颌角到颏部的缺损;③C 型,单侧下颌角到对侧下颌骨体部的缺损;④D 型,一侧下颌角到对侧下颌角缺损;⑤E 型,颏部缺损;⑥F 型,从中线到髁状突的单侧下颌骨缺损。

2. 鉴定要点

(1)鉴定时机

暴力所致创伤多数致使位于颅面部的上颌骨和/或下颌骨发生严重的骨折、错位甚至骨质缺损,并伴有严重的颌面部软组织损伤,需急诊清创手术治疗。因此,上颌骨或者下颌骨缺损多发生于严重的颅面部外伤经手术治疗以后,但此类损伤往往需分期手术,费时较久,手术效果差异也较大。为统一起见,建议以损伤及其伤后急性期手术后达临床愈合作为鉴定时机,也就是在软组织损伤及手术切口愈合、骨折或骨损伤修复后,后期的整复手术尚未实施以前即可进行鉴定。

(2)颌骨缺损致残程度等级的鉴定

在进行上、下颌骨缺损致残程度等级的鉴定时,通常难以直接按照颌骨缺损的体积百分比作为鉴定依据,故应根据损伤后病历资料,尤其清创手术记录所显示的手术方式与切除范围,结合影像学检验所见,参考上述颌骨缺损分类方法,判断颌骨的缺损范围,然后参照相应标准条款作出鉴定。

①上颌骨缺损的鉴定:可参考 Spior 上颌骨缺损分类法,结合其生理解剖特点,评估上颌骨的缺损范围。当上颌骨部分切除已累及一侧窦壁时,可以认为其符合上颌骨缺损达 1/4;当上颌骨次全切除,缺损范围已包括腭部在内的两侧窦壁时,可以认为其符合上颌骨缺损达 1/2;当上颌骨全切除,尤其当上颌骨切除范围包括眶内容物时,可以认为其符合上颌骨完全缺损。至于眶内容物缺失宜另行参照相应条款进行鉴定。

采用 Borwn 分类法时,第 1 类是否属于上颌骨缺损达 1/4,仍须视具体切除范围决定,不能一概而论;第 2 类中的 a 亚型基本与 Spior 分类法中的第 1 类相当,而 b、c 两种亚型则大致与 Spior 分类法中的第 2 类相当;第 3 类大致与 Spior 分类法中的第 2 类相当;第 4 类与 Spior 分类法中的第 3 类相当。

②下颌骨缺损的鉴定:可参考 David 下颌骨分类法,结合其生理解剖特点,大致判断下颌骨的缺损范围。A 型、B 型、E 型可相当于下颌骨缺损达 1/4,C 型、D 型、F 型均可相当于下颌骨缺损达 1/2。下颌骨完全缺损应指下颌骨基本完全缺失。

(3)注意事项

在运用上述颌骨缺损分类法进行上、下颌骨缺损致残程度等级的鉴定时，不能将局限性或者灶性的骨质缺损视作颌骨缺损达1/4，也不能将左、右两侧同时存在的局限性灶性缺损视作颌骨缺损达1/2，而应将上颌骨或者下颌骨作为一个整体，从解剖与生理功能完整性的角度，进行全面评估，方能得出正确的鉴定意见。

上、下颌骨缺损时常并非单独存在，建议在实际鉴定时根据缺损及功能情况进行综合评估、判定。

(二)头皮损伤

1. 概述

头皮是指覆盖于颅盖骨的特殊皮肤组织，上覆毛发，参与容貌的构成，同时起着保护与调节头部温度的生理功能。在烧灼伤中，头皮是常见的损伤部位；在机械性损伤中，头皮撕脱伤也不少见。因头皮血供丰富，又富于毛囊、皮脂腺等上皮结构，损伤后多数情况下创面均能在短期内迅速愈合，但全层头皮损伤后由于破坏了局部毛囊结构，可致毛发缺失甚或仅能生长汗毛样稀疏的毛发，势必影响容貌。

头皮组织部分或者完全缺失的情形，属头皮缺损。临床上，除了少数先天性头皮缺损以外，多数是由于头皮损伤引起，最常见的是头皮外伤。在损伤早期，对于小的头皮缺损，可以直接缝合头皮；稍大的则需潜行分离帽状腱膜，然后再行缝合；更大的缺损，可能需要增加辅助切口以行减张缝合。对于一时难以修复的，如帽状腱膜完整者可选择二期植皮修复术，相对简单易行，且效果良好；对大面积颅骨外露者可选择带蒂斜方肌皮瓣或游离皮瓣修复术。

2. 鉴定要点

头皮缺损的修复方法较多，多数能够通过手术得以良好的治疗效果。本标准5.8.2.3所称的"头皮完全缺损"，是指头顶毛发覆盖区域全部头皮组织均存在头皮缺损的情形，且难以或无法手术修复，或者虽经修复手术仍难以得到有效治疗，头皮创面暴露，毛发无法生长，皮下组织甚至颅骨外露。

深部的头皮损伤致头皮瘢痕组织形成，可影响毛发生长，形成瘢痕性秃发，或者瘢痕区域毛发稀疏影响容貌。本标准5.9.2.1、5.10.2.2中所称"头皮瘢痕形成"或者"无毛发生长"即是指上述情形。未达全部头皮范围的头皮缺损，可比照相应头皮瘢痕形成或者无毛发的条款鉴定致残程度等级。

鉴定实践中，可以采用体视学方法(方格子计数法)、薄膜描记并计算机软件测量法等技术手段，测量头皮缺损、头皮瘢痕形成或者无毛发生长区域的面积以及头皮总面积，即可获得相应比例。

在测量瘢痕性秃发时应注意与遗传、内分泌、营养失调等所致的秃发相鉴别。

（三）颅骨缺损

颅骨缺损，是指因头颅外伤或者外伤后因治疗需要，造成的颅骨局限性缺损。本标准5.9.2.2所称“颅骨缺损”相对于5.10.1.8“开颅术后”而言，是指不但存在颅骨缺损面积达$25cm^2$，且无论在手术当时还是在二期治疗阶段，均难以或无法采用骨瓣原位覆盖、自体骨移植或者异体骨移植，以及各种人工代用品修复治疗，将永久遗留颅骨缺损的情形。

（四）面颅骨缺损或者畸形

1.概述

头颅由23块大小不同、形状各异的骨组成，可以分为脑颅和面颅两部分。其中面颅的组成骨为15块，包括成对的上颌骨、颧骨、泪骨、鼻骨、腭骨和下鼻甲骨，单块的犁骨、下颌骨和舌骨。面颅诸骨连接构成眼眶、鼻腔和口腔的骨性支架，是容貌的重要构成，同时参与了视觉、嗅觉以及咀嚼、吞咽、呼吸、语言等重要生理功能。

头面部损伤常导致面颅骨单发或者多发性骨折，后者也称为面颅骨复合性骨折，可借助CT薄层扫描进行全面诊断。对于复杂的面颅骨骨折，多需采取手术切开复位内固定或者依靠颌间牵引复位固定等治疗方法，但均可能导致无法达到完全的精确复位，而遗留不同程度的后遗症。

2.鉴定要点

（1）条款说明

本标准中有关面颅骨损伤后遗症的致残程度分级具体条款较多，包括上颌骨或者下颌骨缺损、眼眶骨折致眼球突出下降、鼻尖或者鼻翼缺损、张口受限、咬合紊乱或者咀嚼困难等规定，在实际鉴定时均应根据具体情况参照相应条款规定进行。本标准5.10.2.1属于面颅骨骨折后遗症的起始条款，主要针对面颅骨骨折后遗影响面容而言，并不强调存在面部器官的功能障碍。

根据“专门性条款优先”的标准适用原则，此处的面颅骨缺损或者畸形主要是指以下各种情形所导致面容影响：

①上颌骨或者下颌骨骨折，经手术治疗或者非手术治疗，遗留骨质缺损或者畸形愈合，影响面容，可属于本标准5.10.2.1之规定的情形。若上颌骨或者下颌骨骨折经牵引或者内固定手术治疗后遗功能障碍的，建议适用本标准5.9.2.22之规定。

②颧骨（包括颧弓）骨折，经手术治疗或者非手术治疗，遗留骨质缺损或

者畸形愈合,影响面容。

上述规定中的骨质缺损是指相应面颅骨骨折愈合后医学影像学检查可以确证存在的骨质部分缺失,且该骨质缺失使面颅骨的形态结构失去完整性,或者两侧面颅骨失去对称性。"畸形"是指相应面颅骨骨折端呈现明显错位、分离,虽经治疗已达骨性愈合程度,但未达良好的解剖复位,骨折处与健侧相比存在明显的不对称,甚或影响整体面容容貌。

(2)有无影响面容的判定

符合下述情形之一的,可判定为影响面容,即可认为符合本条款所规定的必要条件:①因面颅骨骨折致使面部呈现整体凹陷畸形,如"盘状面""马面"畸形,常见于上颌骨骨折;②骨折部位塌陷错位后遗局部凹陷畸形,致使面部外观失常或者两侧不对称,例如颧弓骨折或上颌窦前壁骨折后遗塌陷畸形愈合;③骨折部位错位后遗局部异常突起或者异常凹陷畸形,致使面部外观失常或者两侧不对称,例如下颌骨骨折后断端错位,一侧骨折端突起畸形愈合。

(3)注意事项

位于鼻腔中间的犁骨、位于口腔深部的舌骨以及位于眼眶内侧的泪骨、位于口腔顶部的腭骨等面颅骨的损伤,多不至于直接影响面容,故一般也不宜引用本条款进行致残程度等级的鉴定。

同时伴有功能障碍与影响面容的,如上颌骨或者下颌骨骨折,遵循"功能优先"的原则,可适用相应较高的致残程度分级条款(5.9.2.22),但不宜再同时引用影响面容的条款(5.10.2.1)。

第二节 面部瘢痕形成与容貌毁损

一、关于面部瘢痕形成

(一)标准条款

1. 面部条状瘢痕

条款序号	条款内容
5.6.2.2	面部中心区条状瘢痕形成(宽度达0.3cm),累计长度达20.0cm。
5.7.2.1	面部中心区条状瘢痕形成(宽度达0.3cm),累计长度达15.0cm。

续表

条款序号	条款内容
5. 8. 2. 4	面部条状瘢痕形成，累计长度达 30. 0cm；面部中心区条状瘢痕形成（宽度达 0. 2cm），累计长度达 15. 0cm。
5. 9. 2. 4	面部条状瘢痕形成，累计长度达 20. 0cm；面部条状瘢痕形成（宽度达 0. 2cm），累计长度达 10. 0cm，其中至少 5. 0cm 以上位于面部中心区。
5. 10. 2. 3	面部条状瘢痕形成（宽度达 0. 2cm），累计长度达 6. 0cm，其中至少 3. 0cm 位于面部中心区。
5. 10. 2. 4	面部条状瘢痕形成，累计长度达 10. 0cm。

2. 面部块状瘢痕

条款序号	条款内容
5. 8. 2. 5	面部块状增生性瘢痕形成，累计面积达 15. 0cm^2；面部中心区块状增生性瘢痕形成，单块面积达 7. 0cm^{2}或者多块累计面积达 9. 0cm^2。
5. 9. 2. 5	面部块状瘢痕形成，单块面积达 7. 0cm^2，或者多块累计面积达 9. 0cm^2。
5. 10. 2. 5	面部块状瘢痕形成，单块面积达 3. 0cm^2，或者多块累计面积达 5. 0cm^2。

（二）应用说明

1. 概述

瘢痕组织是人体创伤经历修复过程后必然的产物。对于瘢痕来说，一方面，瘢痕存在的时间是影响容貌的一个重要因素，某些瘢痕如增生性瘢痕或瘢痕疙瘩常随着时间的推移而逐渐萎缩退化。例如，某些早期的线状增生性瘢痕，在经过一段时期以后，瘢痕往往会变平变软，充血逐渐消失而进入退化阶段，在外观上看来也会有很大改善，变得难以清晰辨别，对容貌的影响由明显变为不再明显。另一方面，由于瘢痕具有很大的收缩性，时间越长，所造成的挛缩畸形可能也会越大越严重，造成的功能障碍或者容貌影响反而有所加大。因此，在实际鉴定中应遵循鉴定时限，至少应在损伤后 90 日以上才可实施检验、鉴定；对于一时不能确定的，尤其宜迟不宜早。

本部分所列的标准条款主要涉及瘢痕的长度与面积之规定，当然对瘢痕所在的部位及其宽度也有一定的限制，并不强调是否造成面部器官（如眼、鼻、口等）的畸形或者功能障碍。

2. 鉴定要点

（1）确证损伤当时存在面部皮肤以及皮下组织的全层损伤，并形成瘢痕。

法医检验、鉴定时核对损伤当时病历记录非常重要,应核对伤后当时面部软组织损伤的长度、面积、部位等与检验时瘢痕数量、位置是否一致,避免将既往的瘢痕一并计算。

(2)对于条状瘢痕,本标准没有明确规定宽度数值的条款,只要仔细测量瘢痕的长度,达到10cm、20cm、30cm的,分别适用相关条款评定十级、九级、八级伤残。

(3)对条款有明确规定宽度达到0.2cm或者0.3cm以上的条状瘢痕,应严格掌握执行,原则上仅有宽度超过上述规定数值的瘢痕方可符合条款规定的范围。

(4)对于既要满足面部条状瘢痕总长度或者块状瘢痕总面积的规定数值,也要满足位于面部中心区域的条状瘢痕长度或者块状瘢痕面积规定数值的情形,标准条款所谓的长度或面积数值均是指达到相应条款的最低数值的要求。

(5)面部瘢痕的鉴定需注意掌握面部的范围和面部中心区域的范围,应参照附录B.14中面部的范围划分以及面部中心区域的范围。

二、关于面部片状细小瘢痕形成或者色素显著异常形成

(一)标准条款

条款序号	条款内容
5.6.2.3	面部片状细小瘢痕形成或者色素显著异常,累计达面部面积的80%。
5.7.2.2	面部片状细小瘢痕形成或者色素显著异常,累计达面部面积的50%。
5.8.2.6	面部片状细小瘢痕形成或者色素异常,累计面积达100.0cm^2。
5.9.2.6	面部片状细小瘢痕形成或者色素异常,累计面积达30.0cm^2。
5.10.2.6	面部片状细小瘢痕形成或者色素异常,累计面积达10.0cm^2。

(二)应用说明

1.概述

面部大面积的擦挫伤、烧烫伤、化学药物的灼伤,可以遗留面部片状细小瘢痕或者色素沉着。

面部片状细小瘢痕或者明显色素异常面积的正确测量和计算对标准条款的正确适用至关重要。对于面积较小,位于面部较为平坦部位的,目前大多采用薄膜描记后计算机软件测算面积,其操作简单易行。也可以通过绘图、照相

等方法获取测量区域的二维图像,经二维图像测得的面积计算平面面积。对于处于面部不平坦部位且范围广泛的,可能达到标准条款规定临界数值的,可以通过三维CT影像术、三维MRI影像术、三维激光扫描术、立体摄影技术、摩尔云纹法、声波三维影像术等获取三维图像。三维图像技术可以准确获取人体结构的三维参数信息,使颌面部的精确测量得以实现,但需要借助的仪器设备昂贵,技术要求高,目前暂时还不易普及。

2. 鉴定要点

(1)应确证有引起面部片状细小瘢痕或者显著色素异常的损伤基础,注意收集损伤当时的病历,关注对面部损伤伤情的描述,以及案情材料中提供的可能的致伤方式。

(2)面部损伤愈合并稳定后,一般在3~6个月后方可实施鉴定。检验时正确掌握面部细小瘢痕或者显著色素异常的测量方法,面部细小瘢痕与色素沉着往往两者混合存在,在测量时可以累加计算。

(3)本标准上述条款中八至十级的规定是根据面部片状细小瘢痕或者显著色素异常的面积进行等级划分,需正确测量绝对面积,再适用标准条款,进行致残程度等级的鉴定。对于六级和七级伤残,需要计算面部片状细小瘢痕或者显著色素异常的面积占面部面积的百分比。细小瘢痕或者显著色素异常可采用体视学方法或软件扫描法测量面积,面部总面积可以采用九分法与体表总面积计算公式进行估算,也可以采用三维CT影像进行测算。

三、关于容貌毁损

(一)标准条款

条款序号	条款内容
5.2.2.1	容貌毁损(重度)。
5.4.2.1	符合容貌毁损(重度)标准之三项者。
5.5.2.1	符合容貌毁损(重度)标准之二项者。
5.6.2.1	符合容貌毁损(中度)标准之四项者。
5.8.2.1	容貌毁损(中度)。
5.8.2.2	符合容貌毁损(重度)标准之一项者。
5.9.2.3	容貌毁损(轻度)。

（二）应用说明

1. 概述

本标准容貌毁损的条款，在相当程度上采纳了《劳动能力鉴定 职工工伤与职业病致残等级》（GA/T 16180－2014）的相关规定，也与《人体损伤程度鉴定标准》关于容貌毁损的条款有部分衔接。但是需注意本标准附录B. 15中容貌毁损（重度）及容貌毁损（中度）的具体内容与《劳动能力鉴定 职工工伤与职业病致残等级》和《人体损伤程度鉴定标准》不完全一致，进行了量化。

容貌毁损（重度），是指面部损伤后遗留面部瘢痕畸形，并有以下六项中四项者：（1）双侧眉毛完全缺失；（2）双睑外翻或者完全缺失；（3）双侧耳廓完全缺失；（4）外鼻完全缺失；（5）上、下唇外翻或者小口畸形；（6）颏颈粘连（中度以上）。

容貌毁损（轻度），是指面部损伤后遗留面部瘢痕畸形，并有以下六项中二项者：（1）眉毛部分缺失（累计达一侧眉毛1/2）；（2）眼睑外翻或者部分缺失；（3）耳廓部分缺损（累计达一侧耳廓15%）；（4）鼻部分缺损（鼻尖或者鼻翼缺损深达软骨）；（5）唇外翻或者小口畸形；（6）颏颈粘连（轻度）。

2. 鉴定要点

（1）在鉴定中首先需确定损伤直接致使面部或者颈部损伤遗留瘢痕、缺损、畸形，致使容貌显著变形、丑陋或者功能障碍。

（2）应严格掌握瘢痕所在部位是否属于面部的范围。本标准规定面部是指前额发际下，两耳根前与下颌下缘之间的区域，包括额部、眶部、鼻部、口唇部、颏部、颧部、颊部、腮腺咬肌部。容貌毁损的程度划分除上述面部范围外，还涉及耳廓和颈颏粘连。

（3）对容貌毁损究竟属重度、中度还是轻度，需依照本标准附录B. 15中关于容貌毁损的分度。

（4）适用本节面部瘢痕形成与容貌毁损条款时，若遇到依据不同原则评定的致残程度等级存在不同结论时，应按照“有利于被鉴定人”的原则进行鉴定，即应按照致残程度等级较高的条款作为最终鉴定结论，但对于同一残情后果切不可依据不同条款重复鉴定致残程度等级。

第三节　眼球、眼附属器损伤与视功能障碍

一、关于眼附属器损伤

(一)标准条款

条款序号	条款内容
5. 2. 2. 5	双侧眼睑严重畸形(或者眼睑重度下垂,遮盖全部瞳孔),伴双眼盲目3级以上。
5. 5. 2. 5	一侧眼睑严重畸形(或者眼睑重度下垂,遮盖全部瞳孔),伴另一眼盲目3级以上。
5. 6. 2. 4	双侧眼睑严重畸形。
5. 7. 2. 3	双侧眼睑重度下垂,遮盖全部瞳孔。
5. 7. 2. 8	一侧眼睑严重畸形(或者眼睑重度下垂,遮盖全部瞳孔)合并该眼盲目3级以上。
5. 8. 2. 10	一侧眼睑严重畸形(或者眼睑重度下垂,遮盖全部瞳孔)合并该眼重度视力损害。
5. 9. 2. 7	一侧眼睑严重畸形;一侧眼睑重度下垂,遮盖全部瞳孔;双侧眼睑轻度畸形;双侧眼睑下垂,遮盖部分瞳孔。
5. 9. 2. 8	双眼泪器损伤均后遗溢泪。
5. 9. 2. 15	一侧眼睑畸形(或者眼睑下垂,遮盖部分瞳孔)合并该眼中度视力损害。
5. 9. 2. 16	一眼眶骨折后遗眼球内陷5mm以上。
5. 10. 2. 7	一侧眼睑下垂,遮盖部分瞳孔;一侧眼睑轻度畸形;一侧睑球粘连影响眼球运动。
5. 10. 2. 8	一眼泪器损伤后遗溢泪。
5. 10. 2. 9	一眼眶骨折后遗眼球内陷2mm以上。
5. 10. 2. 10	复视或者斜视。

(二)应用说明

眼损伤不仅导致视功能障碍,还会因眼睑畸形、眶壁骨折等影响容貌或者功能。本部分内容主要是关于眼睑外伤和眶壁骨折等眼附属器损伤对容貌所造成的影响。

1. 眼睑损伤

(1)概述

眼睑位于眼球前方,构成保护眼球的屏障,以保护眼球及其最外部的易受伤的角膜,并具有将泪液散布到整个结膜和角膜的作用。眼睑分上睑和下睑,呈帘状覆盖眼球前部,上、下睑之间的裂隙称为睑裂。睑裂的内、外侧端分别称内眦和外眦。内眦略呈钝圆形,附近有一微陷的空间,叫作泪湖,泪湖底上有蔷薇色的隆起称泪阜。上、下睑的内侧端各有一小突起,突起的顶部有一小孔,叫泪点,是泪小管的开始处。

眼睑的组织结构由浅及深分五层,依次为皮肤层、皮下组织层、肌层、睑板层、结膜层。上睑结膜距睑缘后唇处有一与睑缘平行的浅沟为睑板下沟,自睑板下沟至睑板面的结膜为睑板结膜。

眼睑在面容中占据重要位置。外伤可造成眼睑外翻、缺失或闭合不全等眼睑畸形,致角膜、巩膜外露,影响面容甚至眼的功能。

(2)眼睑下垂

眼睑下垂是指眼的上睑下垂,即指上睑的提上睑肌和 Müller 平滑肌的功能不全或丧失,导致上睑部分或全部下垂。正常人在眼向正前方注视时,上睑缘遮盖上部角膜约 2mm。上睑缘位置异常降低,轻者不遮盖瞳孔,但影响外观;重者部分或全部遮盖瞳孔,影响视功能。

(3)眼睑畸形

眼睑畸形包括眼睑内翻、眼睑外翻、眼睑闭合不全、眼睑缺损、睑球粘连等,眼睑外翻、眼睑闭合不全、眼睑缺损的具体分度可参照本标准附录 B. 16 的规定。

眼睑瘢痕收缩造成睑缘外形改变,或呈切迹状退缩,或造成眼睑位置、开闭功能异常,可视为眼睑缺损、眼睑闭合不全或者眼睑下垂等情形,比照本标准附录 B. 16 及分级系列相应条款鉴定致残等级。

测量眼睑缺失程度时,嘱被测者睁眼直视正前方,上睑上缘以眶上壁前下缘为界,下界以上睑缘为界,两侧分别以内、外眦为界,通过几何图形法和坐标法分别测量健、伤侧眼睑面积,计算缺失比例。

睑外翻按程度可分为三度:①轻度外翻,表现为睑结膜与眼睑分离,破坏了眼睑与眼球之间的毛细管作用,或泪点脱离泪阜基部而导致溢泪;②中度外翻,表现为睑缘结膜、睑板下沟和睑板结膜外翻;③重度外翻,表现为睑结膜外翻暴露,结膜穹窿部结构消失。

因睑板、睑结膜损伤后瘢痕收缩造成睑内翻的,可比照睑外翻鉴定。

眼睑闭合不全指上、下眼睑不能完全闭合,导致闭眼时部分眼球暴露。最常见原因为面神经麻痹后下睑松弛下垂、瘢痕性睑外翻。

2. 眶壁骨折与眼球内陷

(1)概述

眼眶为四边锥形的骨窝,其开口向前,内口朝向后略偏内侧,由额骨、蝶骨、筛骨、腭骨、泪骨、上颌骨和颧骨构成。可分为上、下、内、外四个壁。直接和间接暴力均可形成眼眶骨折。当眼部受钝物打击时,眶内压力骤增,使眼眶薄弱处骨折,称击出性骨折或眶壁爆裂性骨折。眼眶除外侧壁外,其余三壁尤其是眶内壁筛骨纸板骨质较薄,易受外力作用而发生此类骨折。骨折以眶内侧壁和下壁最为常见,可单发于下壁或内侧壁,亦可同时发生。击入性骨折较少见,暴力常来自眶外侧,击中眶外侧壁或颧部,使额颧缝骨折,骨折延续至眶下壁。检查常以水平位 CT 扫描加冠状位图像重组为主,必要时加行矢状位图像重组或者可选择 MRI 检查。

直接暴力骨折发生在力的作用部位,如眶缘断裂错位或粉碎性骨折。间接暴力性骨折指暴力传导使远处发生骨折,如眶外上缘部受力致视神经管骨折,颅面骨折涉及眼眶等。

在眼眶骨折后,眼眶容积增大,造成眼球向眶内退缩,引起眼球内陷,可出现睑裂变小,上睑内 2/3 凹陷,上睑沟形成。眼球突出度较正常明显减少,可出现上睑凹陷和睑裂位置改变,称为外伤性眼球内陷。

(2)检验方法

①眼部一般检查:眼球明显内陷可影响外观容貌,通过望诊可以做出初步诊断。

②眼球突出度测量:测量双侧眼球突出度,两侧眼球突度的差值,即为单侧眼球内陷患者的眼球内陷度数。测量方法有:透明直尺测量法、Hertel 突眼度计测量法、改良 Hertel 突眼度计测量法等。

其中,Hertel 突眼度计测量较为常用,其方法为:将突眼度计的两端卡在被检者眶外缘,嘱其平视正前方,从反光镜中读出两眼角膜顶点投影在标尺上的 mm 数,记录为眼球突出度。国人眼球突出度正常平均值为 12 ~ 14mm,两眼差不超过 2mm。

有必要的,也可采用 CT 扫描突眼度测量法。

(3)鉴定要点

因眶壁骨折造成眼球内陷 2mm 以上的即可援引本标准 5. 10. 2. 9,眼球内陷 5mm 以上的可援引 5. 9. 2. 16。

因眶内软组织损伤造成眶内容物吸收牵引造成眼球内陷,或外伤导致眼眶容积减小、眼球体积增大等造成眼球突出的,可比照上述条款。

3. 泪器损伤

泪器包括泪腺和泪道两部分,分属泪液的分泌部和排出部。泪液排出部(泪道)包括上下泪小点、上泪小管与下泪小管、泪总管、泪囊和鼻泪管。正常情况下,泪腺产生的泪液除了蒸发消失外,一部分泪液依赖于眼轮匝肌的"泪液泵"作用,通过泪道排出。泪液排出受阻,不能经泪道流入鼻腔而溢出眼睑外,称为溢泪。

内眦部有许多重要细微结构。包括内眦角、泪道系统(泪点、泪小管、泪囊和鼻泪管)、内眦韧带及泪骨、鼻骨、眶骨等。鼻泪管为泪囊下方的连续部分,为骨性小管,开口于鼻腔的下鼻道。内眦部损伤,造成鼻泪管,特别是骨性鼻泪管断裂,可阻塞泪道,引起溢泪。内眦韧带断裂后表现为内眦角向外并稍向前移位,内眦外形较正常更为圆钝,泪阜、半月皱襞及部分巩膜被外移的内眦角遮盖,睑裂横径缩短,眼部因变形而影响容貌,眼睑失去与眼球保持密切贴合所需的张力,致使泪点与眼球脱离而造成溢泪。

泪道损伤,断端形成瘢痕,泪道难以再通,主要后遗症为溢泪,也可并发感染,影响容貌和视力。泪器损伤以泪小管断裂伤最为常见,常与眼睑和颅面部损伤同时存在。鉴定中应注意确认有无泪道损伤及损伤的部位和程度,排除其他眼表疾病引起泪液分泌过多产生的流泪。

4. 斜视

正常人眼平视前方时为第一眼位,在其正前方平双眼水平高度以烛光或聚光手电在 30 ~ 40cm 外投照双眼,可见角膜映光点位于瞳孔中央。此方法称为角膜映光法。

若外伤致一条或多条眼外肌或其支配神经损伤(麻痹),可致眼位不正。

斜视按其不同注视位置及眼位偏斜变化,可分为共同性和非共同性斜视。外伤引起的斜视一般为非共同性斜视。

外伤性斜视的常见原因包括:(1)眼外肌肌腱断裂。(2)眼外肌陷入或嵌顿。如眼眶壁爆裂性骨折(通常为内侧壁或眶下壁骨折)因致眼外肌嵌顿于骨折的眶壁处,可致眼球运动障碍,引起限制性斜视。(3)眼外肌出血及瘢痕形成。(4)眼球移位。(5)运动神经损伤。

斜视可采用角膜映光法检测。若映光点在瞳孔边缘者,约相当于斜视 15 度;在角膜边缘者,约相当于斜视 45 度;在瞳孔边缘与角膜边缘的中点,约相当于斜视 30 度。运用交替遮盖法可检测有无眼位偏斜倾向,运用遮盖—去遮盖法可以明确眼位偏斜倾向属于显斜视还是隐斜视。

可采用同视机的主观斜视角和客观斜视角精确测量斜视度数。

确认外伤性斜视需注意与自身眼病鉴别。

5. 复视

存在眼位异常或虽不存在明显眼位异常但存在眼肌麻痹等因素时，可导致双眼视物重影，称复视。复视即指一物体在双眼视网膜的非对应部位而被感知为两个物像。隐性或显性斜视均可引起复视。

眼眶骨折后的复视可因为直接的神经和/或肌肉损伤、眼外肌嵌顿、眶内容肿胀等因素引起。眶下壁骨折多造成垂直位复视，眶内壁骨折导致水平位复视。虹膜根部离断、晶体脱位或半脱位等眼外伤可引起单眼复视，不属于本标准复视相关条款所规定的情形。

复视的检查方法主要有红玻片试验与同视机检查法。

6. 视力障碍

眼部、眼眶及颅脑损伤甚至全身其他部位损伤均可造成视力障碍。外伤造成永久性视力障碍病变，具体请参见本节关于视力障碍的相关内容。

本标准涉及眼睑下垂或者畸形合并该眼视力损害或盲目的条款，所谓“视力”是指去除遮挡因素后眼的实际视力。例如，遇有眼睑下垂遮挡瞳孔的，可用小胶布粘贴适当悬吊起上睑，使瞳孔充分暴露。

二、关于眼球结构损伤

（一）标准条款

条款序号	条款内容
5.2.2.3	双眼球缺失或者萎缩。
5.5.2.2	一眼球缺失、萎缩或者盲目5级，另一眼中度视力损害。
5.7.2.4	一眼球缺失或者萎缩。
5.8.2.9	双眼外伤性青光眼，经手术治疗。
5.9.2.9	双眼角膜斑翳或者血管翳，累及瞳孔区；双眼角膜移植术后。
5.9.2.10	双眼外伤性白内障；儿童人工晶体植入术后。
5.10.2.11	一眼角膜斑翳或者血管翳，累及瞳孔区；一眼角膜移植术后。
5.10.2.12	一眼外伤性青光眼，经手术治疗；一眼外伤性低眼压。

续表

条款序号	条款内容
5.10.2.13	一眼外伤后无虹膜。
5.10.2.14	一眼外伤性白内障；一眼无晶体或者人工晶体植入术后。

（二）应用说明

引起视力障碍的病变所在部位甚为广泛，因而造成视力障碍的原因也多种多样，眼部、眼眶及颅脑损伤甚至全身其他部位损伤均有可能造成视力障碍。本章主要叙述眼球结构破坏导致视功能障碍的情形。

1.眼球缺失或者萎缩

（1）眼球缺失

眼球缺失是指眼球作为视功能的主要结构已经完全或者基本缺失。眼球缺失日久后会出现上睑凹陷、结膜囊上穹窿向后上倾斜、下穹窿变浅、下睑松弛而向下移位或外翻等一系列外观形态畸形，即眼球缺失后畸形综合征。

（2）眼球萎缩

眼球萎缩是指眼球作为视功能的主要结构虽然存在或者部分存在，但视功能已经消失或者仅存定位不准确的弱光感视力。其判断标准包括：①眼球外形改变、全面缩小，继续保留影响容貌；②眼球突出度较健眼明显降低；③通过超声或CT等影像学检查可以发现眼球内结构萎缩、毁损，不再能清晰辨认；④眼球无功能，视力在光感以下；⑤眼压改变，通常表现为眼压降低；⑥无继续治疗价值，具有眼球摘除的手术适应证。

（3）眼球穿通伤或者眼球破裂伤

眼球穿通伤多指锐器作用致眼球全层穿孔性损伤，包括角膜穿通伤、角巩膜穿通伤与巩膜穿通伤。眼球穿通伤一般发生于外力直接作用部位。

眼球破裂伤多指钝性外力作用致眼球全层破裂，眼球内外沟通。眼球破裂伤可发生于外力直接作用部位，但更多远离打击点，可发生于眼球后壁巩膜尤其是眼外肌止点处。

不论眼球穿通伤或破裂伤，均造成眼球开放，可能使眼内容物丢失，并有潜在的眼内感染风险，即使愈合后也会在角膜或巩膜遗留瘢痕。

（4）鉴定要点

外伤或外伤后手术所导致的眼球缺失可直接依据相关条款确定伤残等级。

眼球穿通伤或破裂伤后遗留明显视力障碍的，待医疗终结后再行复检，依据视功能(视力、视野)检验结果鉴定致残程度等级。

2. 眼球结构破坏

(1)角膜斑翳或者血管翳

角膜损伤因涉及深度范围不同,可遗留不同程度的角膜混浊,依据严重程度由轻至重分为云翳、斑翳和白斑。角膜斑翳和白斑往往可凭借肉眼直接观察到,影响容貌,且常可影响角膜屈光和透光,进而对视力造成不同的影响。依据本标准相应条款之规定,当角膜斑翳(当然也包括重于角膜斑翳的白斑)或血管翳累及瞳孔区时,即可援引相关条款进行伤残等级的评定。

(2)外伤性青光眼

青光眼是指眼内压力增高超过正常眼球能够承受的极限,造成视神经损害、视觉功能损害(尤其视野缺损)等一系列视功能损伤的病变。人眼正常的眼压为10~21mmHg,一般眼压高于24mmHg应考虑为病理性。由外伤所致的青光眼称为外伤性青光眼。外伤性青光眼属继发性青光眼,故又称外伤后继发性青光眼。

青光眼眼压升高的原因,大多是由于房水流出的障碍所致。房水是从睫状体产生,后经瞳孔到达前房,再经房角处的小梁网、巩膜静脉窦、外集合管至表层巩膜静脉,最后进入血液循环。房水有小部分经过虹膜表面的隐窝直接被虹膜吸收,尚有小部分房水经脉络膜上腔而吸收。房水排出系统任何部位的病理改变都会使房水不能向外畅流,从而导致眼压升高。

外伤性青光眼可由眼球穿通伤、钝挫伤、化学灼伤等引起。这些损伤可发生一系列的眼组织病变,如前房出血、虹膜根部断离、房角小梁裂伤、晶状体脱位等,都有可能引起眼压升高而发生外伤性继发性青光眼。有研究显示挫伤性前房出血为导致外伤性眼压升高的首要原因,其次为晶状体脱位、房角后退等,有时合并有两种以上的损伤。

眼挫伤引起眼压升高的原因主要包含以下7种:①前房出血;②房角后退;③晶状体脱位及半脱位;④玻璃体积血;⑤出血或炎症机化;⑥损伤引起白内障或晶状体溶解性青光眼;⑦新生血管性青光眼。

实际鉴定中,对于眼损伤的急性期,前房出血、房角后退等原因都可以引起眼压增高,多数经过良好的治疗后可以痊愈。此类损伤,不宜以外伤后继发青光眼的条款鉴定致残程度等级。当然,实际情况经常是复杂而多变的,一定要结合损伤的严重程度来综合分析。比如说,前房出血的手术包括:前房穿刺术、前房冲洗术、前房注吸术甚至小梁切除术。小梁切除术是青光眼的治疗方法,应用此种方法时,说明前房出血或眼球结构破坏已达到不用非常手段难以稳定控制眼压的程度,这时可比照外伤后继发青光眼的条款鉴定致残程度等级。

(3)外伤后无虹膜

虹膜属于眼球中层,位于血管膜的最前部,在睫状体前方,其中央为瞳孔。虹膜有自动调节瞳孔的大小、调节进入眼内光线多少的作用。当外伤后导致虹膜缺失,即可援引5.10.2.13直接评定为十级伤残。

(4)外伤性白内障

钝挫伤所致白内障大致可分为5类:①晶体表面出现浅淡的Vossius环;②玫瑰花样(或放射状)混浊;③点状白内障;④板层白内障;⑤全白内障。前三种对视觉功能的影响往往不很明显,一般不宜据此评定致残程度等级;后两种对视力有一定影响,不论该眼视力是否已达到致残等级所规定的范围,即可直接依据“外伤性白内障”相关条款鉴定残级。

对于外伤后无晶体眼,包括晶体缺失眼及人工晶体眼,即便是其矫正视力良好,但考虑到其自身的晶体缺失,伤眼缺少或丧失了晶体的调节功能,亦应直接援引上述条款评定伤残等级。

若白内障手术治疗后,若仍然存在严重视力障碍的,可再行检验、鉴定,明确视力障碍的原因并评定等级程度。

(5)外伤性低眼压

外伤性低眼压是指眼球外伤后在未发生葡萄膜炎或虹膜睫状体炎的基础上,眼压显著降低至8mmHg(1.07kPa)以下。临床上一般分为两类:①暂时性低眼压。外伤后眼压一度低于正常,但在短时间内经治疗可逐渐恢复,一般无眼球后极部损害,视功能多属正常。②顽固性低眼压。外伤后眼压长期低于正常,经治疗效果不显著,可引起视乳头、视网膜、脉络膜及黄斑部水肿,并发晶体混浊,导致永久性视功能损害。短暂的眼压降低且未出现任何视觉功能障碍的情形不属于本条款规定的伤残等级。

外伤引起低眼压的原因可能为:眼球钝挫伤后由于房水生成受抑制,常引起外伤后一过性低眼压;而睫状体离断是引起长期持续性低眼压的最为常见的眼外伤类型,由于睫状体脱离,房水流入脉络膜上腔的易度增加,故引起低眼压,也由于睫状体脱离区的组织发生病理改变,使房水生成减少所致,同时可存在房水屏障崩解,也可造成房水生成率减低;此外眼球穿通伤,如角膜伤口愈合不良,形成角膜瘘等也可引起低眼压。

(6)鉴定要点

出现上述眼球结构损伤性改变的,一经确诊并达到一定程度,无论是否影响视觉功能,均可直接鉴定为相应致残程度等级。合并遗留明显视力障碍的,待医疗终结后需依据视功能(视力、视野)检验结果,鉴定致残程度等级。是否需依据附则6.2之规定,合并评定(或者就高评定)眼球结构破坏与功能障碍的致残程度等级,应根据足以定残的眼球结构破坏与导致视觉功能构成残疾的损害是否为同一损伤改变而确定。例如,一眼角膜白斑位于角膜边缘,并不涉及瞳孔区而直接影响视力,同时合并眼底黄斑损伤后遗视力障碍,此时可分别依据各自相应条款鉴定致残程度等级。再如,一眼外伤性白内障并因白内障导致视力显著降低至盲目3级者,因盲目系由白内障直接引起,经治疗后视力可有效改善,故不可分别鉴定致残程度等级,而只能根据外伤性白内障确定残级。

三、关于视力障碍

(一)标准条款

条款序号	条款内容
5.2.2.4	双眼盲目5级。
5.3.2.1	一眼球缺失、萎缩或者盲目5级,另一眼盲目3级。
5.3.2.2	双眼盲目4级。
5.4.2.3	一眼球缺失、萎缩或者盲目5级,另一眼重度视力损害。
5.4.2.4	双眼盲目3级。
5.5.2.2	一眼球缺失、萎缩或者盲目5级,另一眼中度视力损害。
5.5.2.3	双眼重度视力损害。
5.6.2.5	一眼球缺失、萎缩或者盲目5级,另一眼视力≤0.5。
5.6.2.6	一眼重度视力损害,另一眼中度视力损害。
5.7.2.5	双眼中度视力损害。
5.7.2.6	一眼盲目3级别,另一眼视力≤0.5。
5.8.2.7	一眼盲目4级。
5.9.2.11	一眼盲目3级。
5.9.2.12	一眼重度视力损害,另一眼视力≤0.5。
5.10.2.15	一眼中度视力损害。
5.10.2.16	双眼视力≤0.5。

（二）应用说明

1. 概述

视觉功能是眼的主要功能，其作用在于识别外物，确定外物以及自身与外界的方位关系。视觉功能包括形觉、光觉、色觉等，主要通过视力、视野、双眼视、色觉等检查以评估视觉功能状态。视力是法医学鉴定中常用的评估视觉功能的指标。

视力，也称视锐度、视敏度，是指分辨物体表面两点间最小距离（夹角，也即视角）的能力。因视锥细胞主要聚集于眼底后极部黄斑中心凹，该区域的视敏度最高，故黄斑中心凹的视敏度又称为中心视力。视力的好坏是衡量眼机能是否正常的尺度，也是分析伤情的重要依据。

视力损害、视觉功能障碍的法医学鉴定应运用临床眼科学、视觉科学和法医学理论和技术，结合司法鉴定实践，在客观检验的基础上，全面分析，综合判定。

对于被鉴定人自述伤后出现视觉功能障碍的，鉴定人应根据视觉器官结构及其相关组织器官的检查结果，分析其损伤性病理基础。对于无法用损伤性质、部位、程度等解释的视觉功能障碍，应排除损伤与视觉功能障碍的因果关系；对于与自身疾病（或病理基础）以及认知功能障碍有关的视觉功能障碍，应分析伤病关系。

2. 检验方法

（1）审查鉴定材料

鉴定材料主要包括案情材料和病历材料、医学影像学资料。应详细了解外伤史，需要详细了解：①受伤时间、致伤物和致伤方式；②受伤后的主要症状和体征；③受伤后主要的诊疗经过。应了解伤前眼科病史（包括视觉功能情况），必要时应询问家族性疾病史、全身疾病史及用药史。

（2）视觉功能检测

根据被鉴定人主诉的视觉功能障碍情况，检查其视力、视野等视觉功能情况。

视力包括远、近视力。中心远视力，简称远视力或视力，是眼外伤法医学鉴定中评价视敏度最常用的指标，鉴定中经常需要检验。迄今为止，视力表视力测试等心理物理学检验是最主要的视力检验、评估方法，但此类方法相当依赖被检者的配合。

本标准借鉴 WHO 于 2003 年推出的“盲及视力损害分级标准”。该标准提出了日常生活远视力的概念，但考虑到法医学鉴定的特殊性与可操作性，目前鉴定实践中仍以最佳矫正远视力作为评定指标(见表3－3－1)。

表3－3－1 视力损害与盲目采用WHO分级标准(2003年,WHO)

分类	远视力低于	远视力等于或优于
轻度或无视力损害		0.3
中度视力损害(视力损害1级)	0.3	0.1
重度视力损害(视力损害2级)	0.1	0.05
盲(盲目3级)	0.05	0.02
盲(盲目4级)	0.02	光感
盲(盲目5级)	无光感	

①视力正常的判断标准:远视力的正常值与人眼的发育有关。3岁时的远视力正常值≥0.6;4岁时≥0.8;5岁时≥1.0。

5岁以上时一眼视力≤0.8时,即为视力轻度降低(接近正常);若一眼视力≤0.5时,则属视力降低。

一般认为,成年人矫正视力在0.8以上为基本正常视力,因此可以认为,矫正视力低于0.8属于中心视力降低的范畴。

②视力的检验和记录方法:常用国际标准视力表或者视力表投影仪作为评价远视力的检查工具,检查距离一般为5米(应按照所选用的视力表或投影仪的具体要求),以小数视力或对数视力方法记录视力水平(本标准所称的视力水平均为小数视力)。检查时,鉴定人指定视标,嘱被鉴定人读出,根据其读出的最小视标确定其视力水平。

检查时遮蔽非受检眼,检查未遮蔽眼。一般按先"健"眼、后"伤"眼的顺序,也可先右眼、后左眼。

采用对数视力表获得视力值为5分记录。

中心视力的检查在法医学鉴定应注意检查与记录的规范性问题。

③伪盲或伪装低视力的检验:是法医学眼损伤鉴定的重要内容,其检查实施的满意与否直接关系着结果的公正、客观。具体检验方法可参考《视觉功能障碍法医鉴定指南》(SF/Z JD 0103004)。

(3)眼部结构检查

依次进行眼附属器、眼球前段、眼球后段结构的检查。其中裂隙灯显微镜检查、眼底检查等需在暗室内进行。在必要时选择进行屈光、眼压、前房角、眼球运动、眼球突出度、双眼视、泪道、眼影像学等针对性检查。应实时、客观、全面记录检查结果;应对关键检查结果采用必要的方法存档,以备复核。

(4)伪盲或伪装视力降低的检验

对于疑有伪盲或伪装视力降低情况的,可选择进行相应伪盲或伪装视力降低的检查。需鉴别是否伪盲或伪装视力降低的,还可以参考视觉电生理的检验结果。

视觉电生理学是指以临床神经电生理学的检测方法,对视网膜至枕叶视中枢不同部位的视觉相关神经电反应,进行检查并记录,客观测量人眼视觉功能的技术与方法。临床上一般分为传统视觉电生理学与多焦视觉电生理学。传统电生理学涵盖:视觉眼电图(Electrooculogram,EOG)、视网膜电图(Electroretinogram,ERG)、视觉诱发电位(Visual Evoked Potential,VEP)。多焦电生理学涵盖:多焦视网膜电图(Multifocal ERG,mf-ERG),多焦视觉诱发电位(Multifocal VEP,mf-VEP)。电生理检查结果并不具特异性。在法医学鉴定中的视功能客观评定,临床视觉电生理检查为目前有效方法,都是推断视力的有效手段,但因眼外伤电生理结果尚不具特异性,故此,在实际鉴定中仍只能作为参考依据,故应结合眼部结构检查结果、视力的心理物理学检验结果综合评定。不同的检查方法具有不同的临床价值,在这些方法中,视觉诱发电位(Visual Evoked Potential,VEP)在鉴定实践中最为常用。

3. 鉴定要点

(1)鉴定时机

除非特别说明,若根据视觉功能障碍进行损伤程度鉴定的,原则上应在损伤或因损伤所导致的并发症、后遗症医疗终结后方可进行。所谓医疗终结系指经临床医学一般原则所承认的医疗措施实施后达到临床效果稳定,即眼部损伤症状消失或稳定,眼部体征及视觉功能情况趋于相对固定。

一般而言,较轻的或不遗留明显视觉功能障碍的眼部损伤,鉴定时机可适当提前;若存在视觉功能障碍或将以视觉功能障碍为依据评定伤残等级的,推荐其鉴定时机为损伤后3~6个月以后。

(2)检验结果的评价与认定原则

认定为损伤导致视觉功能障碍的,其障碍程度应与原发性损伤或者因损伤所导致的并发症、后遗症的性质、程度相吻合。

认定为损伤导致视觉功能障碍的,其障碍程度应与伪盲或伪装视力降低检验的结果和/或视觉电生理的测试结果相吻合。

认定为损伤导致视觉功能障碍的,应排除本身疾病或病理基础的影响。

四、关于视野缺损

(一)标准条款

条款序号	条款内容
5.3.2.3	双眼视野接近完全缺损,视野有效值≤4%(直径≤5°)。
5.4.2.5	双眼视野极度缺损,视野有效值≤8%(直径≤10°)。
5.5.2.4	双眼视野重度缺损,视野有效值≤16%(直径≤20°)。
5.6.2.7	双眼视野中度缺损,视野有效值≤48%(直径≤60°)。
5.7.2.7	双眼偏盲。
5.8.2.8	一眼视野接近完全缺损,视野有效值≤4%(直径≤5°)。
5.9.2.13	一眼视野极度缺损,视野有效值≤8%(直径≤10°)。
5.9.2.14	双眼象限性视野缺损。
5.10.2.17	一眼视野中度缺损,视野有效值≤48%(直径≤60°)。

(二)应用说明

1. 概述

视野是法医学鉴定中除视力以外另一项重要指标。当眼球正视前方一固定目标,在维持眼球和头部不动的情况下,该眼所能见到的空间范围称为视野。视野的大小通常以圆周度表示。

正常视野类似不规则的椭圆形,颞侧最大,下方次之,鼻侧因有隆起的鼻背遮挡而稍小,上方因有上眼睑遮挡为最小,中心偏颞侧有一竖直椭圆形生理盲点。

若受检眼视野的周界缩小或在视野可见范围内出现不能看见的盲区,则属于视野缺损。依据视野缺损的大致形态特征,可分为向心性缩小、象限性缺损、偏盲、生理盲点扩大等。

视野缺损的程度可通过视野检查进行评估。

2. 检验方法

(1)对比法视野检查

可作为初步筛查有无视野缺损的方法。对于可能存在视野缺损的被鉴定人,应进一步行视野计视野检查。

(2)计算机自动视野计检查

计算机自动视野计检查是目前最为常用的视野检查方法,最为标准的检查为 Goldman 程序的检查。计算机自动视野计检查种类繁多,但原理相同,基本结构包括:①固定装置,有固定头部的结构和供被鉴定人固视的注视点;②视标及移动装置,视标可有不同直径大小(1、3、5、10mm),不同直径的视标,其测得的正常眼的视野值也不同,直径大的视标用于检测周边视野,1mm 直径的视标主要供检查中心暗点用;③照明,在检查过程中照明的强度不能改变,重复检查时条件亦不能改变;④记录装置,通常采用自动记录。

计算机自动视野计包括多种检测程序,常用的为静态视野检查与动态视野检查。前者主要用于检查中心视野(通常为 30 度视野范围内)的检测;后者是用同一刺激强度光标从某一不可见区(如从视野周边不可见区)向中心可见区移动,以探查不可见区与可见区的分界点。动态视野检查的优势在于易行和快速,且能够全面地衡量视野范围,测定周边视野,对法医学鉴定具有重要意义。

法医学视野检查的标准,参照本标准附录 C.1。

(3)视野缺损的评估

正常眼的视野范围为:颞侧最大,向下次之,鼻侧因有隆起的鼻背遮挡,故稍小,向上因有上眼睑遮挡,为最小。八个方位视野度数正常值分别为:颞侧 85 度,颞下 85 度,下侧 65 度,鼻下 50 度,鼻侧 60 度,鼻上 55 度,上侧 45 度,颞上 55 度。

需评价视野缺损程度时,可通过周边视野(也称"动态视野")检测结果计算得出视野有效值,再换算成视野半径(或直径)。计算时,先在视野检查图上取颞侧、颞下、下侧、鼻下、鼻侧、鼻上、上侧、颞上共八条子午线,读出与视野曲线相交的数值。视野正常的人测得的视野曲线在 8 条子午线的交点之值合计为 500。在计算受检眼的实际视野时,可将所测得的 8 个方向子午线的实际视野度数值相加,再除以 500,获知实测视野有效值:

实测视野有效值(%)=(8 条子午线实测视野值之和/500)×100%。

根据计算所得视野有效值,查表 3－3－2,可以获知其残存视野所相当的视野半径。

表 3－3－2　视野有效值与残存视野半径、直径对照

视野有效值(%)	视野度数(半径)	视野度数(直径)
8	5°	10°
16	10°	20°
24	15°	30°
32	20°	40°
40	25°	50°
48	30°	60°
56	35°	70°
64	40°	80°
72	45°	90°
80	50°	100°
88	55°	110°
96	60°	120°

举例:某被鉴定人右眼动态视野检查情况如图 3－3－1 所示。

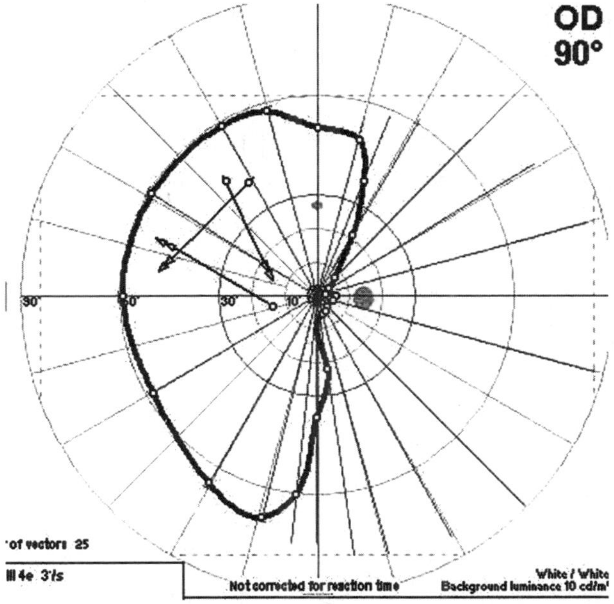

图 3－3－1　某被鉴定人右眼动态视野检查结果

根据图 3－3－1,该被鉴定人右眼八个方位的实测视野数值分别为:颞侧

60 度，颞下 60 度，下方 35 度，鼻下 5 度，鼻侧 5 度，鼻上 8 度，上方 52 度，颞上 55 度。上述数值之和为 280 度。按上述公式计算，视野有效值为 56%，查表 3－3－2，其左眼残存视野半径为 35 度（视野直径 70 度）。

视野缺损程度的分级参见表 3－3－3。

表 3－3－3 视野缺损的程度

视野缺损程度	视野度数（直径）
视野接近完全缺损	小于 5°
视野极度缺损	小于 10°
视野重度缺损	小于 20°
视野中度缺损	小于 60°
视野轻度缺损	小于 120°

3. 鉴定要点

视野缺损致残程度等级的法医学鉴定时机和基本原则与视力障碍相仿，可参照执行。

本节所介绍的视野检查方法的基本原理仍然属于心理物理学检验的范畴。在实际鉴定中可参考中心视野（也称“静态视野”）检测结果，必要时重复周边视野检测，观察结果的吻合性，全面分析，综合判定。

近年来文献报道，多焦视觉电生理技术已逐步应用于视野的客观评估，对于疑有伪装或者夸大的情形，建议有条件的机构可在鉴定中开展该技术的运用。

第四节　耳廓损伤与听力及平衡功能障碍

一、关于耳廓损伤

（一）标准条款

条款序号	条款内容
5. 8. 2. 2	符合容貌毁损（重度）标准之一项者（双侧耳廓完全缺失）。
5. 9. 2. 17	耳廓缺损或者畸形，累计相当于一侧耳廓。
5. 10. 2. 21	耳廓缺损或者畸形，累计相当于一侧耳廓的 30%。

(二)应用说明

1. 概述

耳廓突出于头颅两侧,形如贝壳,有前、后两面,前面相对凹凸不平。耳廓表面覆以较薄的皮肤、内有凹凸不平的弹性纤维软骨作为支架,具有富弹性、皮下组织少、出血后不易吸收等特点。不同人的耳廓外形、大小、细节特征等都不尽相同,甚至同一人的左、右耳廓面积大小往往亦存在差异。耳廓有收集声音、扩大声能、定位声源等听觉辅助功能和参与面部容貌构成的美学功能。

耳廓突出外露,易受损伤。由于耳廓皮肤缺乏皮下组织,直接与软骨膜紧密连接,所以耳廓皮肤的损伤易致软骨受累,引起耳廓挛缩畸形,影响容貌。当有确证的耳廓损伤史,特别是伴有软骨损伤的,经临床治疗后往往会遗留耳廓缺损或畸形。

耳廓离断、缺损或者挛缩畸形主要见于耳部严重挫伤、切割伤、挫裂创、咬伤、砍创、枪弹伤、爆炸伤以及冻伤、烧灼伤等。锐器切、砍创可致耳廓部分或者全部离断;钝器挫伤或者撕裂、咬伤等,也可将耳廓挫灭、离断而造成耳廓部分或者全部缺失。枪伤、爆炸伤以及烧伤等可使耳廓变形或者畸形。耳廓的完整性遭破坏后,主要影响面容的整体美观,声音的空气传导可能也会受到一定的影响。

2. 鉴定要点

耳廓缺损或者畸形的法医学鉴定中,首先需要确认是否存在耳廓损伤的基础,如耳廓挫裂创伴有软骨损伤,耳廓切割伤或咬伤致耳廓部分或完全离断等,虽经临床行清创缝合术等治疗后,仍遗留耳廓缺损或畸形。

在法医学鉴定中,对耳廓缺损或畸形的评估,主要是关注其与正常耳廓相差面积的范围和比例。到目前为止,法医学界对耳廓缺损面积的测量和计算尚无统一规定的方法。由于耳廓的形态不规则,采用不同的方法所得到的结果往往也有所不同。在适用本标准相应条款鉴定致残程度等级时,耳廓缺损或者畸形面积占全耳比例的测量建议统一采用耳廓前面平面投影面积计算的方法,按最大投影面积,使用几何法或者网格纸计算法,也可以借助计算机软件辅助计算。

耳廓损伤的案例以单侧者为多见。一侧耳廓损伤后缺损或者畸形的面积可比对健侧耳廓面积推算。若为双侧耳廓损伤,原来正常耳廓的情况已难以准确评估,可参照中国《成年人头面部尺寸》(GB/T 2428 - 1998)给出的耳廓平均值进行缺损范围与比例的评估。

需要注意的是,本标准上述条款中既包含了耳廓缺损或者部分缺损,也包含了耳廓畸形或者部分畸形。在耳廓缺损和因瘢痕挛缩畸形同时存在时，可以合并计算。实际测量时须注意两侧耳廓比对。

本标准分级条款中并没有明确规定双侧耳廓完全缺失的情形，但是在附录B.15.1.c)容貌毁损分度中的重度之一为“双侧耳廓缺损”。在第5.8.2.2条“符合容貌毁损(重度)标准之一者”包含有双侧耳廓完全缺失，鉴定时需注意避免漏鉴。

二、关于听力障碍

(一)标准条款

条款序号	条款内容
5.4.2.6	双耳听力障碍≥91dB HL。
5.5.2.6	双耳听力障碍≥81dB HL。
5.5.2.7	一耳听力障碍≥91dB HL，另一耳听力障碍≥61dB HL。
5.7.2.9	一耳听力障碍≥81dB HL，另一耳听力障碍≥61dB HL。
5.8.2.11	一耳听力障碍≥91dB HL。
5.8.2.12	双耳听力障碍≥61dB HL。
5.9.2.18	一耳听力障碍≥81dB HL。
5.9.2.19	一耳听力障碍≥61dB HL，另一耳听力障碍≥41dB HL。
5.10.2.18	一耳听力障碍≥61dB HL。
5.10.2.19	双耳听力障碍≥41dB HL。

(二)应用说明

1.概述

耳由外耳(耳廓及外耳道)、中耳(鼓膜、鼓室、听骨)及内耳(耳蜗、前庭和半规管)组成。外耳的生理功能主要是收集声波，中耳是将声波传入内耳，内耳(耳蜗)则是将声波转换成神经冲动，神经冲动经神经纤维传至大脑皮层听觉中枢，从而产生听觉。因损伤或疾病等各种原因导致上述任何环节的结构损坏或功能障碍，均可引起不同程度的听力减退。

本标准参考了《道路交通事故受伤人员伤残评定》与《劳动能力鉴定　职工工伤与职业病致残等级》中有关听力障碍的条款，但遵循世界卫生组织(WHO)1997年关于听力减退的分级标准，在具体分级数值上较两标准略有区别。如十级伤残“一耳听力障碍61dB”，与上述两个伤残鉴定标准的“一耳听力障碍56dB”略有差异。在言语频率的范围上与《人体损伤程度鉴定标准》是一致的，即0.5kHz、1kHz、2kHz、4kHz四个频率。

2. 鉴定要点

听力障碍的法医学鉴定，首先需确证存在足以导致听力障碍的损伤基础（如耳部损伤或涉及听觉中枢的颅脑损伤等），伤后近期有听力障碍的临床表现及相关耳科与听力检查结果。随着治疗、康复，听力障碍可以部分或完全恢复，故涉及听力障碍的鉴定时机应在损伤90～180天以后。

判定损伤与听力障碍存在因果关系的，需要明确听力障碍的程度。听力障碍伤残等级划分的依据是听力障碍的程度，因此，规范化的听力检查方法和正确的听阈评估至关重要。听力障碍的检查及听阈评估方法应符合《听力障碍的法医学评定》（GA/T 914）的要求。

首先，常规进行纯音气导和骨导听阈测试，若纯音听阈测试结果提示气导0.5kHz、1kHz、2kHz、4kHz，各频率听阈级的均值数达到最低伤残等级时，应进行客观听阈评估的检查。

对于客观听阈检查方法，在《听力障碍的法医学评定》（GA/T 914）第6.3.6条明确规定两种选择方法。

听阈计算方法按照GA/T 914第6.4条。同时应参考本分级标准附录C.3条听力评估方法。需要注意的是纯音气导听阈级应考虑年龄因素，按照《声学听阈与年龄关系的统计分布》（GB/T 7582）听阈级偏差的中值（50%）进行修正（详见本标准表C－2）。该表修正的内容较《人体损伤程度鉴定标准》略有不同，属于GB/T 7582的更新版本。

三、关于平衡功能丧失

（一）标准条款

条款序号	条款内容
5.6.2.8	双侧前庭平衡功能丧失，睁眼行走困难，不能并足站立。
5.10.2.20	一侧前庭平衡功能丧失，伴听力减退。

（二）应用说明

1. 概述

前庭和半规管是位置感受器，因此人耳具有两种不同的功能，即位置感觉和听觉功能,统称为位听感觉器官。因损伤或疾病等各种原因导致上述任何环节的结构损坏或功能障碍,均可引起不同程度的听力减退,当内耳损伤耳蜗同时累及前庭和半规管时,则往往出现听力减退合并前庭平衡功能障碍。

平衡功能是指身体所处的一种姿态以及在运动或受外力作用时能自动调整并维持姿势的能力。在正常情况下,人体的平衡是由前庭系统、视觉系统及本体感觉系统协调完成的。当这三个系统中任何一个或多个系统因损伤或疾病致结构损坏或功能障碍,均可影响人体平衡功能,其中前庭系统的作用最为重要。

前庭神经系统包括前庭感受器(球囊和椭圆囊的囊斑结构以及三个半规管的壶腹嵴)、初级和二级前庭神经元及各级神经中枢包括在大脑皮层的投射区和前庭传出系统。

前庭、视觉和本体三个感觉系统的输入,经脑干、小脑、大脑皮层包括额叶、顶叶及枕叶的控制进行整合后,引起眼动、姿势控制和感觉输出等多种运动反应。主要包括:(1)与重力有关的感觉以及运动或运动发生变化时方向和速度的感知;(2)头部运动、视觉目标运动或者两者都处在运动状态时保持清晰视觉影像的功能;(3)保持直立姿势并做随意运动的能力。上述任何部位出现损伤或者疾病,均可以出现平衡功能障碍。

实际鉴定中,单独出现前庭感受器损伤的较少见,一般见于头部外伤中,往往合并其他部位的损伤,伴有颅脑损伤或者听力损伤的多见。

前庭平衡功能障碍表现为平衡障碍、眩晕、眼球震颤。眩晕,为感觉周围物体或者自身在旋转的自我感觉,常伴恶心、呕吐。内耳损伤可以出现听力和前庭两方面的临床表现。前庭神经与蜗神经伴行部位的损伤往往有眩晕、耳鸣、听力减退。前庭神经和耳蜗神经进入脑干后彼此分开,前庭系统在脑干部位损伤所致的眩晕,不伴有听力减退。

需要说明的是,前庭平衡功能的损害往往在损伤当时较为严重,但经适当治疗及自身主动锻炼后,相当部分功能可以代偿,对日常生活与工作影响较小。若双侧前庭平衡功能完全丧失,则恢复概率较小,在明视条件下影响并不十分明显,但在黑暗环境下活动时则会受到明显影响,如导致身体失稳、失衡的情况。

2. 检验方法

前庭终器通过神经纤维与大脑、小脑、自主神经、眼动及脊髓神经有广泛的组织和功能上的联系,鉴定前庭功能状态,单纯依赖 1 ~ 2 项检查很难全面判定。近 50 年来前庭系统检查有很大进展,开展了视频眼震电图(Visual

Nystamography，VNG）和人体平衡台姿势图（Posturography，PG）的系列检查，对了解前庭系统功能状态、眩晕疾病的诊断、鉴别诊断、前庭代偿情况和判断预后等方面起重要作用。

（1）视频眼震电图检查

视频眼震电图检查是一种记录眼震的新技术。基本原理是采用红外视频技术，实时观察和记录分析各种眼动影像，通过分析眼睛的视频图像，追踪其瞳孔的中心位置来定位瞳孔，并直观地从显示器上观察到水平、垂直和旋转性眼震，计算出旋转型眼震的角度及角速度，为中枢性及外周性眩晕的定位提供了诊断依据。

（2）转椅试验

转椅试验常作为外周前庭系统检查的辅助手段，是目前唯一能够判断双侧前庭外周损伤或者疾病程度的方法。与视频眼震电图检查方法结合明显提高诊断的敏感性。转椅试验一般不单独使用，需与其他方法结果综合分析。

（3）静态平衡检查

静态平衡检查的工作原理是人体站立平台上重心力点与平台面的交点，确切地说是平台反作用力中心点的变化，在小振幅动摇时，人体重心与平台反作用力中心点基本一致，当人体摇动产生重心移动，导致平台上力点移动；平台下设有传感器，收集力点移动信号，输入计算机，经处理后可获得瞬间力点与平台中心的距离，描绘出重心移动的轨迹图形，同时计算出人体重心晃动的轨迹长度、面积、角速度和动摇的频率。这种记录人体重心在平台面的连续变化图像及轨迹，采集人体重心动摇的数据定量分析，通过平衡仪描记成图形即姿势图。PG 检查将传统的 Romberg 试验量化、精确化，与其他检查手段结合对平衡功能的评价提供有价值的信息。

（4）动态姿势平衡检查

动态平衡检查是一种动态重心稳定性试验，特指人在平台动态活动中，对自身获得的平衡能力评估。该测试是以本体感觉、视觉和前庭觉为整体的统合测试原理为原则，可以客观地评价和分辨平衡控制过程中的感觉、运动以及中枢适应性功能障碍。

通常有三种测试方法。第一种称为感觉整合测试（Sensory Organization Test，SOT），在这种方法中被鉴定人通过自身运动来改变重心和视觉环境。SOT 可以帮助识别被鉴定人是否伪装或者夸大伤情。有研究已经对该测试方法进行量化，并制定出定性判断指标。但 SOT 不能对病变进行定位诊断，只是一个功能测试,也无法提示前庭功能障碍是中枢性还是外周性的。第二种称为运动控制能力测试(Motor Control Test, MCT),由被鉴定人站立的支持面平移和旋转引起被鉴定人移动,考察被鉴定人在重心位置突然受到干扰时的应变能力。第三种称为姿势诱发反应(Postural Evoked Response, PER),可与下肢肌电图联合应用。在被鉴定人站立的支持面突然向上旋转,可以使下肢末梢肌肉受到刺激,通过下肢体表肌电图电极可以记录到这个肌肉活动。动态体位描计图不是直接检测外周和中枢前庭功能的仪器,它是通过评估平衡功能来间接反映前庭功能。近年来的证据表明,动态体位描计图是前庭—脊髓反射的客观检查手段,在颅脑损伤后前庭平衡功能损伤及某些疾病诊疗、军事医学、运动医学、康复医学等方面都有很好的应用价值。

(5)耳石功能检查

前庭功能检查还包括耳石功能检查。耳石为内耳迷路的重要组成部分,是维持机体在直线运动中动态平衡功能的重要器官,一旦发生损伤或功能失衡,将于行走、坐卧、转头和低仰头等直线运动中引发头晕、视物不清和摇晃不稳等临床症状,其功能检查对由耳石病损引起的头晕和平衡障碍患者具有重要临床诊疗意义。

耳石功能检查主要包括主观垂直视觉(Subjective Visual Vertical, SVV)和前庭诱发的肌源性电位(Vestibular Evoked Myogenic Potentials, VEMP)。SVV是对椭圆囊功能的检查,其标准化测量可以提供有价值的诊断信息,向患侧偏斜提示患侧前庭终末器官、前庭神经或低位脑干病变;而向对侧偏斜见于上位脑干或小脑尾侧的病变。由于偏斜的产生依赖前庭核神经元张力性静息活动,因此SVV对双侧对称性的耳石功能损害不适用。VEMP是对球囊功能的检查,对前庭神经炎、内淋巴积水、上半规管裂孔综合征、听神经瘤及一些神经—感觉的退行性变具有鉴别诊断价值。

3. 鉴定要点

首先需确证有内耳或颅脑损伤史,有伤及前庭平衡系统的损伤基础,伤后有前庭平衡功能障碍的临床表现及相关临床检查结果。鉴定时除进行必要的体格检查以外,应尽可能选择较为客观的视频眼震电图、双耳变温试验、静态和动态平衡仪等检测,结合损伤基础及伤后当时的临床表现及相关检查结果等,全面分析,综合评估。

因前庭系统损伤后,平衡功能障碍可能部分或完全代偿,故此类鉴定的时机应在损伤90~180天以后。

双侧前庭神经系统损伤经治疗及康复后,仍遗留睁眼行走困难,不能并足站立等情形，且客观检查支持上述临床表现的，提示其难以代偿，可符合本标准5.6.2.8的规定，鉴定为六级伤残；一侧前庭神经系统损伤经治疗及康复后，存在视觉依赖，闭眼时出现平衡功能障碍表现，伴有同侧听力较伤前减退，且客观检查支持该临床表现的，可符合本标准5.10.2.20规定的十级伤残。

实际鉴定中，应注意损伤与疾病的鉴别，避免将自身疾病所引起的平衡功能障碍误认为损伤所致。

第五节 鼻部与口腔颌面部损伤

一、关于鼻部损伤

（一）标准条款

条款序号	条款内容
5.8.2.13	双侧鼻翼大部分缺损，或者鼻尖大部分缺损合并一侧鼻翼大部分缺损。
5.9.2.20	一侧鼻翼或者鼻尖大部分缺损或者严重畸形。
5.10.2.22	鼻尖或者鼻翼部分缺损深达软骨。

（二）应用说明

1.概述

外鼻为皮肤、骨及软骨构成的尖向上、底朝下的三角锥形隆起，居面部中央，自上而下，依次为鼻根、鼻梁、鼻背及鼻尖，下部两侧突起为鼻翼，底部呈三角形，中由鼻小柱分隔成左、右前鼻孔。鼻的主要功能是呼吸，鼻腔和鼻窦在发声过程中起共鸣作用，外鼻对“五官端正”起重要作用，故鼻外形的变化对容貌的影响较大。

鼻部暴露于面部并具有明显突起，各种锐器切割砍刺、钝器压砸、撞击、动物或者他人牙齿咬合、烧灼伤（包括化学伤）、冻伤等均可使之受伤，常见损伤表现包括鼻部骨折、鼻离断（缺损）、鼻出血等。

2.鉴定要点

在鼻部损伤法医学鉴定中，首先需要确证有鼻部挫裂创、切割伤、咬伤等损伤史，特别是伴有鼻软骨和/或骨损伤者，经临床治疗后遗留鼻部缺损或畸形，是应用本标准进行鼻部损伤致残程度等级鉴定的关键与基础。应当注意的是，单纯的鼻部钝挫伤，虽然也可能合并存在软骨损伤或骨损伤，但经临床治疗后一般不会遗留鼻部缺损或明显外观畸形。

由于外鼻的形态不规则，到目前为止，法医学界对鼻部缺损范围的测量和计算尚无一种统一的、精确的方法，本标准是按照鼻部解剖分区的缺损进行等级划分，参照整形外科的评价方法进行大致评估，鉴定时需注意鼻翼和鼻尖解剖区域的划分。此处的大部分缺损是大于该区域的1/2。

二、关于脑脊液漏

（一）标准条款

条款序号	条款内容
5.8.2.16	脑脊液漏经手术治疗后持续不愈。

（二）应用说明

1. 概述

外伤性脑脊液漏是指开放性颅骨骨折伴有硬脑膜和蛛网膜同时破裂，脑脊液由外耳道、咽鼓管或鼻腔等处漏出。损伤是脑脊液漏最常见的原因，其中，颅底骨折、颞骨骨折、鼻窦外伤等是引起脑脊液漏的主要损伤类型，因颅盖骨骨折引起者甚为少见。除损伤以外，耳部与鼻部手术也可引起脑脊液漏等并发症，应属医源性损伤。

已有研究表明，外伤性脑脊液漏骨折的部位大多在颅前窝，骨折线常通过额窦后壁、筛窦顶壁或筛状板；少数骨折发生于颅中窝，骨折线通过蝶鞍或蝶骨大翼内的蝶窦气房；还有少数为颅后窝的骨折所致，骨折线通过蝶窦后壁；在有的颞骨骨折中，脑脊液可经中耳腔流入外耳道和咽鼓管、鼻腔。

2. 鉴定要点

在损伤后脑脊液漏的法医学鉴定中，首先需要确证有足以导致脑脊液漏的损伤基础，如有确证的颅底骨折史。

脑脊液漏的诊断可分为两大步骤。首先是确定有无脑脊液漏存在，相当于定性诊断。脑脊液内含葡萄糖，不含黏蛋白，可经化验方法鉴别诊断。其次是根据损伤部位、临床表现、鼻内镜检查、影像学检查、椎管内注药等方法进行定位诊断。

外伤性脑脊液漏多数在损伤后立即发生，称为急性外伤性脑脊液漏，往往与外伤关系密切，较易判定。也有经过一段时间后才出现的迟发性脑脊液漏，延迟出现的原因有：(1)颅骨和硬脑膜的裂口被肿胀的组织或血凝块暂时堵塞，以后随着水肿消退，血块吸收而使裂口又重新出现；(2)硬脑膜裂口愈合不牢固，在咳嗽或喷嚏时由于压力变化或气流冲击而再次破裂；(3)因已经愈合的瘘孔周围组织发生感染，缺血坏死，使瘘孔再次破裂而发生漏液。脑脊液漏维持较长时间，瘘孔边缘的硬脑膜与瘘孔外面的黏膜粘合，影响瘘孔闭合，导致瘘孔不能自愈，从而形成慢性脑脊液漏。

脑脊液漏若在外伤后立即发生，其漏液内往往混合有较多的血液，最初流量较多，以后逐渐减少，多于外伤数日后自行停止。少数可持续数周或更长时间，甚至形成慢性脑脊液漏而不能自愈者，不得不实施手术治疗。

只有极少数脑脊液漏经手术修补治疗后仍不能愈合。因无法治愈的持续性脑脊液漏易导致低颅压综合征、颅内感染等，故此种情形方可属本标准5.8.2.6所规定的八级伤残。所有外伤后无法确证存在脑脊液漏以及难以证明外伤与脑脊液漏之间存在因果关系，或者虽然能够确证存在脑脊液漏，但尚未经过至少一次符合临床规范的手术治疗，或者经手术治疗后已然治愈的情形，均不宜依据本标准5.8.2.6评定致残程度等级。

脑脊液漏若经手术治疗达到治愈的情形，建议参照5.10.1.8“开颅术后”鉴定致残程度等级。

三、关于口腔颌面部损伤

(一)舌损伤

1. 标准条款

条款序号	条款内容
5.5.2.8	舌根大部分缺损。
5.8.2.14	舌体缺损达舌系带。
5.10.2.25	舌部分缺损。

2. 应用说明

(1)概述

舌位于口腔中部由下颌骨体围成的弓状腔隙内，主要由肌肉组织构成，是一个肌性器官。舌以中、后1/3交界处的人字沟和轮廓乳头为界分为舌体和舌根两个部分。舌体可分为上、下两面，其前端窄小，称为舌尖。舌下面的黏膜在中线上折成舌系带，向前下方连至口腔底的前部。

舌是重要的构音器官,参与发声、语言等功能;同时也在消化过程中起到独特的重要作用,是形成味觉的最主要器官,并参与唾液分泌以及口腔对食物的咀嚼、搅拌及消化作用。

各种口腔颌面部损伤,均可能合并存在舌损伤,包括舌部分离断。在某些特殊情形下,舌可以发生被咬伤甚至因牙齿咬合致部分离断的伤情。若舌组织离断伤后遗舌体组织永久性缺损,即是本节所讨论的残情。

(2)鉴定要点

舌在语言、饮食中所起的重要作用,加之其所处的特殊部位,舌缺损与许多颌面部软组织缺损相仿,不仅关系到形态和美观,同时也关系到诸多口腔生理功能的实现。例如,舌缺损的范围大小往往与语言和进食功能的受影响程度存在很大的关联性,舌前1/3缺损由于对舌体游离部分的运动造成严重的损害,所以对舌在语言功能中应起的作用造成严重破坏。

外伤导致舌根大部分缺损,是指外伤后舌体缺失达舌根部,对语言、吞咽、咀嚼、味觉和唾液分泌等多种口腔功能均有严重影响,应评定为五级伤残。

外伤导致舌体缺损达舌系带,是指外伤后舌体缺损达到舌体下面舌系带水平的情形。此种情形造成游离度较大的舌尖部分大部分缺失,对上述口腔功能会造成明显影响,应评定为八级伤残。

外伤导致舌部分缺损,是指外伤后舌组织有部分缺损,对上述口腔功能有一定影响,可评定为十级伤残。

实际鉴定中应注意,本标准舌损伤相关条款规定的主要内容是舌的形态结构缺失改变,但也应注意把握舌残留生理功能的检验情况,尤其在难以准确判定形态结构改变程度的情况下,生理功能的影响情况可以作为致残程度等级鉴定的重要依据之一。

(二)唇损伤

1. 标准条款

条款序号	条款内容
5.6.2.9	唇缺损或者畸形,累计相当于上唇2/3以上。
5.8.2.15	唇缺损或者畸形,累计相当于上唇1/2以上。
5.9.2.21	唇缺损或者畸形,露齿3枚以上(其中1枚露齿达1/2)。
5.10.2.23	唇外翻或者小口畸形。
5.10.2.24	唇缺损或者瘢痕畸形,致露齿。

2. 应用说明

(1)概述

唇位于面部下1/3,唇的上界为鼻底,下界为颏唇沟,两侧以唇面沟为界。唇部可借助两侧口角连线分为上唇和下唇,正常情况下静态时上、下口唇以自然闭合为主,中部为横行的口唇裂,口唇的两侧为口角,口角的正常位置约在尖牙与第一磨牙之间,是颌面部较为重要的解剖结构,具有显著特征。唇部形态和功能的完好不仅关系到面部静态容貌,还与面部表情、构音与发声以及口腔反应能力等重要功能相关。由于唇部的特殊位置,缺损或者畸形不仅严重影响容貌、表情及社交活动,同时对语言、进食等功能均会造成相当影响。

与舌损伤相仿,各种口腔颌面部损伤均可能造成唇部损伤,但可以引起缺损或畸形的唇部损伤,主要以挫裂创、切割创、烧灼伤、咬伤等为主。

(2)鉴定要点

关于唇损伤的法医学鉴定,要注意以下几个方面:①静态时因唇缺损(或者瘢痕畸形)导致口唇不能完全闭合(口唇裂不能全部消失),致使牙齿外露,主要是牙冠外露,实际鉴定中应严格按照本标准条款所规定的牙齿外露枚数执行,条款中所称"牙齿外露达1/2"是指须暴露牙冠的1/2以上;②唇缺损(或者瘢痕畸形)的范围,均以上唇作为测量与计算的基础,实践中可以按照计算机图像测量软件法加以解决;③小口畸形是指口腔周围尤其口角处瘢痕形成挛缩畸形,造成口角粘连以及其他各种口唇裂变小的情形。若口唇裂变小致张口困难且超过轻度者,应参照相应条款进行鉴定。

(三)牙及上、下颌骨损伤

1. 标准条款

条款序号	条款内容
5.7.2.12	上颌骨或者下颌骨部分缺损伴牙齿缺失14枚以上。
5.9.2.23	上颌骨或者下颌骨部分缺损伴牙齿缺失或者折断7枚以上。
5.10.2.26	牙齿缺失或者折断7枚以上;牙槽骨部分缺损,合并牙齿缺失或者折断4枚以上。

2. 应用说明

(1)概述

国际牙外伤协会将牙外伤分为牙折、牙槽骨骨折、牙齿脱位和牙齿撕脱性损伤(脱臼)。外力直接作用在面部,特别是口唇部,可造成牙冠的折断,多发生在前牙;此外,当外力作用于颏部时,下颌牙猛烈撞击上颌牙,可造成前磨牙及磨牙的折断。

牙脱位是在较大外力的撞击下,使牙部分或者完全脱位,由于牙周膜撕裂,甚至从根尖孔进入牙髓的神经、血管束也撕裂。

牙嵌入型脱位是指牙齿向牙槽骨内移位,嵌入牙槽窝中,伴有牙槽骨骨折,牙冠明显短于相邻正常牙齿。牙侧向脱位是指牙齿向唇、舌等方向移位,常伴牙槽窝侧壁的骨折和牙龈撕裂。牙脱出性脱位是指牙齿向外脱离原牙槽窝,牙伸长而出现咬合障碍。牙脱臼是指牙齿完全向外脱出,与牙槽窝完全分离,即为牙齿脱落。

(2)鉴定要点

对于牙损伤的法医学鉴定,在鉴定时首先应确定损伤当时的牙齿状况,如通过损伤当时的口腔检查及影像学检查了解牙损伤的情况,是牙折(冠折或根折)、牙齿脱位或牙齿撕脱性损伤(脱臼),以及是否伴有相应部位的牙槽骨骨折;同时亦应注意伤前是否患有牙齿疾病。若伤前存在严重牙周病或其他牙齿治疗病史者,其牙齿较正常牙齿易于脱落,需考虑伤病关系。损伤当时并未脱落的牙齿,确因损伤致明显牙病,经治疗后难以继续保留的,可计入缺失牙齿的枚数,但应严格把握伤病关系的分析,排除因医疗因素、被鉴定人自身因素或者其他人为因素的影响高估致残程度等级。

本标准规定的"上颌骨或者下颌骨部分缺损",是指上、下颌骨存在骨折且愈后遗留骨质、骨块缺损,以致难以进行牙齿种植等修复。骨缺损可通过口腔颌面部CT平扫及图像后处理技术加以明确。不能简单地将上、下颌骨存在骨折视同为骨缺失。

本标准规定的"牙槽骨部分缺损",主要是指牙槽嵴的部分缺损,可通过口腔全景CT平扫及图像后处理技术加以明确。

应用本标准"牙齿缺失"相关条款时,应根据实际缺失的牙齿枚数计算,不宜将仍未脱落或者拔除的牙齿计算在缺失牙的数量中。

本标准条款中所指的牙齿折断包括如下情形:①牙齿折断达牙冠1/2以上;②牙齿冠折致牙髓腔暴露;③牙齿根折致牙齿松动Ⅲ度以上。

在实际适用本标准中所有并列规定"牙齿缺失"或者"牙齿折断"的条款时,均可累加计算属于上述两种情形的牙齿总数。

(四)张口受限

1. 标准条款

条款序号	条款内容
5. 8. 2. 17	张口受限Ⅲ度。
5. 9. 2. 22	颌骨骨折,经牵引或者固定治疗后遗留功能障碍。
5. 9. 2. 24	张口受限Ⅱ度。
5. 10. 2. 27	张口受限Ⅰ度。

2. 应用说明

(1)概述

张、闭口运动主要是依靠颞下颌关节的活动和附着在下颌骨以及关节周围的咀嚼肌群所控制。下颌骨是颌面部唯一能活动的骨骼。颞下颌关节是人体解剖上最复杂的关节之一,是由下颌骨的髁状突和颞骨的下颌窝组成。影响该关节运动的因素可分为两类:一类是双侧颞下颌关节及牙齿咬合接触关系的解剖性因素;另一类则是相关神经肌肉的结构性因素。上述两类因素因损伤导致其正常结构和功能破坏,均可引起颞下颌关节功能障碍,从而出现张口受限等后果。

(2)鉴定要点

鉴定时首先需明确损伤基础,颌面中、下部遭受钝性外力作用后,可发生软组织挫裂创和颌骨、颧骨、颧弓等部位的骨折,以及颞下颌关节损伤(如髁突骨折或关节内出血等)。颌骨骨折时,由于外力和肌肉的牵引,骨折端可发生移位,致使上、下颌牙齿咬合关系紊乱而影响张口活动。特别是颧弓骨折时,骨折部位向后下方内陷移位,压迫颞肌和下颌骨喙突,阻碍下颌骨运动,可造成Ⅱ度~Ⅲ度张口受限。颞下颌关节区周围软组织损伤、缺失或瘢痕形成等亦可引起张口受限。此外,颞下颌关节区直接遭受外力作用引起关节内出血等,可导致关节强直,尤其是颏部遭受外力作用可致颞下颌关节发生对冲性损伤。

关节内强直的主要表现为出现进行性张口困难,重者完全不能开口。纤维性强直程度多发生于外伤后 6 个月以上,程度相对较轻,一般仅表现为轻度张口困难。

鉴定时检查可见原发性损伤遗留的瘢痕,髁突活动减弱或消失。应进行张口位及闭口位影像学检查(如 CT 或 MRI 检查),可以显示关节活动消失或有部分活动。

人的正常张口度约相当于本人的手指合拢时示指、中指、无名指三横指末节关节的宽度。一般认为,尽力张口时,上、下切牙间仅可置入垂直并列之示指和中指为Ⅰ度或轻度张口受限;尽力张口时,上、下切牙间仅可置入垂直之示指为Ⅱ度或中度张口受限;尽力张口时,上、下切牙间距小于示指之横径为Ⅲ度或重度张口受限。

(五)颌面部软组织缺损,伴发涎漏

1. 标准条款

条款序号	条款内容
5.7.2.13	颌面部软组织缺损,伴发涎漏。

2. 应用说明

(1)概述

涎漏为涎液自涎腺异常破口溢出。腺体及导管均可发生瘘。颌面部软组织损伤涉及唾液腺(又称涎腺)组织(包括腮腺、下颌下腺、舌下腺等),特别是腮腺及导管的损伤,当时就会造成涎液外漏。

(2)鉴定要点

颌面部软组织损伤愈合后,出现涎液外漏,在进食时尤为明显。确证颌面部软组织损伤时有唾液腺损伤的基础,临床出现涎液外漏的表现,涎腺X线造影检查对诊断涎漏有价值,不仅可以决定涎漏的性质、部位,还可以检查腺体是否存在继发感染及其严重程度。造影片虽显示导管形态良好,但只要腺体某处有造影剂外溢,即可诊断为腺体存在涎漏。涎腺导管注入亚甲蓝,溢液呈蓝色也可有助于诊断。

鉴定中应注意:①颌面部软组织损伤及其愈合后存在软组织缺损,是应用本条款鉴定致残程度等级的前提,在检查时应重点关注并在鉴定意见书中加以说明;②涎液外漏是指愈后的情形,应为临床治疗难以治愈者。

第六节　发声与构音以及吞咽功能障碍

一、关于发声与构音功能障碍

(一)标准条款

条款序号	条款内容
5.8.2.18	发声功能或者构音功能障碍(重度)。
5.9.2.25	发声功能或者构音功能障碍(轻度)。

(二)应用说明

1.概述

(1)发声功能障碍

发声是由呼出的气流振动声带产生可以听见的声音,以及声道其他部分结构调制此声音的过程。人类的发声系统主要由三部分组成:动力器官(呼吸系统)、振动器官(声带)及共鸣器官(胸腔、咽腔、口腔、鼻腔与鼻窦)。发声系统各组织器官的器质性或功能性异常均有可能导致发声障碍。发声障碍通常表现为音量、音调、音质、声音持续时间以及共鸣等出现异常。音质的改变主要由声带的器质性疾病或功能性异常所引起;音调主要受声带的长度、质量、紧张度和声门下压等因素的影响;音量则受呼吸流量、声带阻抗力、声带振动模式和声门下压各因素的共同影响。

喉是重要的发声器官。创伤性发声障碍最多见于喉部的损伤。喉外伤分为外部伤和内部伤。外部伤又分为:①闭合性喉外伤,如喉挫伤;②开放性喉外伤,如切割伤、刺伤、火器伤等。内部伤主要包括吸入或吞入高温气体、液体或强酸、强碱等化学性腐蚀物造成喉腔内部烫伤或烧灼伤。喉外伤主要包括软骨骨折、喉黏膜损伤、声带断裂、环杓关节脱位及喉返神经损伤等。除发声障碍外,还常伴随喉部疼痛、出血、声音嘶哑、呼吸困难、吞咽困难、咳嗽等临床表现。

另外,喉返神经是迷走神经的分支,如颅脑损伤伤及迷走神经或是支配声带运动的神经中枢至神经末梢路径上的任何损伤,均有可能引起发声功能障碍。

(2)构音功能障碍

构音是指通过舌、咽、腭、唇和下颌的高度灵活的运动,改变共鸣腔的形状,使声道的阀门阻挡气流,从而产生不同的元音和辅音,构成言语声音。构音障碍是由于发音器官神经、肌肉的器质性损伤而引起发音器官的肌肉无力、肌张力异常以及运动不协调等,产生发声、发音、共鸣、韵律等言语控制障碍。患者通常听力理解正常并能正确选择词汇以及按语法排列词句,但不能很好地控制重音、音量和音调。

构音障碍一般分为以下六种类型:①迟缓型构音障碍,由下运动神经元损伤引起,如颅神经核、颅神经、周围神经纤维病变或构音肌肉的病变,可使肌肉的张力降低或麻痹。受影响的肌肉表现为肌萎缩,尤其是舌肌。言语表现为辅音发音无力、歪曲。②痉挛型构音障碍,由上运动神经元损伤引起,使构音肌群肌张力增高,见于脑血管病、脑外伤、肿瘤、感染损伤皮质延髓束。表现为唇运动减弱、舌偏向患侧,颚弓下降,但喉的功能常能保留。言语特征为嗓音呈急促、紧迫的发声,说话缓慢费力、语调过低、语调分裂、音量单一、重音减少或消失。③运动失调型构音障碍,由小脑或脑干传导束病变、损伤所致构音肌群运动范围、运动方向的控制能力差。言语特征为不规则的发音停顿,过分或缺少重音变化。④运动过少型构音障碍,由椎体外系病变所致,可引起构音肌群的不自主运动和肌张力变化。言语特征主要为音量单一、音调单一和重音的减少。⑤运动过多型构音障碍,由椎体外系病变所致,常见于舞蹈病、肝豆状核变性、脑瘫等。言语特征为元音歪曲、音量异常、过分音量变化,可出现费力音和发音阻塞现象,常伴有不适宜的停顿和嗓音震颤。⑥混合型构音障碍,包括痉挛型、迟缓型与共济失调型,由上下运动神经元病变造成,如多发性硬化、脑外伤、肌萎缩性侧索硬化症等。由于病变部位不同,可出现不同类型的混合型构音障碍。

2. 检验方法

发声功能与构音功能的检查可分为主观听觉评价方法及客观检测分析方法。

(1)主观听觉评价方法

采用GRBAS评估方法(元音),包括5个描述参数,分别是总嘶哑度(Grade,G)、粗糙声(Rough,R)、气息声(Breathy,B)、无力嗓音(Asthenic,A)和紧张嗓音(Strained,S)。根据以上每一种评价方法获得的检测结果,又分为四个等级:0正常;1轻度异常;2中度异常;3重度异常。

构音功能障碍除需对发声器官的功能进行检验、评估外(如上所述),还需要对构音器官功能进行评估。言语清晰度评估是构音器官功能评估的重要方法,也是一种较为简单易行的主观评价方法,即听众可以准确地理解说话者语音信号表达信息的程度，可通过对特定的标准化词语、语句、对话的可理解度进行测验，依据言语清晰度分为以下4级：①一级，只能发简单音，语言能力丧失，属极重度功能障碍；②二级，有一定发音能力，语言清晰度10%～30%，属重度功能障碍；③三级，具有发音能力，语言清晰度31%～50%，属中度功能障碍；④四级，具有发音能力，语言清晰度51%～70%，属轻度功能障碍。

（2）客观检测分析方法

大致包括以下方法：①声带运动的检测。包括频闪喉镜、电声门图，可观察声带振动频率、对称性、周期性、幅度、声带黏膜波及声门闭合形态。②嗓音声学检测。利用电子计算机声学测试系统，记录嗓音、言语信号，然后对声音的基频、强度、微扰、谐噪比、第一共振峰、第二共振峰等进行分析，可为嗓音质量提供客观定量依据。③空气动力学检测。又分为平均呼气流率测定（由于声带有病变时声时缩短，所以气流率高于正常人，一般认为气流率大于200mL/s时具有诊断意义）与最大发音时间测定（是指深吸气后能持续发声的最长时间，可推测受检者喉部调节功能及发声的持续能力。正常情况下男性约30s，女性约20s）。④喉肌电图检查。通过检查喉部不同生理活动时（发声、呼吸、吞咽等）喉肌生物电活动来判断喉神经肌肉功能障碍，能区分声带运动障碍是来自于神经麻痹、功能性障碍抑或杓状软骨的固定。

3. 鉴定要点

（1）基本原则

对于发声功能障碍或者构音功能障碍的鉴定，首先应明确是否存在发声或者构音功能障碍的病理基础。根据有无颅脑、口腔及颈部外伤史，伤后的临床表现，并通过观察发声器官的形态及粗大运动（包括间接喉镜及纤维喉镜观察声带的色泽、形态、运动及声门闭合等，以及对肺的呼吸情况、鼻腔、咽腔等的检查），结合头颈部影像学（CT、MRI）及喉镜、肌电图等检查，明确是否存在发声与构音器官的器质性损伤，有无相应运动障碍，并明确原因。结合其伤后就诊史，判断损伤与功能障碍之间的因果关系。

按照上述检验方法进一步评估发声功能障碍或者构音功能障碍的严重程度。评估时应根据主观听觉评价方法的检验结果，结合客观检测分析方法的阳性发现，全面分析，综合评定。根据本标准附录B.23、B.24对发声功能障碍与构音功能障碍做出的严重程度分级，GRBAS评估法中总嘶哑度G为1，或者语言清晰度评定为一级或二级的，可符合本标准5.9.2.25所规定的轻度发声功能或者构音功能障碍；总嘶哑度G为3，或者语言清晰度评定为三级或四级的，可符合本标准5.8.2.18所规定的重度发声功能或者构音功能障碍。

(2)伤病关系

本标准所指的外伤后的发声功能障碍是基于存在具有引起发声器官(包括支配神经、肌肉等)器质性损伤的外伤史,并结合伤后的临床表现、喉镜检查及喉肌电图检查等来认定。但应注意了解被鉴定人伤前日常发声的情况,并且需排除功能性发声功能障碍及自身疾病所致声带麻痹等(如脑血管疾病致中枢性声带麻痹、肺颈部肿瘤压迫喉返神经等)。

创伤性发声功能障碍应注意与功能性发声障碍加以鉴别,后者多见于女性,常见于精神创伤或情绪激动后,不一定有器质性外伤史,发声时音量低,但咳嗽、哭笑时如常,喉镜检查见声带振动少,但声带色泽、形态正常,咳嗽或哭笑时声带运动正常,喉肌电图检查多无异常发现。

本标准所指的外伤后的构音功能障碍是基于存在具有引起构音器官(包括支配神经、肌肉等)器质性损伤的外伤史,应注意了解被鉴定人伤前日常说话的情况,需排除自身中枢或周围神经系统疾病所引起的构音障碍。

创伤性构音功能障碍应注意与运动性失语加以鉴别,后者的损伤基础均系颅脑器质性损伤累及大脑语言中枢所致,表现为发音紊乱、词量减少、韵律异常,口语理解能力相对完好,但对句法性结构序列理解可有障碍,复述明显受损,经提示可改正,但构音器官无器质性损伤,喉镜、喉肌电图检查无异常发现。

此外,判定是否外伤导致发声功能障碍或者构音功能障碍时,还需注意与颅脑损伤(或病变)、重症肌无力、多发性硬化、帕金森病等疾病引起的语言功能障碍加以鉴别。

二、关于吞咽功能障碍

(一)标准条款

条款序号	条款内容
5.3.2.4	吞咽功能障碍,完全依赖胃管进食。
5.5.2.9	咽或者咽后区损伤遗留吞咽功能障碍,只能吞咽流质食物。
5.7.2.10	咽或者咽后区损伤遗留吞咽功能障碍,只能吞咽半流质食物。
5.8.2.19	咽成形术后咽下运动异常。
5.10.2.28	咽或者咽后区损伤影响吞咽功能。

(二)应用说明

1. 概述

吞咽动作是一种由许多肌肉参加的反射性协同运动。根据食物进入途径,吞咽可分为三期,即口腔期、咽腔期、食管期。吞咽动作一经发作即不能中止。吞咽中枢位于延髓的网状结构内,迷走神经核附近。其传入神经包括来自软腭、咽后壁、会厌和食管等处的脑神经传入纤维。咽的吞咽是指以适宜的频率和速度通过咽运送食物和饮料的功能。引起吞咽困难的原因可以分为三类:(1)功能障碍性。凡导致咽痛的疾病一般都有不同程度的吞咽困难,咽痛愈烈,吞咽困难愈严重。(2)梗阻性。咽部或食管狭窄、增生或异物,妨碍食物下行,尤以固体食物难以咽下,流质饮食尚能通过。(3)麻痹性。因中枢性病变或周围性神经病变所致咽肌麻痹,引起吞咽困难,进液体时更为明显。此处所涉及的吞咽功能障碍主要系由于口咽部损伤所致。

咽是呼吸道和消化道上端的共同通道,上起颅底,下至第6颈椎下方,全长约12cm,前壁不完整,由上而下分别与鼻腔、口腔和喉相通。咽根据其位置,自上而下可分为鼻咽、口咽和喉咽。咽喉两部紧密相邻并彼此相通,损伤常同时累及两部,损伤类型相似,也分为外部伤和内部伤[如第六节(一)所述]。咽部疾病或损伤的症状主要有咽痛、咽感觉异常、吞咽困难、声音异常及饮食反流,还常伴有出血、咳嗽及呼吸困难等。外部伤可见颈部软组织的肿胀、出血等,咽部可见黏膜水肿、出血、撕裂等。因吸入或吞入高温气、液体或强酸、强碱等化学性腐蚀物致咽腔内部灼伤可见黏膜充血、肿胀或苍白、水泡、溃疡、出血及伪膜等,并可同时伴有口腔、鼻腔、喉的类似表现,重者因伤后瘢痕粘连而致咽喉部狭窄,甚至闭锁。

2. 检验方法

(1)一般检查

应仔细询问病史,症状的描述包括吞咽困难的发生频率、程度,如在饮水时或进食流质、半流质、固定食物时发生呛咳、吞咽费力、喘鸣、咳嗽、便噎等。

(2)吞咽障碍的程度评分(VGF)

①口腔期:A. 不能把口腔内的食物送入咽喉,从口唇流出,或者仅靠重力作用送入咽喉—— 0分;B. 不能形成食块流入咽喉,只能让食物原状流入咽喉——1分;C. 不能一次就把食物完全送入咽喉,一次吞咽完成后,有部分食物残留在口腔内——2分;D. 一次吞咽就可完整把食物送入咽喉——3分。

②咽喉期:A. 不能引起咽喉上举,会厌闭锁及软腭弓闭合,吞咽反射不充分—— 0分;B. 在咽喉凹及梨状窝存有多量的残食——1分;C. 少量贮留残

食,且反复几次吞咽才可把残食全部吞咽入咽喉下——2 分;D. 一次吞咽就可完成把食物送入食管——3 分。

③误咽程度:A. 大部分误咽,但无呛咳—— 0 分;B. 大部分误咽,但有呛咳——1 分;C. 少部分误咽,无呛咳——2 分;D. 少量误咽,有呛咳——3 分;E. 无误咽——4 分。

以上各项累计总分为 10 分的属正常,重症为 0 分。

(3)洼田饮水试验

用于评估其有无吞咽功能异常。受试者取端坐位,喝下 30mL 温开水,观察所需时间和呛咳情况:1 级(优),能顺利地 1 次将水咽下;2 级(良),分 2 次以上,能不呛咳地咽下;3 级(中),能 1 次咽下,但有呛咳;4 级(可),分 2 次以上咽下,但有呛咳;5 级(差),频繁呛咳,不能全部咽下。

结果判断:正常:1 级,5 秒之内;可疑:1 级 5 秒以上或 2 级;异常:3 ~ 5 级。

(4)吞咽 X 线造影录像

一般用钡作为造影剂,将其调成流质或半流质,分别于垂直坐位及 30°、60°半坐位对患者进行吞咽检查。通过吞咽造影录像观察吞咽反射、软腭、舌骨、舌根活动、喉头的上举和闭锁、咽壁的蠕动、梨状隐窝及会厌上凹的残留物等。该方法可较为客观地判断吞咽功能,有助于判断是否存在伪装或夸大的情况。

3. 鉴定要点

(1)基本原则

首先要明确是否存在吞咽功能障碍的病理基础,形成原因、与损伤的关联性。然后再进一步明确是否存在吞咽功能障碍及其严重程度。

实际鉴定时,可根据有无颈部、口咽喉部外伤史,伤后的临床表现,并通过观察咽腔形态、咽肌运动及反射(包括软腭及缩咽肌等),结合头颈部影像学检查,明确是否存在咽部的器质性损伤及运动障碍。结合其损伤后诊疗病史,判断损伤与吞咽功能障碍之间的关系。

本标准依照进食情况对吞咽功能障碍进行了分级,其中"影响吞咽功能障碍"指的是虽能进食普食,但进食的速度缓慢且伴有明显不适。吞咽功能障碍严重程度的判断需仔细询问病史、日常进食情况,并选择合适的主、客观检查,全面分析,综合判定。

(2)伤病关系

本标准所指的外伤后的吞咽功能障碍是基于存在具有引起咽部器质性损

伤的外伤史,并后遗可引起吞咽功能障碍的损伤性结构改变,结合伤后的临床表现、口咽部检查等来认定。应注意了解被鉴定人伤前吞咽进食的情况。需排除可引起吞咽功能障碍的其他自身疾病,如因疼痛导致的疼痛性吞咽障碍(如急性咽炎、急性扁桃体炎、咽部疱疹、溃疡等)、反流性食管炎、咽部脓肿、异物、癔病性吞咽障碍等。

实际鉴定中,创伤性吞咽功能障碍有时尚需与癔病性吞咽障碍进行鉴别,后者常主诉咽部有异物感,症状表现可多种多样,常见的有咽不下、咳不出,或吞咽时感觉食物有上下移动或固定不动,可呈间歇性或持续性,多诉疲劳后可加重,且主诉部位常不一致,客观检查多无任何阳性发现。

第四章　颈部与胸部损伤

第一节　颈部瘢痕形成

一、关于颈部瘢痕形成的标准条款

条款序号	条款内容
5.7.3.4	颏颈粘连(中度)。
5.9.3.1	颈前三角区瘢痕形成,累计面积达 50.0cm^2。
5.10.3.1	颏颈粘连畸形松解术后。
5.10.3.2	颈前三角区瘢痕形成,累计面积达 25.0cm^2。

二、应用说明

(一)关于颏颈粘连

1. 概述

颏颈粘连多系因颌颈部严重烧伤或者化学性损伤治愈后遗留重度瘢痕挛缩而形成。下颌与颈前部乃至胸前壁之间因瘢痕粘连、挛缩,致使颈部失去正常外形,影响颈部活动功能,乃至使头颈部处于强迫体位,甚或致颌面部器官因瘢痕牵拉而向下移位变形,对颌颈部功能与形态均造成极大的影响。儿童时期损伤如延误治疗可继发下颌骨发育不良形成小颌反牙合畸形。

2. 鉴定要点

本标准附录 B.20 将“颏颈粘连”按严重程度分为以下类型:(1)轻度颏颈粘连,是指单纯的颈部瘢痕或者颈胸瘢痕,瘢痕位于颌颈角平面以下的颈胸部,颈部活动基本不受限制,饮食、吞咽等均无影响;(2)中度颏颈粘连,是指颏颈瘢痕粘连或者颏颈胸瘢痕粘连,颈部后仰及旋转受到限制,饮食、吞咽有所影响,不流涎,下唇前庭沟并不消失,能闭口;(3)重度颏颈粘连,是指唇颏颈瘢痕粘连，自下唇至颈前均为挛缩瘢痕，下唇、颏部和颈前区均粘连在一起，颈部处于强迫低头姿势。本标准分级系列中5.8.2.2规定“符合容貌毁损（重度）标准之一项者”属八级伤残，而按照附录B.15.1中规定颏颈粘连（中度以上）属“重度容貌毁损”的一项指标，故5.7.3.4与5.8.2.2看似存在矛盾。此时，应根据“特别法优于普通法”的原则，按照5.7.3.4之规定，将中度或者重度颏颈粘连从高鉴定为七级伤残。当然，符合“重度容貌毁损”其余五项指标之一者，仍应按照5.8.2.2鉴定为八级伤残。

本标准分级系列中5.10.3.1“颏颈粘连畸形松解术后”是指因损伤后遗留瘢痕形成并挛缩畸形、颏颈粘连导致抬头或者颈部旋转、侧屈等动作受限，或者影响饮食、吞咽等动作，或者影响体貌，达到中度以上颏颈粘连的程度，具有行瘢痕粘连松解术等治疗的适应证，松解术后遗留轻度颏颈粘连者可适用本条款。

值得注意的是，与本标准5.10.3.1相对应，5.7.3.4所称“颏颈粘连（中度）”原则上应为已行至少一次手术治疗但仍不能完全改善的情形。具有手术适应证但无法或者难以实施手术的，可在说明理由的情况下参照该条款实施鉴定。

（二）颈前三角区瘢痕形成

1.概述

颈部位于头和胸之间。颈部上界为下颌骨下缘、下颌角、乳突和枕外隆凸连线，下界为胸骨柄上缘、锁骨、肩峰至第7颈椎棘突的连线。两侧斜方肌以前为颈前部（狭义的颈部），其后则为项部，又称后颈部（或“颈后部”）。颈前部以胸锁乳突肌为界分为颈前三角区、胸锁乳突肌区和后方的颈外侧区。胸锁乳突肌内缘，下颌骨下缘与前正中线之间的区域，构成颈前三角区。

2.鉴定要点

与《人体损伤程度鉴定标准》一样，本标准也对颈前三角区瘢痕形成作出了特殊的条款安排，主要是考虑到颈前三角区是面容的延伸部分，涉及体貌。

在实际鉴定中，要严格把握上述解剖学规定，仅有在此范围内的瘢痕方可适用相应条款，该区域以外的颈部瘢痕均视为一般的体表瘢痕，不可混淆。

单纯的轻度颏颈粘连（未行颏颈粘连畸形松解术者），按照瘢痕面积测量结果适用条款，面积未达5.10.3.2、5.9.3.1等条款规定者，不宜鉴定为相应致残程度等级。

第二节 甲状腺与甲状旁腺损伤

一、关于甲状腺与甲状旁腺损伤的标准条款

条款序号	条款内容
5.5.3.1	未成年人甲状腺损伤致功能减退,药物依赖。
5.5.3.2	甲状旁腺功能损害(重度)。
5.7.3.1	甲状腺功能损害(重度)。
5.7.3.2	甲状旁腺功能损害(中度)。
5.8.3.1	甲状腺功能损害(中度)。
5.9.3.2	甲状腺功能损害(轻度)。
5.9.3.3	甲状旁腺功能损害(轻度)。

二、应用说明

(一)甲状腺损伤

1. 概述

甲状腺为人体内最大的内分泌腺体,由左、右两个腺叶及连接两腺叶的峡部组成,呈蝶形,其主要生理功能是合成甲状腺激素。而碘是合成甲状腺激素的必要原料,甲状腺是人体吸收、聚存和利用碘的唯一场所。甲状腺激素包括T3、T4和FT3、FT4。T3、T4常与甲状腺球蛋白密切结合,储存于甲状腺滤泡内,不能通过毛细血管,但机体需要时,经水解酶作用,T3和T4自甲状腺球蛋白水解分离并释放入血,在血液中T3、T4绝大多数与血浆的蛋白质结合,真正发挥生理作用的是极少数呈游离状态的FT3、FT4。甲状腺激素的生理功能极为广泛,几乎遍及全身各系统,可影响机体的生长、发育、组织分化、物质代谢及各种器官和系统的功能。T3、T4和FT3、FT4的合成和分泌由腺垂体分泌的TSH(促甲状腺激素)调节。TSH由下丘脑神经内分泌细胞分泌的TRH(TSH释放激素)调节。甲状腺损伤致腺体缺损或者由于残余腺体的血供不足,均可造成甲状腺素分泌缺乏或不足,致甲状腺功能减退、低下,并出现一系列临床综合征。

甲状腺功能减退的临床症状取决于激素不足的程度、速度和病程，主要表现为代谢率减低和交感神经兴奋性下降，可有畏寒、乏力、手足肿胀感、嗜睡、记忆力减退、少汗、关节疼痛、体重增加、便秘，女性月经紊乱，或者月经过多、不孕，表情淡漠、反应迟钝、声音嘶哑、听力障碍、面色苍白、颜面和(或)眼睑水肿，唇厚舌大、常有齿痕，皮肤干燥、粗糙、脱皮屑、皮温低、水肿、手足掌面皮肤泛黄，毛发稀疏，跟腱反射延长，脉率缓慢等。累及心脏时可出现心包积液和心力衰竭，重症可发生黏液性水肿昏迷。

与原发性及垂体性甲状腺功能障碍相比，损伤导致的相对少见，且多见于甲状腺手术等医源性损伤。

未成年人甲状腺功能明显损害的，若甲状腺素未能获得充分补充，将影响未成年人的生长发育并导致一系列代谢紊乱表现。

2. 检验方法

甲状腺功能的实验室检验主要包括血清 T3、T4、FT3、FT4 与 TSH 等测定。

本标准根据临床表现与实验室检验结果，将甲状腺功能损害分为轻、中、重度三级，鉴定时应依照附录 B. 21 之规定评定致残程度等级：①重度，临床症状严重，T3、T4 或者 FT3、FT4 低于正常值，TSH $>50\mu U/L$；②中度，临床症状较重，T3、T4 或者 FT3、FT4 正常，TSH $>50\mu U/L$；③轻度，临床症状较轻，T3、T4 或者 FT3、FT4 正常，TSH 轻度增高但 $<50\mu U/L$。

3. 鉴定要点

(1) 基本原则

甲状腺损伤评定致残程度等级需要同时符合以下条件：①存在可导致甲状腺功能减退的损伤；②损伤后出现相对应的甲状腺功能减退临床症状；③实验室检验 T3、T4 或者 FT3、FT4、TSH 的指标达到以上相应标准。

本标准中“未成年人甲状腺损伤致功能减退，药物依赖”一般指临床症状严重，T3、T4 或者 FT3、FT4 低于正常值，TSH $>50\mu U/L$，并需要依赖甲状腺素药物治疗。

(2) 注意事项

综合损伤后病史及临床表现，结合实验室检验结果，可明确诊断甲状腺功能损害并确定严重程度的分级，据此进行致残程度等级的鉴定。在具体操作中，应注意：①甲状腺功能损害(重度)多是指双侧甲状腺或孤立甲状腺基本完全缺失，须依赖药物治疗的情形；甲状腺功能损害(中度)多是指甲状腺功能明显损害，需依赖药物治疗的情形；甲状腺功能损害(轻度)是指具有部分或轻度甲状腺功能损害的临床表现，实验室检验结果有异常，服用药物治疗可有改善的情形。②实际鉴定中，应根据甲状腺损伤的病史、确诊甲状腺损伤继发功能损害时的临床表现及相关实验室检验结果，结合治疗过程与愈后情况，全面分析，综合判定。经补充甲状腺素类药物治疗后，患者临床表现会有所改善，实验室检验也会发生明显变化，其临床资料供参考。③依据本标准分级系列 5.5.3.1"未成年人甲状腺损伤致功能减退，药物依赖"鉴定时，应遵照附则 6.10 之规定，仅适用于 18 岁以下的未成年人。

(3)伤病关系

导致甲状腺功能减退的原因很多，可包括自身免疫、损伤、甲状腺破坏（甲状腺手术、甲亢 131I 治疗等）、碘过量以及抗甲状腺药物等，鉴定中应当对造成甲状腺功能减退的原因进行分析。

伤、病共存时，应根据损伤前甲状腺功能减退程度、疾病的自然演变进程以及损伤后功能减退加重的程度，对损伤在残疾后果中的原因力大小作出评判：①损伤前存在甲状腺功能减退，损伤后短期内减退程度明显加重，且不符合其自身疾病发展演变所致的，对损伤前、后的甲状腺功能减退程度，按本标准分别评定致残程度等级，两者的级差，为残情加重的等级。这种情形下原则上可忽略其自身疾病对加重程度的影响。②损伤前存在甲状腺功能减退，损伤后减退程度逐渐加重的，且符合其自身疾病发展演变所致的，不适用本标准评定致残程度等级。③损伤前存在甲状腺功能减退，损伤后经一段时间减退程度加重，系其自身疾病和损伤共同作用影响的，按其自身疾病和损伤对甲状腺功能减退加重的影响程度，对损伤在残疾后果中的原因力大小作出评判。

（二）甲状旁腺损伤

1.概述

甲状旁腺是较小的内分泌器官，通常有四个，左、右各一对，为椭圆形小体，棕黄色，略似豌豆大小，均贴附于甲状腺侧叶的后缘，位于甲状腺被膜之外，有时也可埋藏于甲状腺组织中，上一对甲状旁腺一般位于甲状腺侧叶后缘中部附近处，下一对则在甲状腺下动脉的附近，约位于腺体后部下 1/3 处。甲状旁腺的主要生理功能是分泌甲状旁腺激素（PTH），能够调节钙的代谢，维持血钙平衡。分泌不足时可引起血钙下降，出现手足搐搦症；功能亢进时则引起骨质过度吸收，容易发生骨折。

甲状旁腺损伤主要见于甲状腺或颈部手术误将甲状旁腺切除或造成其血供受阻，也可因甲状旁腺手术或颈部放射性治疗损伤，致甲状旁腺缺如、萎缩或变性，从而造成甲状旁腺激素（PTH）分泌过少和（或）效应不足，甲状旁腺功能减退、低下，并出现一系列临床综合征。某些毒物中毒也可导致甲状旁腺损伤影响功能。

血钙降低是甲状旁腺功能低下的重要表现。轻者可有肢体麻木、刺痛和蚁走感等不适症状，重者可时有手足搐搦，甚至导致全身肌肉过度收缩、抽搐乃至出现惊厥发作。据临床资料，正常人的血钙（总钙）一般在2.1～2.6mmol/L（8.4～10.3mg/dL）。当血总钙值低于1.88mmol/L（7.5mg/dL）、血游离钙低于0.95mmol/L（3.8mg/dL）时，可引发一系列临床表现。

甲状旁腺功能减退的临床症状取决于血钙降低的程度与持续时间以及下降的速度，主要表现为手足抽搐、癫痫样发作、低钙血症和高磷血症，可有指端或口周麻木刺痛，手足肌肉痉挛，严重时出现手足抽搐，部分还可出现惊厥或癫痫样全身抽搐，不自主运动、震颤、共济失调，出汗、肠痉挛、烦躁、易激动、抑郁或精神病，皮肤干燥、脱屑、毛发易脱落，牙齿发育障碍、钙化不全，脑基底节转移性钙化，其他软组织、肌腱、脊柱旁韧带钙化等。

2. 检验方法

甲状旁腺功能减退相关实验室检查项目包括：血清钙、磷测定，甲状旁腺激素（PTH）检验等。

本标准根据临床表现与实验室检验结果，将甲状旁腺功能损害分为轻、中、重度三级：（1）重度，空腹血钙质量浓度＜6mg/dL；（2）中度，空腹血钙质量浓度6～7mg/dL；（3）轻度，空腹血钙质量浓度7.1～8mg/dL。若需进行单位换算的，可参考以下方式：1mg/dL＝0.2495mmol/L。

3. 鉴定要点

（1）基本原则

甲状旁腺损伤评定致残程度等级需要同时符合以下条件：①存在可能导致甲状旁腺功能减退的损伤，如甲状腺或颈部手术误伤等；②损伤后有甲状旁腺功能减退的临床症状；③实验室检查血清钙水平达到以上相应标准，甲状旁腺激素（PTH）水平低于正常值或尚在正常值范围。

实际鉴定中，应根据甲状旁腺损伤的病史、确诊甲状旁腺损伤继发功能损害时的临床表现及相关实验室检验结果，结合治疗过程与愈后情况，全面分析，综合判定。进行致残程度等级评定时，被鉴定人多经过较长时间的补钙治疗，此时的空腹血钙质量浓度是补钙治疗后的状态，与未治疗状态的空腹血钙质量浓度是不同的，鉴定时原则上以停药后的空腹血钙质量浓度为评定依据。如被鉴定人甲状旁腺功能严重减退，停药对生命、健康可能造成危害，不宜停药检测的，建议以尚未采取钙剂补充治疗时的空腹血钙质量浓度检验结果（或者多次检验结果中相对最低的结果数值),作为甲状旁腺功能损害致残程度鉴定的依据。

(2)注意事项

综合损伤后病史及临床表现,结合实验室检验结果,可明确诊断甲状旁腺功能损害并确定严重程度的分级。具体鉴定中应注意:①PTH 测定是可靠的且可以为甲状旁腺功能损害提供直接证据的实验室检验方法。甲状旁腺功能减退者,血 PTH 水平多数低于正常,也可在正常范围,这是因为低钙血症对甲状旁腺是一强烈刺激,血清总钙≤1.88mmol/L(7.5mg/dL)时,血 PTH 应增加 5~10 倍,所以低钙血症时,如血 PTH 水平在正常范围,仍属甲状旁腺功能减退。故实验室检查应当同时测定血钙和血 PTH,综合分析,以鉴别非甲状旁腺功能减退引起的低钙血症。②PTH 检验的正常参考值在各实验室之间差异较大,有报道约为 20~90ng/L。测定甲状旁腺回流静脉血 PTH 值,可以达到定性定位诊断甲状旁腺损伤的目的。但本法的缺点是操作复杂,需侵入且暴露在 X 线下。综合采用多种方法,有助于提高鉴定的准确性。③只有永久性甲状旁腺功能减退并存在药物依赖,才适用本节所列条款鉴定致残程度等级,暂时性的甲状旁腺功能减退不宜据此鉴定。④伤、病共存时,应根据原有疾病致甲状旁腺功能减退程度、疾病的自然演变进程、损伤的严重程度及损伤后减退加重的程度,对损伤在残疾后果中的原因力大小作出评判,具体可参阅甲状腺功能损害有关伤病关系的内容。

第三节　肋骨骨折与胸廓损伤

一、关于肋骨骨折

(一)标准条款

条款序号	条款内容
5.8.3.6	肋骨骨折 12 根以上并后遗 6 处畸形愈合。
5.9.3.11	肋骨骨折 12 根以上,或者肋骨部分缺失 4 根以上;肋骨骨折 8 根以上并后遗 4 处畸形愈合。
5.10.3.7	肋骨骨折 6 根以上,或者肋骨部分缺失 2 根以上;肋骨骨折 4 根以上并后遗 2 处畸形愈合。

（二）应用说明

1. 概述

肋骨骨折是常见的胸部外伤，其诊断主要依据能够反映损伤经过的案情材料、损伤后就诊病史记录、临床表现与影像学检查。对于胸部遭受钝性暴力打击或者挤压外力作用致伤，伤后自诉胸部疼痛且随呼吸运动有加重，查体发现局部胸壁直接压痛阳性和/或胸廓挤压试验阳性者，均需注意鉴别有无肋骨骨折存在。肋骨骨折常用的影像学诊断技术包括常规 X 线摄片（包括目前常用的 CR、DR 摄片）、CT 扫描及 CT 图像后处理技术。X 线摄片包括胸部正位（常采用后前位）、左前和/或右前斜位摄片及胸部透视下的局部点片。

2. 检验方法

（1）肋骨骨折的检验与判定

肋骨的解剖形态略呈“C”字形结构，由后上向前下方弯曲走行，X 线影像上肋骨可有后肋、前肋及腋段之分，大致各占全长的 1/3，但并没有准确的分界点。在 X 线平片上肋骨分别投影于胸部与上腹部，因而常规 X 线投照技术获得的影像可将肋骨分为膈上肋骨和膈下肋骨，两者 X 线摄片技术参数完全不同，很难在同一张 X 线摄片中清晰显示全部肋骨。在胸部正位 X 线片上，肋骨与胸部其他解剖结构因前后相互重叠及受到投照技术等原因影响，肋骨腋段常被遮蔽而难以清晰显示，这就造成了膈下肋骨和肋骨腋段等区域的肋骨骨折在胸部正位片上易于被疏漏。此外，左前斜位 X 线摄片是观察右侧肋骨前段及左侧肋骨后段有无骨折的有效手段，而右前斜位则恰好相反。

因 X 线束具有与普通光学射线相类似的直线传输、折射、反射等物理学特性，在胸部斜位摄片时因躯体转动角度的差异，肋骨骨折处若未能与 X 线相切，同样可以造成难以清晰显示而遗漏诊断。这就如同一直线与某段弧线相交时，仅与弧线的某个点位相切而不是整条弧段。因而在胸部斜位摄片时，只有在躯体转动至刚好合适的角度，使 X 线与相应肋骨段相切才能显示该处肋骨骨折的征象，避免因肋骨线形骨折平行于 X 线束而不能被发现。正是由于普通 X 线摄片存在上述局限性，故仅运用该手段摄片进行肋骨骨折的诊断，文献统计其准确率（符合率）仅为 80% 左右。换句话说，约有 20% 的肋骨骨折可能被 X 线摄片技术所漏诊，尤其是一些隐匿的、不全性的或者骨折端未出现明显错位的肋骨骨折。

近年来的影像学实践已经证明，胸部 CT 扫描是诊断肋骨骨折的重要检查手段，其诊断符合率可以提高至 95% 以上，若采用合适的图像后处理软件技术,更可以进一步提高,几乎达到“完美”的准确率(符合率)。胸部 CT 扫描图像常具有三个窗位,分别为肺窗、纵隔窗与骨窗,这是经一次扫描后利用“窗口”调节技术,以获取相同解剖部位不同灰阶度的 CT 图像效果,每种窗位的图像用于显示其对应 CT 值相近似的解剖结构。理论上,肺窗图像主要用于观察肺内的病变和异常,纵隔窗图像除观察纵隔结构以外还能发现胸腔积液和断端错位的肋骨骨折,而骨窗图像则主要用于显示肋骨骨皮质及骨髓腔(松质骨),更有助于检出不完全性肋骨骨折。但由于 CT 轴位图像上肋骨呈节段状显示,并受到非螺旋 CT 扫描层厚、层距或螺旋 CT 扫描螺距等因素的影响,加之螺旋 CT 扫描图像重建层厚、层距选择可各不相同,因此同样可能存在漏诊肋骨骨折的现象。

多层螺旋 CT 成像技术中,图像重建是指使用原始扫描数据经重建数学算法生成的横断面图像,图像重组则是采用横断面图像数据实施进一步图像后处理后获得的图像。两者的差别在于:图像重建采用了原始的扫描数据,图像重组则是采用横断面的图像数据。因而横断面图像质量与原始数据采集有关,而重组图像质量主要取决于生成横断面图像的技术参数,即扫描层厚、螺距、图像间隔等。多层螺旋 CT 常用的图像后处理技术主要包括多平面重组(MPR)、曲面重组(CPR)、最大密度投影(MIP)、表面遮盖法(SSD)、容积再现(VR)等。各种后处理图像见图 4-3-1 至图 4-3-4。

随着 CT 图像后处理技术在肋骨骨折法医学鉴定中日益广泛应用,人们已经认识到它同样可以因形成影像学伪影而带来误诊,需要引起高度重视。

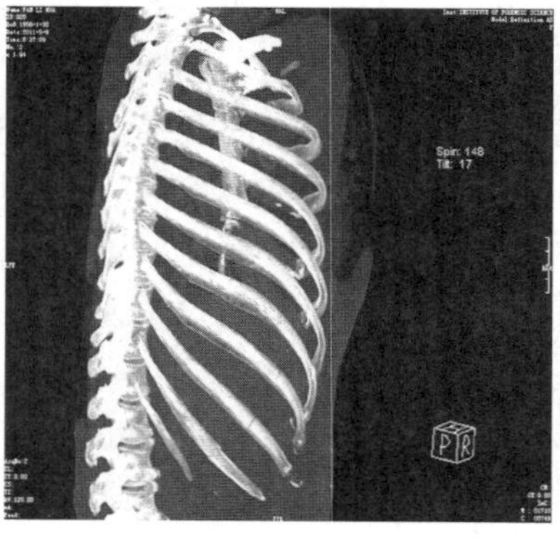

图 4-3-1 肋骨 MIP 图像

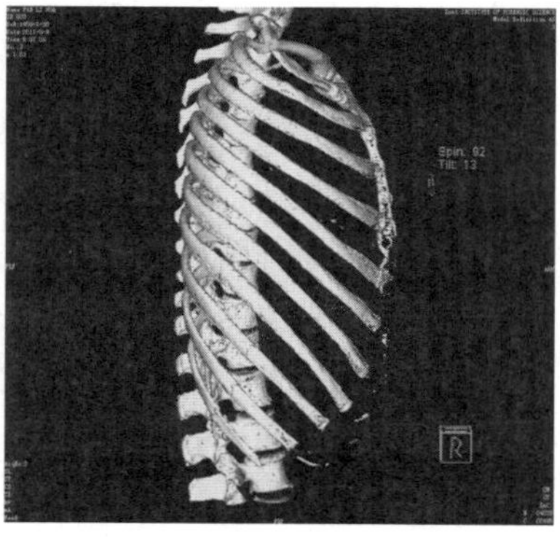

图 4-3-2 肋骨 SSD 图像

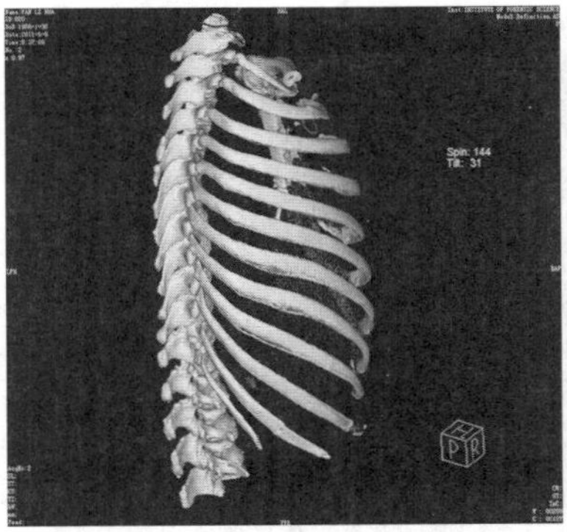

图4-3-3　肋骨VR图像

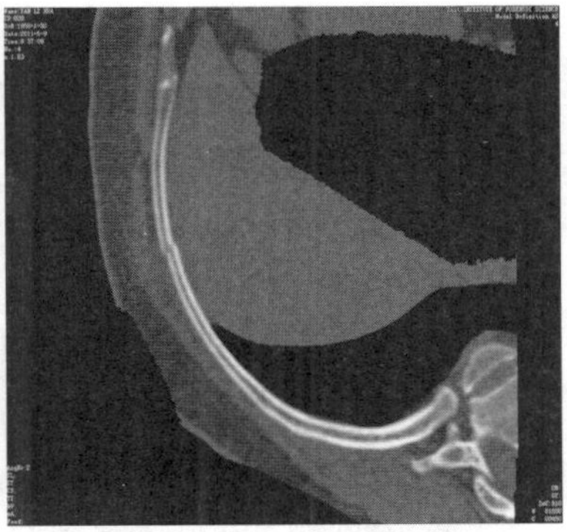

图4-3-4　肋骨CPR图像

肋骨骨折的影像学检查技术颇多,但每一项技术的运用都具有其最优的适度和一定的限度,因而任何一项影像检查技术都很难完全替代另一项技术,各种影像检查技术之间只存在互相补充的作用。

笔者认为,断端未明显移位或者不完全性的肋骨骨折在伤后初期不易被X线平片检查所显示,是法医学鉴定中经常遇到的困扰鉴定人的问题。在骨折经过一段时间的修复,出现骨痂生长、骨折愈合、塑形改变等演化过程后,原骨折部位出现局部骨质膨大,反而易于观察到;此外,未明显移位的肋骨骨折在伤后早期日常生活中可因胸廓的呼吸运动等因素造成骨折处发生部分移位,也可使骨折更易显现。因此,实践中注意把握肋骨骨折的鉴定时机同样至关重要。

(2)肋骨骨折畸形愈合的检验与判定

本标准所称的肋骨骨折畸形愈合,主要是指肋骨完全性骨折后因断端明显移位(包括断端错位、成角移位或分离移位等),经骨痂生长、骨折愈合等过程后形成分离、成角、旋转或者重叠畸形,以断端重叠畸形或断端分离较常见(见图4-3-5)。

3. 鉴定要点

(1)基本原则

肋骨骨折的准确诊断与所采用的影像学技术、鉴定时机均密切相关,其中一大关键在于尽可能多地获取伤后系列随访摄片资料,并具有娴熟的观察能力。

判断是否属于肋骨骨折畸形愈合,关键在于必须同时满足以下两个条件:①有损伤当时影像资料证明,其符合完全性骨折,且断端存在明显移位,包括

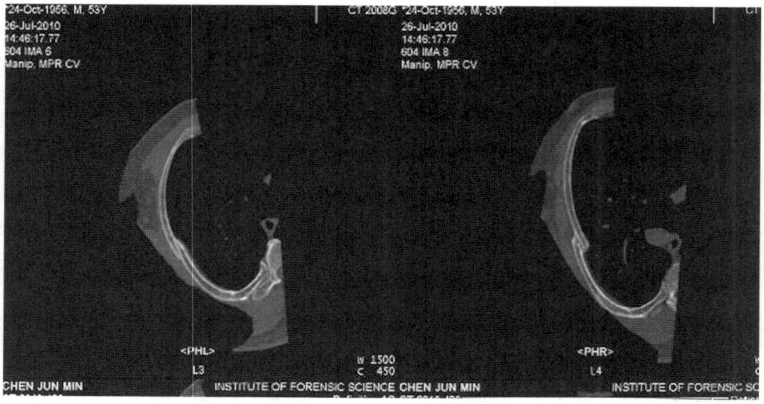

图 4-3-5 肋骨骨折畸形愈合(成角畸形,重叠畸形)

断端错位、成角移位与分离移位;②骨折愈后形态失去正常的顺应性或者连续性,存在前述畸形愈合的影像学表现。

损伤当时虽然符合明显移位的完全性骨折,愈合后(包括经内固定手术治疗后)骨折处恢复正常的顺应性与连续性,均不符合肋骨骨折畸形愈合的判定标准。

(2)伤病关系

在法医临床学鉴定中运用 CT 薄层扫描 + MPR 图像重组技术时,不能仅局限在单纯的阅片,把一些似是而非的所谓骨折后反应以及历年来多次形成的骨折全部罗列起来,一并归结为本次外伤所致。应当注意分析判断,多发性肋骨骨折是否处于同一受力线范围,骨折部位是否相邻,是否可以符合遭受一次性外力作用所致(包括是否可以符合案情中提供的致伤方式、成伤机制的作用所致);在愈合过程中显现的骨痂形态是否符合同一时期骨折后愈合过程中的影像学特征。应当将各种发现有机地综合起来加以全面分析,还要与本次外伤后的原始影像学资料进行仔细比对,形成证据链,据此认定或者推定本次外伤所形成的肋骨骨折部位及数量,即判定外伤与肋骨骨折之间是否存在直接因果关系。只有这样才能有效控制风险,避免鉴定意见的偏差。

作者在鉴定实践中发现,肋骨骨折鉴定案件的难点除了需准确判定肋骨骨折的部位和数量以外,往往还在于需鉴别是否存在陈旧性、病理性骨折,或者是否存在肋骨发育变异等因素,有时还需排除医源性骨折(如胸外心脏按压引起者)。这些情况的存在,进一步增加了肋骨骨折鉴定的技术难度,值得鉴定人高度重视。

(3)标准条款适用

①本标准所称肋骨骨折,包括肋骨完全性骨折与不全性骨折。按照条款规定,肋骨骨折的计量单位为肋骨根数,即同一肋骨多处骨折计为一根肋骨骨折。

②本标准所称肋骨骨折畸形愈合,系指肋骨完全性骨折愈合后造成的骨质畸形。按照条款规定,肋骨骨折畸形愈合的计量单位为骨质畸形部位的数量,即同一肋骨两处骨折且均符合畸形愈合者,计为两处。

③本标准所称的肋骨缺失,包括因外伤或者手术治疗等造成的一根肋骨全部或者部分骨性结构缺如。按照条款规定,肋骨缺失的计量单位为肋骨根数。应避免将肋骨骨折后断端不愈合误认为肋骨缺失。

④本标准"肋骨骨折 4 根以上并后遗 2 处畸形愈合"是指肋骨骨折(含完全性或者不完全性骨折)的数量须达 4 根,且其中至少有 2 处骨折(可以是一根肋骨的两处骨折)最终畸形愈合。其余类似条款可据此参照执行。

二、胸廓损伤与胸廓畸形

(一)标准条款

条款序号	条款内容
5.6.3.2	一侧胸廓成形术后,切除 6 根以上肋骨。
5.7.3.7	胸廓畸形,胸式呼吸受限。
5.8.3.9	胸廓成形术后,影响呼吸功能。

(二)应用说明

1. 概述

胸廓是胸腔壁的骨性基础和支架,主要由肋骨与胸骨、胸椎围绕而成。正常人胸廓前后径小于左右径,两者比例约为 1∶1.5,且左、右两侧形状基本对称。胸廓前后径与左右径的比例若偏离上述比值,或者两侧形状明显失去对称性,即为本标准所称的胸廓畸形。扁平胸、桶状胸、佝偻病胸多是由于各种先天或者后天性疾病引起的前后径与左右径的比例失调,而严重的胸部外伤可能导致胸廓两侧失去对称性,甚至形成局部胸廓膨隆或者下陷。引起胸廓畸形最常见的外伤原因为多发性肋骨骨折,尤其见于同一肋骨多处骨折者。胸廓遭受严重创伤可使胸壁的完整性受到破坏,在造成胸廓畸形的同时,常伴有肺挫伤、胸腔或腹腔器官的损伤及血气胸(见图 4－3－6)。

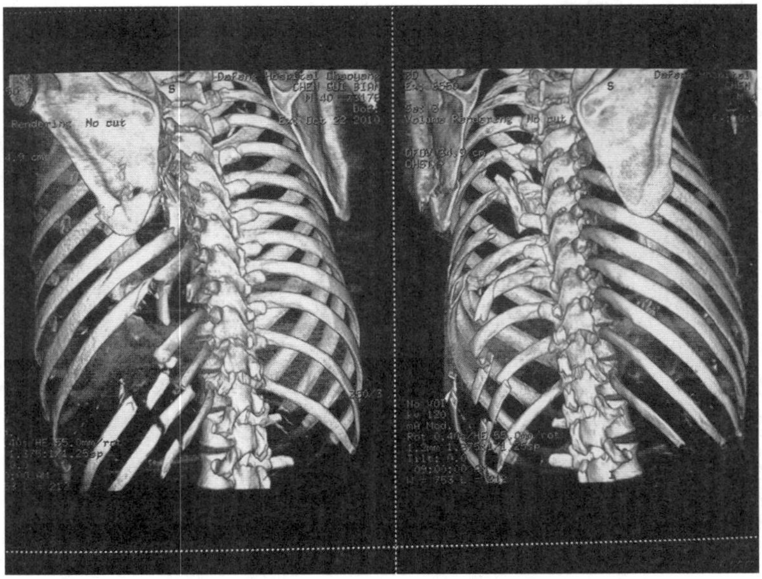

图4-3-6 可能引起胸廓畸形的多发性肋骨骨折

有必要指出,本标准所称的胸廓畸形主要是指愈后的胸廓形态而言。肋骨是胸廓的主要组成部分,故外伤后肋骨缺失或者畸形愈合是较为常见的导致胸廓畸形的原因,当然,其他胸廓组成骨(如胸椎、胸骨等)骨折亦可引起。因胸廓形态失常既影响外观,又可能限制肺脏的呼吸运动,影响呼吸功能的正常实现,故其后果较单纯的肋骨骨折更为严重。胸廓畸形的发生及其严重程度常与肋骨骨折的数量、骨折损伤的严重程度存在密切的关系。一般而言,肋骨骨折数量越多,单根肋骨多处骨折发生率越高、骨折移位程度越是明显,肋骨缺失情形越为严重,则愈合后遗留胸廓畸形的概率也越大。

胸廓成形术以往是肺结核外科治疗中较为常用的一种萎陷疗法,目前临床上已较少应用。但在一些先天性胸廓畸形以及造成胸廓严重缺损、凹陷畸形的胸部创伤中,或者针对难治性脓胸的患者,因其可保留大部分肋骨,手术创伤相对较小,可有效避免反常呼吸,术后胸廓可恢复相对完整,对肺功能影响较小或者无明显影响,该术式有时仍见应用。当然,胸廓成形术常需切除部分肋骨,有时易遗留胸廓畸形,甚至导致影响呼吸功能的后遗症。

2. 鉴定要点

(1)基本原则

在运用本标准胸廓畸形相关条款进行鉴定时,除了重视胸廓的影像学形态改变以外,还应结合胸式呼吸活动有无受限综合判定。胸式呼吸受限的判定,应重点观察胸廓两侧随呼吸活动的动度是否对称、有无反常呼吸。凡出现胸廓两侧呼吸动度不对称,损伤一侧(或者损伤较重一侧)胸式呼吸明显受限,甚至出现反常呼吸征象者,均属于胸式呼吸受限的范畴。

在运用本标准胸廓成形术后相关条款进行鉴定时,应密切关注呼吸功能有无受累。影响呼吸功能的判定,可参见本标准附录 B. 25 呼吸功能分度。凡符合轻度呼吸困难者,均属于影响呼吸功能的范畴。

(2)伤病关系

胸廓畸形、呼吸功能影响的判定,需排除自身疾病所致的情形。“胸廓成形术后”条款的应用,亦应判定确系损伤所需。若与自身疾病(如肺结核)混杂,应分析损伤因素所起的作用,评价伤病关系。

(3)标准条款适用

①因各种胸部损伤或并发症,具有行胸廓成形术的手术适应证,术中切除 6 根以上肋骨者(包括切除骨折损伤的肋骨以及因治疗需要切除未见明显损伤的肋骨),均符合六级伤残。

②因各种胸部损伤或并发症,具有行胸廓成形术的手术适应证,术后遗留轻度呼吸困难者,均符合八级伤残。

③组成胸廓的肋骨、胸骨、胸椎发生多发性骨折,愈后遗留胸廓畸形,并致胸式呼吸受限者,均符合七级伤残。

第四节　气管、支气管与肺损伤及呼吸困难

一、关于气管、支气管与肺损伤以及呼吸困难的标准条款

条款序号	条款内容
5. 1. 2. 4	心肺联合移植术后。
5. 1. 2. 5	肺移植术后呼吸困难(极重度)。
5. 2. 3. 1	呼吸困难(极重度)。

续表

条款序号	条款内容
5.2.3.3	肺移植术后。
5.4.3.2	一侧全肺切除术后。
5.4.3.3	呼吸困难(重度)。
5.6.3.8	两肺叶切除术后。
5.7.3.8	肺叶切除,并肺段或者肺组织楔形切除术后。
5.8.3.8	一肺叶切除术后。
5.8.3.10	呼吸困难(中度)。
5.9.3.4	气管或者支气管成形术后。
5.9.3.18	肺段或肺组织楔形切除术后。
5.9.3.19	肺脏异物存留或者取出术后。
5.10.3.8	肺修补术后。
5.10.3.9	呼吸困难(轻度)。

二、应用说明

(一)解剖、生理与病理生理概要

气管始自口腔、鼻咽,向下分为支气管、小支气管、段支气管、细支气管、终末细支气管,最后至肺泡。支气管分左、右支气管,左主支气管与右主支气管相比较,前者较细长,走向倾斜;后者较粗短,走向略直,所以经气管堕入的异物多进入右主支气管。

肺是人体的呼吸器官,位于胸腔内,左、右两肺分居于膈的上方和纵隔两侧,覆盖心脏。左肺由从后上斜向前下的一条斜裂分为上、下两叶;右肺除斜裂外,还有一条近于水平方向的水平裂,故分为上、中、下三叶。左、右主支气管分为肺叶支气管,进入肺叶。肺叶支气管在各肺叶内再分为肺段支气管,并在肺内反复分支,呈树枝状,形成支气管树。每一肺段支气管及所属的肺组织,称支气管肺段(见表4-4-1)。

表 4－4－1　肺、肺叶与肺段

右肺		左肺		
上叶	尖段(SI)	上叶	尖段(SI)	尖后段(SI＋SII)
	后段(SII)		后段(SII)	
	前段(SIII)		前段(SIII)	
中叶	外侧段(SIV)		上舌段(SIV)	
	内侧段(SV)		下舌段(SV)	
下叶	上段(SVI)	下叶	上段(SVI)	
	内侧底段(SVII)		内侧底段(SVII)	内前底段(SVII＋SVIII)
	前底段(SVIII)		前底段(SVIII)	
	外侧底段(SIX)		外侧底段(SIX)	
	后底段(SX)		后底段(SX)	

肺有双重循环系统，除接收肺循环外，还接收支气管循环的血液供应。

肺、气管、支气管破裂后，血液和气体进入胸膜腔可引起血气胸，气体进入皮下和纵隔可引起皮下和纵隔气肿。

(二)肺移植术后与心肺联合移植术后

1. 概述

(1)肺移植术后

肺移植术是将供体的肺器官移植到受体的手术，是治疗肺终末期病变唯一有效的方法。目前肺移植的形式主要有：心肺联合移植、双侧肺移植、单肺移植、肺叶移植等。

随着肺移植技术、供体保存与围手术期处理的理论、技术、方法的逐步成熟，肺移植术后的生存率有了明显提高。肺移植术后早期的风险是急性感染，晚期是慢性排异及其他并发症。呼吸困难是肺移植术后常见的并发症，其主要原因包括缺血再灌注损伤、气道并发症和排异反应等。

缺血再灌注损伤是原发性移植物衰竭的主要原因，为急性肺损伤的一种。肺移植后，随着肺泡的破坏和血管通透性的增高，致使氧合受损、肺顺应性降低、肺动脉压增高、呼吸困难。

气道并发症包括支气管狭窄、断裂、气管软化等，吻合口狭窄是最常见的并发症。气道狭窄通常伴随呼吸困难、喘鸣及 FEV1 的下降，支气管镜检查可以明确诊断。

排异反应分为急性与慢性两大类：①急性排异是淋巴细胞主导的血管和气道周围的炎症反应，通常发生于移植术后前几个月，是发生慢性闭塞性细支气管炎的主要危险因素。急性排异的临床表现主要包括低热、气短、咳嗽、低氧、白细胞增多、肺功能下降等，但仅依靠临床表现常难以鉴别急性排异与肺部感染，确诊还需结合支气管镜活检。②慢性排异反应是移植术后影响患者长期生存最主要的因素，可分为慢性血管排异和慢性气道排异，慢性血管排异表现为肺血管的硬化，慢性气道排异表现为闭塞性细支气管炎。早期表现以刺激性干咳、活动后呼吸困难等为主，肺功能检查呈阻塞性改变，特别是中期流速的降低；晚期影像学上显示为过度充气或者支气管扩张，肺功能呈现严重的阻塞性通气障碍等。

(2)心肺联合移植术后

心肺联合移植术是指将供体的心肺器官移植到受体上的手术，分为心与一侧肺移植和心与两侧肺移植，主要适用于先天性心脏病继发肺血管病、原发性肺高压和肺囊性纤维化等终末性心肺疾病，是治疗终末期心肺疾病的一种有效方法。

心肺联合移植术后主要包括以下不良反应：①排异。心肺联合移植术后，心和肺的排异既可同时发生，也可各自分别发生。肺排异的出现常较早，多数表现为咳嗽、发热和呼吸困难，呈低氧血症，纤维支气管镜穿刺活检组织病理检查是确诊肺排异的最重要方法。组织学可见肺血管周围淋巴细胞浸润，晚期阶段扩展侵犯肺泡间隔和支气管黏膜，肺泡和支气管纤维化。②感染。心肺移植受体感染的发生率高于单纯心脏移植者，几乎所有感染都有致命危险。术后感染的病原体种类较多，临床上主要表现为细菌性肺炎、巨细胞病毒、卡氏肺囊虫肺炎等。③闭塞性细支气管炎。心肺移植术后远期主要并发症是慢性阻塞性支气管炎样肺病变，是心肺移植患者肺内发生慢性排异反应的结果。临床表现为咳嗽和进行性呼吸困难，组织学特点是肺弥漫性纤维化，终末性支气管向心性狭窄。

2. 鉴定要点

肺移植术后主要根据外伤史、临床表现与手术记录等临床资料进行认定。肺移植术后呼吸困难主要根据被鉴定人的临床症状与体征以及影像学与肺功能检查结果进行综合判断。鉴定中需着重关注的是肺移植与外伤的关系，呼吸困难及其严重程度的判定见本节相关内容。

本标准中的“肺移植术后”原则上应是指双肺移植术后的情形。

心肺联合移植术后的法医学鉴定主要是根据临床资料进行认定。在法医学实践中因损伤导致心肺联合移植进行致残程度等级鉴定的情形相对少见，鉴定重点是准确分析、评价损伤与后果之间的因果关系。

（三）呼吸困难

1. 概述

呼吸困难是呼吸功能不全的一个重要症状，患者主观上感到呼吸过程不适或不畅、空气不足、呼吸费力，客观上表现为呼吸频率、深度和节律改变，严重时出现鼻翼扇动、紫绀、端坐呼吸，辅助呼吸肌参与呼吸活动等。

任何限制肺组织与大气间进行氧气和二氧化碳交换的疾病或损伤都会引起呼吸困难。为了维持机体内环境的稳定、增加氧的供给，患者需用力呼吸，进而表现出呼吸困难症状与体征。

根据病因，呼吸困难可分为以下几类。

（1）肺源性呼吸困难

系因呼吸系统疾病导致肺通气、换气功能不良，肺活量降低，血中缺氧和/或二氧化碳浓度增高而引起。根据呼吸过程中气道狭窄的部位以及气道狭窄处的直径是否随气道内压力的改变，又可分为吸气性、呼气性及混合性三种。吸气性呼吸困难是由于各种原因引起的喉、气管、大支气管的狭窄与阻塞所致，气道狭窄多位于肺外；呼气性呼吸困难是由于肺组织弹性减弱，小支气管痉挛或狭窄所致，狭窄部位在肺内；吸气相及呼气相时气道均狭窄，为混合性呼吸困难。

胸部损伤后，由于肺组织本身因血胸或气胸受压，肺泡、支气管被分泌物阻塞，可使通气、换气功能下降；有时可因多根毗邻肋骨骨折形成反常呼吸运动（连枷胸），损伤后肺组织的切除、肺组织纤维化、胸膜增厚粘连、胸廓骨骼畸形、各级气道病变等，引起缺氧和二氧化碳潴留，也可导致呼吸困难。

（2）心源性呼吸困难

此类呼吸困难主要由左心和/或右心功能不全引起。两者发生机制不同，左心功能不全时呼吸困难的主要原因是肺淤血与肺组织弹性减退，右心功能不全时则为体循环淤血。心源性呼吸困难的特点为运动时发生或加重，休息时缓解或减轻，仰卧位时加重，坐位时减轻。

（3）血源性呼吸困难

重度贫血、高铁血红蛋白血症、硫化血红蛋白血症或一氧化碳中毒等，由于红细胞携氧量减少，血含氧量降低，会引起呼吸减慢加深，心率增快。在大出血或休克时，也可随缺血与血压下降，刺激呼吸中枢引起呼吸困难。

(4)神经性呼吸困难

若颅脑损伤(如脑出血、颅内压增高、创伤性颅脑外伤等)直接伤及或因供血减少、压力刺激等因素累及呼吸中枢,可致呼吸减慢加深,并出现呼吸节律的改变。此外,精神因素,如癔症、焦虑症、过度换气综合征等,也可表现出呼吸困难的症状,被称为精神性呼吸困难。

(5)中毒性呼吸困难

在代谢性酸中毒时(如尿毒症、糖尿病酮症等),血中酸性代谢产物强烈刺激呼吸中枢,致呼吸深、大,可伴有鼾声,称为“酸中毒深大呼吸”。急性感染时机体代谢增加,血液温度升高加之血中酸性代谢产物的作用,可刺激呼吸中枢,使呼吸加快;药物中毒,如吗啡类、巴比妥类等急性中毒时,呼吸中枢受抑制,表现为慢而浅(又称潮式呼吸)的呼吸困难。

2. 检验方法

呼吸困难的检验与程度判定主要依赖肺功能检查,包括通气功能、换气功能、呼吸调节功能及肺循环功能等。近年来,随着科学技术的发展,新的检测技术的出现,使肺功能检测技术得到了很大的发展。

肺功能检查是呼吸系统疾病的必要检查之一,可以显示肺生理与病理生理的改变,判断阻塞性病变、限制性病变和混合性病变。对于早期检出肺、气道病变,对于评估疾病的严重程度、预后、治疗效果以及患者的劳动强度耐受力等方面均有重要意义。

正常成人肺容纳的总气量约为5.0L左右,依年龄、性别、身高和体重而略有差异,正常成人第1秒钟用力呼出的气流量约为3.0L。肺泡与肺毛细血管之间的气体与血液交换膜(亦称血气屏障)平均厚度不足1/1000mm,面积为70~100m^2。在膜的两侧,由于气体(氧与二氧化碳)分压不同,高分压向低分压扩散,构成了有效的气体交换,称为弥散。

(1)肺容量

在呼吸运动中,呼吸幅度不同可以引起肺容纳气量的变化。通过分析肺容量变化与时间的关系,可以了解呼吸动力的功能。主要的肺容量指标包括:①潮气容积(VT),也称基础容积,系在平静呼吸时,每次吸入或呼出的气量;②补吸气容积(IRV),即平静吸气后能够吸入的最大气量;③补呼气容积(ERV),即平静呼气后能够继续呼出的最大气量;④残气容积(RV),即补呼气后肺内不能呼出的残留气量;⑤深吸气量(IC),即平静呼气后能够吸入的最大气量,由潮气容积与补吸气容积组成;⑥肺活量(VC),即最大吸气后能够呼出的最大气量,由深吸气量与补呼气容积组成(正常成人男性参考值为

4217±690mL，女性为3105±452mL，其中右肺约占全肺肺活量的55%）；⑦功能残气量（FRC），即平静呼气后肺内所含有的气量，由补呼气容积与残气容积组成；⑧肺总量（TLC），即深吸气后肺内所含有的总气量，由肺活量与残气容积组成。

潮气容积、深吸气量、补呼气容积和肺活量可用肺功能检查仪直接测定，功能残气量及残气容积则需采用间接的方法。

肺活量减低见于胸廓、肺扩张受限、肺组织损害、气道阻塞等。功能残气量改变常与残气容积改变同时存在。阻塞型肺部疾患，如支气管哮喘、慢性阻塞性肺病等残气容积增加。限制型肺部疾患，如弥漫性肺间质纤维化、肺占位性疾病，肺切除术后肺组织受压等残气容积减少。临床上以残气量/肺总量（%）作为考核指标。

（2）肺通气

肺通气功能测定是单位时间内肺吸入或呼出的气量。主要指标包括：①每分钟静息通气量，是潮气容积与呼吸频率的乘积。正常成人静息状态下每分钟呼吸次数约为15次，潮气容积为500mL，通气量即为7.5L/min。潮气容积中有140mL气体存留在气道内不进行气体交换，称为解剖死腔，故肺泡通气量仅为5.5L/min。平静潮气量的25%来自胸廓肋间肌收缩，75%来自膈肌活动。限制性功能障碍的患者呼吸多呈浅速呼吸，潮气量小、频率快；阻塞性功能性障碍时，呼吸深缓，呼气时间相对更长，但个体之间差异较大。②生理死腔量，是指在呼吸浅快的情况下则解剖死腔通气量相对增高，可进一步影响肺泡通气量，即使进入肺泡的气量也可因局部血流量不足致使气体不能与血液进行充分的气体交换，这部分气体称为肺泡死腔量。肺泡死腔量加上解剖死腔量合称为生理死腔量。③肺泡通气量，其计算公式为[（潮气容积－生理死腔量）×呼吸频率]。肺泡通气量不足，常见于肺气肿，肺泡通气量增加见于过度通气综合征。④最大通气量（MVV），系指单位时间内以尽快的速度和尽可能深的幅度进行呼吸所得到的通气量。一般嘱患者深快呼吸12秒钟，将得到的通气量乘以5即为每分钟的最大通气量。⑤用力肺活量（FVC），是指用最快的速度进行呼气的肺活量，可据此计算第1秒钟呼出的容积和第1秒钟呼出容积占用力肺活量（FEV1）之比。用力肺活量可以反映较大气道的呼气期阻力，正常人3秒内可将肺活量全部呼出，第1、2、3秒所呼出气量各占FVC的百分率分别约为83%、96%、99%。FEV1既是容积测定，也是1秒钟内的平均呼气流量测定（FVC正常成人男性参考值约3179±117mL，女性约2314±48mL；FEV1/FVC%均大于80%）。⑥呼气高峰流量

(PEFR),需在肺总量位时,猛力快速吹向最高呼气流量计,观察最高呼气流速。⑦肺通气血流比率,是衡量气体交换能否正常进行的指标,如每分钟肺通气量和血流量能平均保持在一定比例(4∶5)时,气体交换能正常进行。因肺组织和血流受到重力的影响使肺上、下各部位的通气量和血流量不能完全一致。⑧最大呼气流量--容积曲线(MEFR),是观察由肺总量位呼气至残气容积期间每一瞬间的呼气流量。小气道功能受损时,呼出肺活量的50%以上的流量受到影响,当呼出肺活量的75%时尤为明显。⑨闭合容积(CV),系由肺总量位匀速呼气时,当达到接近残气位、肺底部小气道开始闭合时所能继续呼出的气量。闭合容积与肺活量的百分比值增高表示肺底部小气道提前闭合,可由小气道病变或肺的弹性回缩力下降而引起。

(3)呼吸系统顺应性

呼吸系统顺应性根据其组成部分可分为总顺应性、胸壁顺应性和肺顺应性。主要指标包括:①总顺应性,系肺泡与大气压力差所引起肺容量的改变;②胸壁顺应性,系胸腔与大气压力差所引起肺容量的改变;③肺顺应性,系肺泡与胸腔压力差所引起的肺容量的改变。肺顺应性又可分为静态与动态两种。在呼吸周期中,气流暂时阻断时测得的肺顺应性为静态肺顺应性;而气流未阻断时测得的肺顺应性为动态肺顺应性。前者反映肺组织的弹力,而后者还受气道阻力的影响。

肺顺应性减低主要见于肺纤维化、肺水肿、肺不张和肺炎等使肺扩张受限的肺部疾患。慢性阻塞性肺病时,由于肺泡壁弹力纤维的丧失,肺弹性降低,使肺容量扩张至一定程度所需压力改变较正常肺为低,故肺顺应性增高。

此外,测定呼吸频率增快时(一般为30次/分和60次/分或更快)的动态肺顺应性可作为小气道功能障碍的一项指标。由于病变小气道阻塞,呼吸频率增快时肺顺应性会减低。这种顺应性的改变受呼吸频率的影响,称频率依赖顺应性。

(4)气道阻力

单位流速所需要的压力差。一般以每秒钟内通气量为1升时的压力差(单位为厘米柱)表示。

气道阻力增加见于慢性支气管炎、支气管哮喘急性发作期、肺肿瘤、瘢痕组织或其他原因引起的阻塞性通气障碍。肺气肿时,由于肺弹性对支气管环状牵拽力的减弱,使支气管于呼气时易于陷闭,而引起气道阻力增加。

(5)呼吸功

空气进出呼吸道时,为克服肺、胸壁和腹腔内脏器的阻力而消耗的能量。

肺和胸壁的阻力包括弹性和非弹性阻力。在平静呼吸时,呼吸肌收缩所作的功基本用于吸气时,而呼气时肺弹性回缩力足以克服呼气时空气与组织的非弹性阻力。在平静呼吸时,正常人体总的氧耗量为200～300ml/min,而呼吸器官氧耗量约占总氧耗量5%以下。每分钟通气量增加时,呼吸器官氧耗量占总氧耗量的百分数也随之增加。

(6)血液气体分析

包括动脉血氧分压、血氧饱和度,动脉血CO_2分压测定等。通过酸碱度与血气数值的对比分析,可以反映呼吸生理或病理生理的改变全貌与特点。主要观察内容包括:①弥散功能。肺的主要功能是气体交换,即氧与二氧化碳的交换。肺内气体交换的部位在肺泡,并遵照弥散原则,即气体分子由高分压区域通过肺泡毛细血管膜(血气屏障)弥散至低分压区域,直至气体在膜两侧压力平衡为止。因肺泡气中氧分压较肺泡膜毛细血管中为高,故氧自肺泡弥散至血管中并与血红蛋白结合。而血液中二氧化碳分压较高,故二氧化碳自血中弥散至肺泡。由于二氧化碳弥散能力比氧大20倍,故弥散障碍时主要表现为氧弥散困难,严重时可致缺氧。弥散功能降低主要见于肺间质疾患,如弥漫型肺间质纤维化;其他如肺气肿时,由于肺泡壁的破坏,弥散面积减少,或贫血时血红蛋白减低,也能使肺弥散量减少。②氧的运送。氧在血液中的运送有两种形式,即物理溶解及其与血红蛋白结合,后者是氧在血液中存在和运送的主要形式。氧合血红蛋白占血红蛋白的百分数称血氧饱和度,机体组织氧的供应主要依赖于血氧饱和度。物理溶解的氧仅占动脉血氧含量的1.5%,但血氧饱和度主要依赖于血液中物理溶解的氧分压的改变,这二者之间呈S形曲线关系,这种S形曲线称为氧合血红蛋白解离曲线。当氧分压为90～100mmHg时,动脉血氧饱和度可达95%;当氧分压降至60mHg时,血氧饱和度仍可达90%;如氧分压降至60mmHg以下,则氧饱和度急剧下降。③二氧化碳的运送。二氧化碳在血中的运送主要通过物理溶解、碳酸氢盐及血红蛋白途径三种形式。物理溶解的二氧化碳仅占动脉血二氧化碳总量的5%左右,但对呼吸调节以及体内酸碱平衡起着重要作用。碳酸氢盐约占88%～90%,是血中二氧化碳运送的最主要形式。进入红细胞内的二氧化碳一小部分可形成氨基甲酸血红蛋白,占5%～7%,且作用比碳酸氢盐慢。

(7)运动试验

人体呼吸和循环器官具有较大的功能储备,心肺功能的损害可以在其症状出现之前发生,但运动试验可以较敏感地显示早期肺功能的改变,故有助于早期判断心肺功能障碍的性质与程度。

气短是一常见的症状，运动试验可以鉴别气短是因心肺疾患还是由精神因素所引起，前者通过运动试验可引起心肺功能的改变，而后者则无明显变化；部分哮喘患者通过运动激发试验可引起肺通气功能减低，甚至哮喘发作；早期冠心病患者通过运动激发试验可诱发心电图改变或心绞痛发作等症状。

3. 鉴定要点

呼吸困难的主要临床表现为自觉呼吸费力、气短、氧气不够用，有胸闷不适感，同时呼吸频率增快（>28 次/分），幅度加深或变浅，或伴有周期节律异常，鼻翼扇动，辅助呼吸肌参与呼吸运动，紫绀等。

严重的呼吸困难长时间得不到纠正，可导致重要器官缺氧性病变，如缺氧性脑病等。

呼吸困难的认定主要根据病因、病理学基础和临床表现综合判断，鉴定时需排除短暂的创伤后应激性呼吸浅快、情绪性呼吸波动和癔症性呼吸困难。

呼吸困难的鉴定应注意：(1)呼吸频率加快至 28 ~ 35 次/分，伴有呼吸深度和呼吸节律异常，并呈持续状态，同时伴有缺氧的症状和体征。原则上，每次检测呼吸的时间不少于 30 秒，且多次检测结果基本一致。(2)血气分析 PaO_2 <60mmHg(8kPa)，$PaCO_2$ >50mmHg(6.67kPa)。(3)肺功能测验提示呼吸功能不全，FEV1% <83%。(4)影像学等检查可见导致呼吸困难的器质性损伤或病变，其病变程度与呼吸困难程度基本一致。

呼吸困难的分度见《人体损伤致残程度分级》附录 B.25。此外，肺功能测定结果也是判断呼吸功能损害程度的重要依据（见表 4-4-2），鉴定实践中应予关注。

表 4-4-2 呼吸功能损害程度分级

损害级别	FVC	FEV1	MVV	FEV1/FVC	RV/TLC	DLco
正常	>80	>80	>80	>70	<35	>80
轻度损害	60 ~ 79	60 ~ 79	60 ~ 79	55 ~ 69	36 ~ 45	60 ~ 79
中度损害	40 ~ 59	40 ~ 59	40 ~ 59	35 ~ 54	46 ~ 55	45 ~ 59
重度损害	<40	<40	<40	<35	>55	<45

注：FVC、FEV1、MVV、DLco 为占预计值的百分数。

肺功能测定时应注意的事项：(1)肺功能仪应在校准后使用；(2)对测定对象，测定肺功能前应进行适当的辅导与训练；(3)FVC、FEV1 至少测定两次，两次结果相差不得超过 5%；(4)宜采用各实验室的肺功能的正常预计值公式作为预计正常值。

(四)肺切除术

1. 概述

肺切除术是治疗肺部严重损伤的有效措施之一。一般来说,肺损伤严重无法修补、损伤后肺组织萎缩或肺组织发生炎症、坏死、液化、形成肺脓肿,或造成气管和支气管破裂等应进行肺切除。

根据病损的性质、范围和肺功能的情况,可以选择实施一侧全部肺脏切除术(全肺切除术)、肺部分切除(包括肺叶切除、肺段切除或楔形切除)、两个肺叶切除术或者肺叶加肺段切除。

肺组织楔形切除术不需要解剖和分离支气管与大血管,手术方法简单,特别是由于单肺通气技术的进步与各种各样缝合器的研制、开发,使肺楔形切除术和局部切除术有了长足的进步。

肺切除会直接影响肺泡毛细血管进行气血交换的面积,肺切除的面积越大,对肺功能妨碍也越严重,同时也影响胸腔内血液循环系统的功能,尤其是肺切除后的胸廓成形术可加重呼吸功能障碍的程度。不同肺叶及分段所占肺功能比例参见表4-4-3,但应注意这些数值主要来源于生理学实验结果,实际肺叶或者肺段切除后可能会有代偿改变,不宜直接采用所列数值作为鉴定时的依据,仅供鉴定时参考。

表4-4-3　不同肺叶分段及所占肺功能比例

肺叶	肺段		
	编码	中文名称	肺功能占比
左上叶	S1+2	尖后段	6.0%
	S3	前段	6.0%
	S4	上舌段	4.3%
	S5	下舌段	4.3%
左下叶	S6	背段	6.1%
	S7+8	内前基底段	6.1%
	S9	外基底段	6.1%
	S10	后基底段	6.1%

续表

肺叶	肺段		
	编码	中文名称	肺功能占比
右上叶	S1	尖段	6.9%
	S2	后段	6.9%
	S3	前段	6.9%
右中叶	S4	外侧段	4.5%
	S5	内侧段	4.5%
右下叶	S6	背段	4.9%
	S7	内基底段	4.9%
	S8	前基底段	4.9%
	S9	外基底段	4.9%
	S10	后基底段	4.9%

2. 鉴定要点

肺切除主要根据手术记录和影像学检查(X线、CT)进行认定。鉴定时注意是否存在原发性肺病变,分析判断肺切除的原因、手术指征以及与外伤的因果关系。

(五)肺脏异物存留或者取出术后

1. 概述

肺脏异物存留多数为枪弹伤,或硬物戳穿胸部并残留肺内。肺严重的开放性损伤,石块、砂石等异物也可从创口进入肺内并残留等。

肺内异物留存的症状主要取决于异物种类、性质、大小以及数量等,损伤后可出现胸痛、呼吸困难、咳血、高压性或开放性血气胸,凝固性血胸,失血性休克等。在临床上,往往需要急诊剖胸清创、取出异物,甚至行肺切除术。

2. 鉴定要点

肺脏异物存留或者取出术后主要根据外伤史、伤后临床症状与体征,结合术中所见和/或肺内异物的影像学综合判定。

(六)气管、支气管成形术

1. 概述

左、右主支气管均起自气管隆突,主支气管近端位于纵膈内,远端位于胸腔内。支气管损伤主要为胸部闭合性损伤和医源性损伤二类，胸部闭合性损伤多见于交通事故、胸部撞击伤等，常合并其他严重的损伤；临床上80%以上创伤性支气管裂伤均发生在气管距隆突远端2.5cm处。

支气管成形术包括支气管成形+肺叶切除术，各种肺段支气管成形术、单纯性支气管袖状切除术、支气管瓣修复成形术等。由于肺及肺叶切除术有专门条款规定，因此本标准中的支气管成形术主要指单纯性支气管袖状切除术、支气管瓣修复成形术，不包括支气管成形+肺叶切除术。

气管的成形术包括气管吻合术和人工气管重建术等。

2. 鉴定要点

气管、支气管成形术后，不遗留呼吸困难的，可直接依据相关条款鉴定为九级伤残；成形术后遗留呼吸困难的，若呼吸困难程度所对应的致残程度等级高于肺切除术式所对应的等级，应依照呼吸困难相应条款进行鉴定，但不宜再引用气管、支气管成形术后的条款重复鉴定致残等级。

第五节 食管损伤与吞咽困难

一、关于食管损伤与吞咽困难的标准条款

条款序号	条款内容
5.3.3.1	食管闭锁或者切除术后，摄食依赖胃造口或者空肠造口。
5.5.3.3	食管狭窄，仅能进流质食物。
5.5.3.4	食管损伤，肠代食管术后。
5.7.3.3	食管狭窄，仅能进半流质食物；食管重建术后并发反流性食管炎。
5.8.3.3	食管部分切除术后，并后遗胸腔胃。
5.9.3.5	食管吻合术后。
5.9.3.6	食管腔内支架置入术后。
5.9.3.7	食管损伤，影响吞咽功能。
5.10.3.5	食管修补术后。

二、应用说明

(一)食管狭窄与闭锁及其吞咽困难

1. 概述

(1)食管狭窄与闭锁

食管是消化道中最狭窄的部分,为一前后扁平的肌性器官。食管上端在第6颈椎体下缘平面与咽相续,下端约在第11胸椎体水平与胃的贲门相连接,全长约25cm,具有吞咽等生理功能。按损伤部位分类,食管损伤可分为颈部食管损伤、胸部食管损伤和腹部食管损伤;按损伤性质,可分为机械性损伤和化学性损伤;按损伤发生部位与食管壁的关系,可分为食管腔内损伤和食管腔外损伤。化学性损伤主要为食管腔内损伤。

食管损伤的常见原因有外部创伤、吞咽异物、医源性损伤等,此外,饱餐、酒后剧烈呕吐等可以导致胃及食管腔内压力骤增,同时环咽肌反应性收缩关闭,进而使食管发生破裂的情况,即所谓自发性食管破裂。

胸段食管损伤是最常见的损伤,占食管损伤的50% ~70%;颈段食管位于中央部位,单纯机械性损伤少见,多数合并邻近组织损伤,特别是合并气管损伤(约占50%);腹段食管位置较深,长仅为2 ~3cm,故外伤单独引起该段食管破裂的概率较小,多合并胸腔脏器联合伤。

食管狭窄与闭锁分先天性与后天性两种,先天性食管狭窄与闭锁在临床上十分罕见,常需实施手术治疗。后天性食管狭窄与闭锁多由损伤后瘢痕粘连或肿瘤占位与压迫导致。

食管瘢痕狭窄最常见的原因是吞服强碱或强酸等腐蚀剂所导致的食管化学性灼伤,愈后由于瘢痕组织收缩而致食管管腔狭窄。此外,反流性食管炎、食管创伤和手术以及放射治疗后形成的瘢痕收缩,亦可导致食管狭窄。

食管闭锁或狭窄的主要临床表现为进食不能或吞咽困难,如果食管闭锁或食管切除不能通过手术或重建加以治疗,则往往需要通过胃或空肠造瘘提供营养。

由于食管切除吻合术、食管重建术和食管支架术的广泛开展与应用,食管闭锁或者食管切除术后,需依赖胃造口或者空肠造口摄食的情况比较少见。

(2)吞咽困难

吞咽是指通过口咽部随意肌群的收缩、食管括约肌的松弛以及食管肌节律性蠕动等一系列有顺序而协调的动作将口腔内的食团经咽和食管送入胃内的过程。一般根据食团所经过的部位不同,可将吞咽动作分为口腔期、咽期和食管期。正常人从吞咽开始到食物到达贲门所需时间仅为几秒钟,通常液体约4秒,固体食物6~9秒。如果有食管狭窄、异物、炎症或肿瘤等,食物下咽就会发生困难。

吞咽困难可分为机械性与运动性两类。本节所指的吞咽困难主要是食管损伤或狭窄所造成的机械性吞咽困难。吞咽困难的障碍程度判断主要根据进食流质或半流质食物的情况进行判断。

食管狭窄所致吞咽困难的主要临床表现为进餐后的食物反流,摄取半固体或固体食物时症状更加明显。反流食物进入气管,患者可出现呛咳或发绀。长时间食管狭窄,有些患者可出现营养不良或贫血,此外由于近端食管异常扩大,可以压迫气管或支气管,产生喘息。

2. 检验方法

食管狭窄可通过医学影像学检查明确其部位与程度。常用食管吞钡透视、摄片。此外,食管镜检也是常用的检查方法。

目前临床上常用"洼田吞咽能力评定法"评定吞咽困难的程度,具体方法前已述及,此处不赘。

3. 鉴定要点

食管狭窄所致吞咽困难及其程度的判定主要根据病史、症状以及影像学或者食管镜检查等确认。

食管扩张术是治疗食道狭窄的有效方法。原则上,应在经过食管扩张术治疗后,对食管狭窄所致吞咽困难的情形进行法医学鉴定。

进行此类残情的鉴定时应注意排除各种自身因素引起的食管狭窄,如运动性吞咽困难,特别是弥漫性食管痉挛(又称非括约肌性食管痉挛),后者是一种原因不明的原发性食管神经肌肉功能紊乱疾病,多见于中老年人,尤其是具有神经质的女性。

(二)食管损伤的术式

1. 概述

食管穿孔或破裂,如不及时处理,可发生急性纵隔炎、食管胸膜瘘,甚至死亡。食管损伤的治疗分为手术治疗和非手术治疗,治疗的原则与目的是清除已存在的感染,防止进一步污染周围的组织,恢复食管的完整性和连续性。食管损伤的手术治疗包括食管修补术、食管吻合术、食管重建术、食管支架术等。

(1)食管修补术、食管部分切除术与食管吻合术

食管修补术适用于食管小的穿孔以及小的破裂;食管部分切除适用于较大的损伤或破裂,以及食管狭窄等;食管吻合术适用于食管完全离断或需要切除一段食管的病例。

(2)肠代食管术

肠代食管术是食管部分切除后食管重建的一种术式,分为空肠代食管术和结肠代食管术。

由于结肠血液供应丰富,对酸有一定的耐受力,口径与食管相仿,并且可以满足高位吻合的需要,是肠代食管的首选术式,临床上一般有右半结肠代食管术、左半结肠代食管术、横结肠代食管术。

空肠代食管术是指切取一段带蒂血管的空肠,将其提入胸腔,近端与近段食管、远端与胃吻合的一种手术,用于不能用胃或结肠代替食管的病例。优点是血液循环丰富,肠腔开放后手术野的污染机会少,缺点为耐酸能力差、伸展性差。

(3)食管支架术

食管支架术是治疗食管梗阻一种姑息治疗方法,可提高病人的生存质量,主要用于食管狭窄不适宜其他手术治疗以及外伤性食管瘘不能立即手术修补者。由于支架本身是异物,因此不适于在病人体内长期存放。

2. 鉴定要点

应根据临床资料确认食管损伤以及因食管损伤所实施手术的类型。

本标准中的“食管部分切除术后,并后遗胸腔胃”是指食管部分切除术后行食管上提胃在胸腔行食管—胃吻合术的情形。

食管手术主要的并发症有反流性食管炎、吻合口狭窄等。如合并反流性食管炎、吻合口狭窄等可以依据相关条款进行评定。

(三)食管重建术后并发反流性食管炎

1. 概述

(1)食管重建术

食管壁由黏膜、黏膜下层、肌层和外膜四层组织环绕构成,并在颈部、胸部和腹部分别有三个生理性狭窄。正常的食管解剖结构可以防止胃—食管反流,特别是食管下端括约肌和膈肌是防止胃食管反流的最重要生理结构,即距胃贲门4~6cm长的食管腔内压力一般比胃内压力高,起到了天然的“阀门”作用。但如果食管及其邻近组织结构或功能异常时,胃内的食物与胃酸就容易反流到食管,引起食管炎症、食管糜烂甚至食管溃疡和纤维化等

病变。

食管重建术是指食管损伤后实施重新连接食管或者食管与肠胃道的手术，其目的在于重建进食通道。

食管重建术可能改变食管本身的正常生理结构，故部分患者术后会出现反流性食管炎的临床表现，长期反流性食管炎又可以导致食管狭窄，进一步造成吞咽困难。

（2）反流性食管炎的临床表现

反流性食管炎主要包括以下临床表现：①胸骨后烧灼感或疼痛。多在进食后1小时左右发生，半卧位、躯体前屈或剧烈运动可诱发，在服用制酸剂后多可消失，而过热、过酸食物则可使症状加重。胃酸缺乏者，烧灼感主要由胆汁反流所致，服制酸剂的效果可能不明显。烧灼感的严重程度不一定与病变的轻重一致。严重食管炎尤其瘢痕形成后，可无或仅有轻微烧灼感。②胃—食管反流。每于餐后、躺体前屈或夜间卧床睡觉时，有酸性液体或食物从胃、食管反流至咽部或口腔。此症状多在胸骨后烧灼感或烧灼痛发生前出现。③吞咽困难。初期常可因食管炎引起继发性食管痉挛而出现间歇性咽下困难。后期则可由于食管瘢痕形成狭窄，烧灼感和烧灼痛逐渐减轻而成为永久性咽下困难，进食固体食物时可在剑突处引起堵塞感或疼痛。④出血与贫血。严重食管炎者可出现食管粘膜糜烂而致出血，多为慢性少量出血，长期或大量出血可导致缺铁性贫血。

2. 检验方法

测定食管内的酸碱度值以及食管内压，是简单易行的检验方法。采用内镜下观察食管粘膜的方法，有助于判断反流性食管炎的部位及严重程度：①0级，内镜下所见并无异常（可有组织学改变）；②Ⅰa级，点状或条状发红、糜烂仅限于1处；③Ⅰb级，点状或条状发红、糜烂≥2处；④Ⅱ级，有条状发红、糜烂，并有融合，但并非全周性，融合范围<75%；⑤Ⅲ级，病变广泛，发红、糜烂融合并呈全周性，融合范围≥75%。

3. 鉴定要点

食管重建术主要是根据临床资料进行认定，食管重建术后并发反流性食管炎主要根据术后临床表现、食管内pH值和食管内压力测定以及食管镜检查所见等综合判断。反流性食管炎食管内pH值一般小于3，食管内压力小于1.3ka（10mmHg）。

第六节　心脏损伤与心功能障碍

一、关于心脏损伤与心功能障碍的标准条款

条款序号	条款内容
5.1.2.1	心功能不全，心功能Ⅳ级。
5.1.2.2	严重器质性心律失常，心功能Ⅲ级。
5.1.2.3	心脏移植术后，心功能Ⅲ级。
5.2.3.2	心脏移植术后。
5.3.3.2	心功能不全，心功能Ⅲ级。
5.4.3.1	严重器质性心律失常，心功能Ⅱ级。
5.6.3.4	心脏瓣膜置换术后，心功能不全。
5.6.3.5	心功能不全，心功能Ⅱ级。
5.6.3.6	器质性心律失常安装永久性起搏器后。
5.6.3.7	严重器质性心律失常。
5.8.3.7	心脏或者大血管修补术后。
5.9.3.12	心脏损伤后心功能不全，心功能Ⅰ级。
5.9.3.13	冠状动脉移植术后。
5.9.3.14	心脏室壁瘤。
5.9.3.15	心脏异物存留或者取出术后。
5.9.3.16	缩窄性心包炎。

二、应用说明

(一)心功能不全

1. 概述

(1)解剖与生理

心血管由心脏、动脉、静脉和毛细血管组成，其内有血液循环流动，推动血液流动的动力是心脏。心脏位于胸腔的纵隔内，居左、右两肺之间，外面裹有

心包，约2/3在身体中线的左侧，1/3在中线的右侧。心脏上方与大血管肺动脉干、主动脉、上腔静脉、肺静脉等相连，下方与膈相邻。

心脏有右心房、右心室、左心房、左心室四个腔。左、右心有中隔分开互不相通，同侧的房与室间均借房室口相通。心房接受静脉，心室发出动脉，在房室口和动脉口处均有瓣膜，它们在血液流动时起阀门样作用，保证血液在心内单向流动。

动脉由心室发出，运送血液到全身各部位，动脉在到达身体各部位的路途中不断发出分支，最后在组织间和细胞间移行为毛细血管。

静脉是引导血液流回心房的血管。小静脉起源于毛细血管，在回心过程中，最后汇成大静脉注入心房。

心脏的损伤分为开放性损伤和闭合性损伤。由于创伤性心血管检查和介入性治疗以及心脏胸外按压等的广泛应用，医源性心脏损伤也有逐渐增加趋势。

心脏及心包内大血管创伤，常因大出血或急性心脏填塞而危及生命，因此往往需要迅速地外科干预。

(2)临床表现及其分类

心功能不全是指由于各种原因造成心肌收缩能力下降，心脏排出的血液不足以维持组织代谢需要的一种病理状态。心功能不全按其发展进程分为急性心功能不全和慢性心功能不全；按发作的部位分为左心功能不全、右心功能不全和全心功能不全；按发生的机制分为收缩功能不全性心功能不全和舒张功能不全性心功能不全等。

心功能不全的常见症状有心悸、气短乏力、呼吸困难、静脉怒张、肝脏肿大、尿少浮肿等。左心功能不全临床表现为肺淤血、不能平卧、呼吸困难、四肢无力、头晕、活动后心慌、气促等；右心功能不全临床表现为双下肢肿胀、腹胀、肝脾淤血肿大，甚至出现胸腔积液和腹水。

根据本标准附录B.26之规定，心功能可分为四级：①Ⅰ级，体力活动不受限，日常活动不引起过度的乏力、呼吸困难或者心悸。亦称心功能代偿期。②Ⅱ级，体力活动轻度受限，休息时无症状，日常活动即可引起乏力、心悸、呼吸困难或者心绞痛。亦称Ⅰ度或者轻度心衰。③Ⅲ级：体力活动明显受限，休息时无症状，轻于日常的活动即可引起上述症状。亦称Ⅱ度或者中度心衰。④Ⅳ级：不能从事任何体力活动，休息时亦有充血性心衰或心绞痛症状，且在任何体力活动后均有加重。亦称Ⅲ度或者重度心衰。

2. 检验方法

(1)常用检验方法

心功能检测常用技术分为电生理检测技术和泵功能检测技术。心脏电生理检测技术包括心电图、心电向量图、心磁图、心脏传导系统检测技术等。心泵功能检测技术包括心机械图、阻抗图、超声心动图、心音图、心导管技术等。

影像学检查可显示出心影的大小及外形,根据心脏扩大的程度和动态变化可间接反映心功能;超声心动图检查可提供更准确的心腔大小、心瓣膜结构以及功能等情况。心导管检查可以发现心脏结构异常,测定心脏及大血管的压力、血氧含量及饱和度、心血排出量和血流阻力等。

(2)射血分数

心室射血完毕时心室尚有一定量的余血,心室血搏出量所占心室舒张期容积的百分比被称为射血分数(EF)。正常成人静息状态下,心室舒张期的容积左心室约为145mL,右心室约为137mL,搏出量为60~80mL。射血分数与心肌的收缩能力有关,心肌收缩能力越强,则每搏输出量越多,射血分数也越大。正常情况下左室射血分数为≥50%,右心室射血分数为≥40%;若小于此值即为心功能不全。

(3)BNP定量检测

BNP即脑钠钛,此处主要是B型BNP,多来源于心室,其含量与心室压力、呼吸困难的程度及激素调节水平密切相关,可以作为心衰定量标志物,有助于诊断心功能不全、判断预后。血浆BNP≥100ng/L可以作为判定存在慢性心功能不全的指标,≤50ng/L可以排除存在心功能不全。

3. 鉴定要点

根据外伤史、临床表现、心功能客观检查,尤其关注心脏射血分数、BNP、心电图、超声心动图、X线显示的心胸比等检查结果,确认心功能不全的原因、类型和程度。损伤与心功能不全之间因果关系的认定是鉴定的关键。

心脏损伤、胸内大血管损伤或肺脏损伤,包括主要后遗病变如室壁瘤或血管瘤,可引起急性或慢性心功能不全。由于所涉及的伤残等级评定主要为慢性心功能不全的评定,因此鉴定时限应在心功能稳定后进行,至少为损伤后3~6个月以上为宜。

(二)心脏与大血管损伤

1. 概述

(1)分类与表现

心脏与大血管损伤分为闭合性损伤和开放性损伤。心脏闭合性损伤分为直接外力作用所致和间接外力作用所致二种。直接外力损伤的机制为心脏与前胸壁或脊柱撞击,或心脏被挤压于前胸壁和脊柱之间;间接外力损伤的多见于腹部被挤压,由于大量血液突然被挤入心脏所致。

心脏挫伤的病理变化多种多样,从小面积的瘀点或瘀斑到全层心肌的挫伤,或伴有心肌破裂的挫伤。心脏破裂多发生在心脏的游离壁或室间隔。

无论直接外力和间接外力都可以使血管内压力显著升高,并损伤心脏瓣膜。最常受损的心脏瓣膜是主动脉瓣,主动脉瓣损伤后血液反流又会继发充血性心功能不全。

房室瓣损伤少见,通常发生于严重的心脏创伤,二尖瓣瓣膜破裂所引起的血流动力学改变,类似于主动脉瓣损伤。

乳头肌或腱索断裂较心脏瓣膜损伤多见,心脏挫伤可产生继发性二尖瓣或三尖瓣反流性的乳头肌功能不全,其后果与心脏损伤的部位密切相关。如损伤右心系统,一般可很好地耐受,而损伤左心系统,其高压状态很可能会导致严重的血流动力学改变。

此外,心脏受到强烈的震荡,也可发生严重的心律紊乱和功能障碍。

心脏挫伤愈合后,通常遗留微小的瘢痕或心功能损害。大面积的心脏挫伤会引起心排血量下降,广泛的心肌坏死,甚至心脏破裂。极少数患者会出现充血性心力衰竭和心脏室壁瘤,心脏室壁瘤又可引起心律失常、充血性心力衰竭、心脏破裂和附壁血栓等。此外,局部心肌坏死和累及心脏传导系统还可以产生各种传导障碍。

心脏开放性损伤常损伤心脏游离壁,但也可导致心脏瓣膜、腱索、乳头肌、房间隔或室间隔、冠状动脉及传导系统损伤。心脏开放性损伤按心脏结构受损概率,依次是心脏游离壁、右心室、左心室、右心房和左心房。心脏开放性损伤可以是单处损伤,也可是多处损伤或合并大血管的损伤。

心脏开放性损伤的病理生理变化和临床表现取决于伤口的大小、部位及损伤的类型。

大血管损伤与心脏损伤相似,钝器、锐器和火器均可以导致。钝器所致最常见的大血管损伤是主动脉破裂,最常见的部位是左锁骨下动脉起始处远端(主动脉峡部)的降主动脉和贴近主动脉瓣上端的升主动脉。此外,无名动脉、颈动脉、左锁骨下动脉以及腔静脉也可因损伤破裂或撕脱。

大血管损伤除出血外,还可以形成假性动脉瘤和动静脉瘘,动静脉瘘又可引发充血性心力衰竭。

心包合并心肌损伤,可出现心包内出血,心包撕裂伤有时会出现心脏疝。

心包内出血和心包积液，超声心动图检查可明确。此外，心包损伤还可导致创伤后心包炎。

创伤后心包炎类似于心脏术后的心脏切开手术后综合征，约占所有心脏贯通伤病例的20%。

（2）临床主要治疗方法

①心脏移植术，是指将已判定为脑死亡并配型成功的人类心脏完整取出，植入所需受体胸腔内的同种异体移植手术。主要是针对晚期充血性心力衰竭和严重冠状动脉疾病的外科手术，是作为挽救终末期心脏病患者生命和改善其生活质量的一种治疗手段。

心脏移植术不是心脏病的常规治疗方法，心脏移植术后的并发症有感染、败血症、供心衰竭、出血、冠状动脉粥样硬化、慢性肾衰竭、免疫排斥反应以及长期应用免疫抑制剂的副作用等。

据文献报道，目前我国心脏移植手术三年生存率大于90%，五年生存率大于85%。

②心脏瓣膜置换术，是采用由合成材料制成的人工机械瓣膜或用生物组织制成的人工生物瓣膜替换心脏原有瓣膜的手术，简称换瓣。生物瓣具有良好的血流动力学特性，血栓发生率低，不必终身抗凝，但由于瓣膜寿命问题，多数患者需二次手术；机械瓣具有较高的耐力和持久性，但是须终身抗凝，且易发血栓栓塞和出血等。

心脏瓣膜病变主要为瓣膜狭窄和瓣膜关闭不全，轻度的瓣膜狭窄或关闭不全，一般不需要进行瓣膜置换手术，只有瓣膜病变严重，其他治疗手段无效的情况下，才选择瓣膜置换术。

③心脏或者大血管修补术，用于外伤性心脏破裂。心脏破裂可在伤后立即发生，也可于1～2周内因挫伤区软化坏死而引起延迟性或继发性破裂。左心室破裂将于数分钟内死亡，右心室破裂可在30分钟内死亡，心房破裂可以生存较长时间。在临床上，心脏或大血管破裂的患者需及时进行修补术，对有血流动力学改变的严重心脏瓣膜损伤的患者，应进行瓣膜修补术或瓣膜置换术。

④冠状动脉移植术。冠状动脉分为左冠状动脉（左主干）和右冠状动脉，左冠状动脉又分出前降支和回旋支。临床上将左前降支、回旋支和右冠状动脉称为心脏的“三支血管”。

左冠状动脉供血范围主要为左心房和左心室供血，右冠状动脉血供范围为右心室、右心房和后室间隔；上述冠状动脉之间有侧支循环，当一根血管堵塞时,可能另一根血管通过侧支循环,供应病变血管堵塞以远的冠状动脉。

冠状动脉损伤后的临床表现与受损部位有关。小分支损伤可无症状,也无明显的心电图改变,大分支或主干损伤则表现为急性心肌梗死或心脏压塞。

冠状动脉破裂一旦确诊,应立即手术处理,较小的冠状动脉损伤可直接缝合或用止血剂压迫止血,大的冠状动脉破裂或内膜撕裂出血可引起低血压或心肌缺血,应行冠状动脉移植术。

冠状动脉移植术,在临床上多为冠状动脉旁路移植术,即冠状动脉搭桥术,简称“冠脉搭桥术”。其方法为用移植的血管即桥血管(常为大隐静脉及带蒂的乳内动脉,也有用桡动脉、带蒂胃网膜动脉和其他肢体动静脉)在升主动脉根部与病变冠状动脉梗阻以远建立一条血管通路,使心脏搏出的血从主动脉经过所架的血管桥,绕过冠状动脉病变部位,流向冠状动脉狭窄或梗阻处的远端,到达缺血的心肌,从而提高冠脉灌注,增加心肌氧供。带蒂动脉不必与升主动脉根部相接。手术可在心脏停搏下进行,需使用体外循环,也就是传统的冠状动脉搭桥术(CABG);也可在跳动的心脏上进行,即“非体外循环下”的冠状动脉搭桥术(off-pump CABG,即 OPCAB 或 OPCABG)。目前国内非体外循环下搭桥术例数超过体外循环下搭桥术例数。

冠状动脉搭桥术的预后取决于多种因素,如桥血管、靶血管的质量,显微外科吻合技术,患者的血糖、血压、血脂的控制满意度等。冠状动脉搭桥术后桥血管阻塞是比较严重的并发症,成功的手术通常能维持静脉桥 10 年(60%以上)、乳内动脉桥 15 年(90% 以上)的通畅率。

2. 鉴定要点

心脏与大血管的损伤主要根据外伤史、临床表现和影像学检查等确认。对于心脏移植、心瓣膜的修补与移植、冠状动脉移植术以及心脏与大血管的修补术等,主要根据临床病历特别是手术记录等临床资料进行认定。法医学鉴定时要注意分析、判断因果关系,排除因自身疾病进行治疗的可能。

(三)器质性心律失常

1. 概述

(1)病理生理概要

心律失常是指心脏活动的形成和(或)传导异常所引发的心脏搏动频率或节律的异常。心律失常是一种常见的临床综合征,与心脏的解剖结构、心肌的电生理特性密切相关。

心律失常可由各种心血管病、药物中毒、电解质和酸碱平衡失调等因素造成,也可因植物神经功能紊乱所诱发。

心律失常的发生机制主要有冲动形成的异常和冲动传导异常，冲动传导折返是所有快速心律失常中最常见的发生机制。

(2)分类

心律失常的常见类型包括以下几类：

①窦性心动过速：窦性心律，心率>100次/分，并长时间搏动过快。常见于运动、情绪激动、发烧、甲状腺机能亢进以及心力衰竭等情况，某些药物如阿托品和肾上腺素等也可以引起窦性心动过速。

②窦性心动过缓：窦性心律，心率<60次/分，并长时间搏动过慢。可见于运动员和老年人，也发生于颅内压增高以及某些器质性心脏病。

③房性或室性早搏：又称期前收缩，简称早搏，是心脏某一部位过早地形成冲动所引起的心脏搏动。根据发生部位不同分为房性早搏、交界性早搏和室性早搏。

早搏可见于各种器质性心脏病、电解质紊乱及服用洋地黄类药物等情况，正常人也可以出现早搏，往往与精神紧张、消化不良和饮用含咖啡因的饮料等有关。

④心房扑动与心房颤动：心房扑动时，心率常在220~360次/分，一般不能全部下传心室，由于生理性房室阻滞而形成2∶1或3∶1下传，偶有1∶1房室传导者。心房颤动为心房极速心律失常，频率为350~600次/分，心室节律不齐，频率为120~160次/分。心房扑动和心房颤动常见于风湿性心脏病、甲状腺功能亢进、冠心病、心肌病和高血压性心脏病等，也有不少心房颤动患者的发病原因不明。

⑤室上性阵发性心动过速：阵发性快速而规则的异位心律，心率一般在160~220次/分，但也有慢至130次/分或快达300次/分的。按发生机制可分为心房性、房室结折返性和房室旁路折返性三类，常见于无器质性心脏病者，也可见于风湿性心脏病、心肌病、冠心病等。

⑥室性心动过速与心室颤动：连续3个以上的室性早搏为室性心动过速，多见于器质性心脏病患者。持续性室速为持续时间在30秒以上或30秒内发生严重血流动力学障碍者，非持续性室速指30秒内自行终止者。

扭转型室速是一种特殊类型室速，多见于长QT综合征，分先天性和获得性两类。室速若不及时治疗可转为心室颤动，心室颤动是最严重的心律失常，需立即进行电除颤转复心律。

(3)器质性心律失常及其严重程度的认定

器质性心律失常是指因心脏器质性病变所引起或并发的心律失常，心脏器质性病变包括心脏结构的异常和心肌的病变。

严重器质性心律失常是指因器质性心脏疾病所引起的严重血液动力学障碍、短暂意识丧失或猝死等危急状态的心律失常，也称为恶性心律失常。

所谓血液动力学改变主要指心功能不全、低血压、冠状动脉缺血等。此类严重心律失常常见于病态窦房结综合征、频发早搏、室性阵发性心动过速、扑动与颤动、永久性房室传导阻滞（Ⅱ级以上）等。

（4）临床治疗

心律失常的治疗分为病因治疗和非病因治疗、发作治疗与预防治疗。病因治疗包括纠正心脏病理改变、调整异常病理生理功能（如冠脉动态狭窄、心泵功能不全、自主神经张力改变等），以及去除导致心律失常发作的其他诱因（如电解质失调、药物不良副作用等）。

非病因治疗分为药物治疗和非药物治疗两方面。缓慢心律失常一般选用增强心肌自律性和（或）加速传导的药物，快速心律失常则选用减慢传导和延长不应期的药物。

非药物治疗包括电复律、电除颤、电消融、射频消融与冷冻或激光消融以及反射性兴奋迷走神经、安放心脏起搏器、手术治疗等。

2. 鉴定要点

法医学鉴定时应详细了解发作时心率、节律，发作起止与持续时间。发作时有无低血压、昏厥、抽搐、心绞痛或心力衰竭等表现，以及既往发作的诱因、频率和治疗经过等。

器质性心律失常临床检查应注意寻找高血压、冠心病、瓣膜病、心肌病、心肌炎等器质性心脏病变的证据。电生理检查除能确诊心律失常的类型外，还能确定心律失常起源部位，评价药物与非药物治疗效果。运动试验可在心律失常发作间歇时诱发心律失常，有助于间歇发作心律失常的诊断。

法医学鉴定时需分析和判断原发性损伤与心律失常之间的关系，排除自身或既往病变所致的心律失常。

鉴定实践中，把握严重器质性心律失常的认定，除前述原则以外，还可以观察有无下列情况，综合判定：（1）器质性心律失常，心功能不全未达到Ⅱ级；（2）器质性心律失常，出现过短暂意识障碍；（3）心律失常导致冠状动脉供血不足或低血压者。

（四）器质性心律失常安装永久性起搏器

1. 概述

心脏起搏器是一种植入于体内通过脉冲发生器发放电脉冲，刺激电极所接触的心肌,使心脏激动和收缩,从而治疗某些心律失常的电子治疗仪器。

永久性心脏起搏器是治疗各种原因引起的不可逆心脏起搏和传导功能障碍的主要方法。

安装永久性心脏起搏器的一般适应证包括:(1)严重的心跳过慢。心脏停跳3秒以上或心率经常低于40次,尤其是出现眼前发黑、突然晕倒的患者。(2)心脏收缩无力。损伤破坏了心肌或改变了其原有形态所导致的心肌收缩无力。心脏收缩无力会引起心脏泵血不足,心脏泵血不足就会导致身体各部分无法获得充足的新鲜血液,造成头晕、胸闷、乏力等各种症状。如药物治疗无效,可以在心脏各部分安装多个起搏器,同步产生多个电刺激命令,帮助心肌收缩。(3)心跳骤停。一些损伤可引发心跳骤停或致命性恶性室性心律失常(如快速室性心动过速、心室颤动),安装具有除颤器功能的起搏器可以恢复心脏有规律的跳动。在某些心脏病综合治疗中(颈动脉窦高敏综合征、血管迷走性晕厥、特发性Q—T延长综合征、预防快速房性心律失常等),安装起搏器是唯一的治疗手段。

根据中华医学会2002年制定的安装永久性心脏起搏器的指南,按起搏器治疗的需要程度分为三类:(1)第Ⅰ类,有证据和/或一致认为需要植入永久性起搏器;(2)第Ⅱ类,经常使用起搏器但对是否有必要植入尚有意见分歧,其中Ⅱa类为证据/意见的倾向有用/有效,Ⅱb类为还不能由证据/意见明确说明有用/有效;(3)第Ⅲ类,一致认为不需要使用起搏器。Ⅰ类相当于绝对适应证;Ⅱ类相当于相对适应证,Ⅱa倾向于安装,Ⅱb倾向于不安装;Ⅲ类相当于非适应证。

根据中华医学会心电生理和起搏分会心脏起搏学组关于《植入型心脏起搏器的适应证及起搏方式选择的建议》将植入心脏起搏器的适应证分为三类,并认为植入永久性心脏起搏器的适应证主要是"症状性心动过缓"。所谓症状性心动过缓是指由于心率过于缓慢,导致心排出量不足及重要器官和组织灌注不足而引起的一系列症状,特别是脑供血不足引起的症状,如晕厥发作、近似晕厥、黑朦等。

2. 鉴定要点

器质性心律失常安装永久性起搏器,主要根据外伤史、临床表现和安装永久性起搏器临床资料等认定。鉴定时注意外伤与心律失常之间因果关系的分析与判断,排除自身疾病等原因所致的心律失常,必要时还应注意排除临床过度医疗的影响。

（五）缩窄性心包炎

1. 概述

（1）病理生理概要

缩窄性心包炎是由于心包慢性炎症所导致心包增厚、粘连甚至钙化，致使心脏舒张、收缩受限，心功能减退，进而引起全身血液循环障碍的一种疾病。

缩窄性心包炎继发于急性心包炎，多数由结核性心包炎，其次为化脓性和创伤性心包炎演变而来。少数与心包肿瘤、急性非特异性心包炎、放射性心包炎等相关，也有部分患者病因不明。

缩窄性心包炎是一种进行性加重的慢性疾病，多因衰竭、腹腔积液及周围水肿或严重心脏并发症而致残或死亡。积极防治急性心包炎可以避免发展至心包缩窄，早期施行心包切除术可避免发展到心源性恶液质、严重肝功能不全、心肌萎缩等。少数患者因病程较久，有明显心肌萎缩和心源性肝硬化而预后不佳。

（2）临床表现

缩窄性心包炎的主要临床表现包括如下症状、体征，并可以通过辅助检查加以明确。

①症状：常感觉疲乏、呼吸困难、体重增加、腹部不适、恶心及腹围增大。

②体征：包括腹水、肝大脾大，水肿、衰竭等，易被误诊为肝硬化。主要体征有：a. 血压低，脉搏快，1/3 出现奇脉，30% 并发心房颤动。b. 静脉压明显升高，即使利尿后静脉压仍保持较高水静脉压增高，表现为深的 Y 波降支或常见的深的 X 波降支，吸气时静脉压不升高（Kussmaul 征阳性）；但在限制性心肌病、右心衰竭、心肌梗死、三尖瓣狭窄等情况下也会出现，因此 Kussmaul 征不具有特异性。c. 心脏视诊见收缩期心尖回缩，舒张早期心尖搏动，触诊有舒张期搏动撞击感，叩诊心浊音界正常或扩大，胸骨左缘 3 ~ 4 肋间可听到心包叩击音。心包叩击音，出现的时相接近第三心音，具有特异性。d. 如黄疸，肺底湿啰音，肝大，腹腔积液比下肢水肿更明显，与肝硬化表现相似。

③辅助检查：X 线检查示心影大小正常，左右心缘变直，主动脉弓小或难以辨认；上腔静脉常扩张，有时可见心包钙化；CT 有助于鉴别缩窄性心包炎与限制性心肌病；MRI 可以准确地测量心包增厚的程度并且可以明确其解剖定位；心电图检查可见 QRS 低电压、T 波低平或倒置；超声检查可见心包增厚、室壁活动减弱等，但均为非特异且恒定的征象，其诊断价值较心包积液为低；右心导管检查特征性表现是肺毛细血管压力、肺动脉舒张

压力、右心室舒张末期压力、右心房压力均升高且都在同一水平，右心房压力曲线呈M或W波形，右心室收缩压轻度升高，呈舒张早期下陷高原形曲线。

心导管检查可以鉴别是否心包疾病，发现隐蔽的缩窄，诊断渗出—缩窄性心包炎，并可鉴别冠状动脉疾病、心肌病和瓣膜疾病。

④临床演变：心包缩窄形成的时间长短不一，通常将急性心包炎发生后1年内演变为心包缩窄者称急性缩窄，1年以上者称为慢性缩窄。演变过程主要有三种形式：a. 持续型。急性心包炎经治疗后在数天内其全身反应和症状如发热、胸痛等可逐渐缓解，甚至完全消失，但肝大、颈静脉怒张等静脉淤血体征反而加重。在这类患者中很难确定急性期和慢性期的界限，这与渗液在吸收的同时，心包增厚和缩窄形成几乎同时存在有关。b. 间歇型。心包炎急性期的症状和体征可在一定时间完全消退，但数月后重新出现心包缩窄的症状和体征。这与心包的反应较慢，在较长时间内形成缩窄有关。c. 缓起型。急性心包炎的临床表现较轻甚至无病史，但有渐进性疲乏无力、腹胀、下肢水肿等症状，在1～2年内出现心包缩窄。

2. 鉴定要点

典型缩窄性心包炎根据临床表现及实验室检查诊断并不困难。临床上常需要与肝硬化、充血性心力衰竭及结核性腹膜炎相鉴别。限制型心肌病的临床表现和血流动力学改变与本病很相似，两者鉴别有时十分困难，必要时需通过心内膜心肌活检来诊断。

渗出—缩窄性心包炎相对少见，表现为增厚的心包之间出现心包积液。其血流动力学的改变和心脏压塞、缩窄性心包炎一致。

损伤致缩窄性心包炎为九级伤残，如合并心功能不全或心律失常等可以依据相关条款进行鉴定。

(六)心脏异物

1. 概述

各种损伤造成人体组织器官内存留非本组织器官的物质，称异物存留。证实异物存留须由客观检查支持，如影像学检查(包括X光、CT、MRI及B超等)。

异物存留于心脏多为盲管性枪弹伤所致，也有少数锐器穿透心脏后留存，或异物沿周围静脉等血流带到心脏者。个别异物由于吞咽穿透食管而进入心脏。常见的异物有子弹、弹片、缝针、尖刀和心导管断端等。

心脏异物可存留在心包腔内、心肌内、心腔内及心室间隔等处，常并发心包积血或急性心脏压塞、心肌溃破、感染、周围动脉或肺栓塞等。

对于有临床症状的异物，以及无临床症状异物但存在游走和再损伤潜在危险的均应手术摘除；对于单纯细小异物，如体积小于 $1\times1\times1cm^3$，边缘光滑，位置固定无感染、无症状者可进一步观察，不需要马上手术。

心脏异物若未伤及心脏重要结构，摘除后对心功能无明显影响，预后较好。如伤及传导组织，发生完全性房室传导阻滞，则需安置心脏永久起搏器。另外，心包或心壁内广泛细小金属异物存留，晚期可发生缩窄性心包炎。

2. 鉴定要点

心脏异物留存认定主要根据心脏穿透伤的病史和影像学检查确认。胸部X线片可以明确诊断，双相或多体位X线片、CT及二维超声心动图检查有助于异物定位。二维超声心动图检查和MRI对于非金属异物的诊断和定位具有特殊的意义。

心脏异物手术摘除的认定主要依据临床资料特别是手术记录判断。

损伤致心脏异物存留或者取出术后为九级伤残，合并心律失常的可以依据器质性心律失常的相关条款进行鉴定。

（七）心脏室壁瘤

1. 概述

（1）病理生理概要

心脏室壁瘤是心肌梗死的后遗症之一，其发生机制为梗死区愈合过程中心肌由结缔组织替代，变成无收缩力的薄弱纤维瘢痕区，由于不能像正常心肌承受心腔内的压力，向外呈囊状膨出而形成，故又称心室壁膨胀瘤。

室壁瘤分为真性室壁瘤和假性室壁瘤，真性室壁瘤为心肌全层病变，瘤壁含有纤维组织，伴或不伴散在的心肌细胞。假性室壁瘤是左心室缓慢破裂后由周围心包组织包裹形成的瘤样结构。假性心脏室壁瘤的瘤壁由纤维性心包（不是来自左心室心肌梗死与愈合）构成，假性室壁瘤的腔通常充满陈旧的和新鲜的大血凝块。高血压和类固醇及非类固醇抗炎症药物的应用可能促进假性室壁瘤形成。

心脏室壁瘤多见于大面积的心肌梗死，心肌梗死后真性室壁瘤的发生率为5%～10%，透壁性心肌梗死比内膜下心肌梗死多见。4/5的室壁瘤累及左心室的前壁心尖部，发生率比下壁或后壁高4倍。真性室壁瘤破裂罕见，而假性室壁瘤破裂常见，通常需要紧急的外科修补。

室壁瘤严重影响心脏功能，不积极治疗，患者最终会因心力衰竭等原因死亡。外科手术切除室壁瘤是最积极有效的治疗措施，但室壁瘤手术难度大、风险大、死亡率和并发症发生率高。

(2)临床表现

较小的室壁瘤常无症状,室壁瘤较大者会出现心功能不全、恶性室性心律失常,附壁血栓脱落等。体格检查可见左侧心界扩大,心脏搏动范围较广,可有收缩期杂音。瘤内发生附壁血栓时,心音减弱。

X线透视、摄影、超声心动图、放射性核素心脏血池显像以及左心室造影等可见局部心缘突出,搏动减弱或有反常搏动。心电图上ST段持续抬高,病理性Q波常见。

核素扫描和正电子断层扫描(PET)检查对于鉴别心梗早期真性室壁瘤具有重要意义,磁共振检查(MRI)可以发现室壁瘤和血栓。

2. 鉴定要点

根据心脏外伤史、临床表现和影像学检查确认。法医学鉴定时需要排除先天性心脏畸形及自身心脏疾病。

损伤致心脏室壁瘤为九级伤残,对于合并心功能不全、心律失常等以及需要手术修补或室壁瘤切除、心脏移植的,依照相应条款进行鉴定。

第七节 女性乳房损伤

一、关于女性乳房损伤的标准条款

条款序号	条款内容
5.6.3.3	女性双侧乳房完全缺失。
5.7.3.5	女性双侧乳房大部分缺失或者严重畸形。
5.7.3.6	未成年或者育龄女性双侧乳头完全缺失。
5.8.3.4	女性一侧乳房完全缺失;女性双侧乳房缺失或者毁损,累计范围相当于一侧乳房3/4以上。
5.8.3.5	女性双侧乳头完全缺失。
5.9.3.8	女性双侧乳房缺失或者毁损,累计范围相当于一侧乳房1/2以上。
5.9.3.9	女性一侧乳房大部分缺失或者严重畸形。
5.9.3.10	女性一侧乳头完全缺失或者双侧乳头部分缺失(或者畸形)。
5.10.3.6	女性一侧乳房部分缺失或者畸形。

二、应用说明

（一）概述

乳房是雌性哺乳动物哺育幼体的腺性器官，属生殖系统。雄性在幼体时也有乳房组织，只是在成长过程中并不发育（男性乳房发育等病症除外）。女性乳房位于胸大肌浅面，第2到第6肋骨水平之间。乳头位于乳房的中心，由乳晕包围。乳房的发育受地区、种族等因素影响。成年女性的乳房在妊娠和哺乳期会有分泌活动，妊娠后期和哺乳期，因乳腺增生，乳房明显增大。哺乳停止后，乳腺萎缩，乳房变小。老年妇女的乳房，因弹性纤维的减少而松弛下垂。

乳房主要由结缔组织、脂肪组织、乳腺、大量血管和神经等构成。其中，脂肪组织包裹整个乳腺（乳晕除外），脂肪层厚则乳房大，触诊呈均质感；反之则小，触诊有结节感。乳房腺体具有15～20个腺叶，以乳头为中心，呈放射状排列，每一腺叶有其单独的导管，分别开口于乳头。每一腺叶分成许多腺小叶，腺小叶又由许多滤泡组成。每一腺叶、腺小叶都由纤维组织包围，纤维束将整个乳房组织连接于胸大肌表面与皮肤内面，支撑和固定乳房。在腺叶间垂直行走的纤维束，称Cooper韧带。乳房含丰富的血管和神经，血管和淋巴管供给养分及排除代谢废物，神经相连于乳房皮肤的感觉器，感知外界刺激。乳头由致密的结缔组织和平滑肌组成，其顶端有输乳管的开口。乳头平滑肌呈圆环形或放射状排列，当有机械刺激或者神经信号来临时，平滑肌收缩挤压导管，乳头勃起挺直，使乳汁顺着输乳管，经由乳头的小孔外流。乳头周围颜色较深的区域为乳晕，乳晕表面有许多点状小隆起，深部乳晕腺开口于此，分泌脂性物质，滑润、保护乳头。乳头和乳晕的皮肤比较薄弱，容易损伤。

女性的乳房也是第二性征之一，是女性重要的性器官。乳房和乳头丰富的神经末梢，与其他性器官联系紧密。刺激女性乳房可产生性兴奋，乳头受到刺激也会“勃起”，在两性活动中起重要作用。在现代社会，乳房除其生理功能外体现出更多的社会性，丰满挺拔的乳房是女性形体美的特征，与容貌一样对女性的魅力与自信起到至关重要的作用，对女性的社会交往及心理健康有较大影响。

乳房是胸前壁的一部分，机械性损伤、电击伤和化学性损伤均可伤及乳房，不恰当的乳房整形手术和性暴力也是导致乳房损伤的重要原因。各种不同性质的损伤，其损伤后果不尽相同，如乳房的裂伤、切割伤、烧伤愈合后会遗留瘢痕和变形，严重乳房损伤可致乳房组织部分或全部缺失，乳腺及其导管的损伤，可出现溢乳、排乳障碍或反复继发感染等。

检查乳房时,须解脱上内衣,胸部及腋窝均完全暴露。被鉴定人取平卧位或端坐位、面对光线,必要时双臂高举或双手叉腰。(1)视诊。观察乳房外形发育情况,双侧是否对称、有无缺损,表面有无瘢痕、隆起、下陷,乳头位置是否对称、有无回缩等。(2)触诊。鉴定人以手掌和手指平置于乳房上,按序轻轻按摩或滑动触诊乳房各象限,忌抓捏。

乳房的辅助检查主要包括B型超声探查与CT、MRI扫描,必要时可行钼靶摄片。

(二)检验方法

1. 女性乳房缺失或畸形

(1)乳房缺失或畸形的影响

因损伤或其他原因导致女性乳房缺失,虽然通过整形可恢复其外形,但假体无法弥补其哺乳功能及性感受功能。

因损伤或其他原因导致女性乳房明显塌陷变形、不对称,或者乳房表面皮肤皱缩、大面积疤痕形成,使乳房形态丑陋,会严重影响女性社会交往及心理健康。

(2)乳房缺失或畸形程度的判定

乳房缺失或畸形程度的判定,可根据查体明确病损象限,结合医学影像学检验结果。

事实上,乳房毁损、乳房缺失都会导致乳房畸形的后果。单纯的乳房畸形往往是由于瘢痕牵拉所致。如果一个损伤同时表现为乳房毁损、乳房缺失、乳房畸形,应选择其中最重的方面进行评定。

对于乳房毁损的判定,主要是根据手术探查、乳腺导管造影、MRI、B超、钼靶摄片等检查确认乳腺及乳腺导管损伤的范围与程度。

对于乳房畸形的判定,主要根据乳房的形状、位置及畸形的程度综合判断。由于难以用文字精确界定乳房畸形的程度,因此乳房畸形的判断需要根据乳房的畸形程度与乳房缺失的程度进行对比,权衡后评定,即乳房严重畸形与乳房大部分缺失相当,乳房畸形与乳房部分缺失相当。

查体时,嘱被检查者仰卧位平躺,以健侧乳房为参照,置乳头于乳房基底的中心点,以乳头为中心划分四个象限,每个象限占乳房组织的25%,以充填法、网格法或三维图像法来估算伤侧乳房缺失或畸形所占的百分比。

两侧乳房部分缺失时,比照上述方法推算。部分乳房连同乳头缺失时,取乳房基底的中心点为圆心进行计算。

此外,也可以通过图像分析和测量软件对乳房缺失程度进行计算。

2. 女性乳头缺失或畸形

因损伤或其他原因导致女性乳头缺失,会丧失乳房的哺乳功能及部分性趣和性感受功能。对于未成年女性而言,除影响其乳房后期发育外,对身心健康的影响也较成年女性更为深远。

因损伤或其他原因导致女性乳头挛缩、变小、内陷,会影响哺乳功能及乳房整体的外形。

(三)鉴定要点

1. 标准条款适用

女性一侧乳房大部分缺失或者严重畸形是指损伤致缺失或者畸形范围超过一侧乳房的50%。

本标准5.6.3.3所称"女性双侧乳房完全缺失",是指治疗终结后,原有的乳房组织完全缺失。

本标准5.7.3.5所称"女性双侧乳房大部分缺失或者严重畸形",是指双侧乳房缺失或畸形的范围均在50%以上。

本标准5.7.3.6规定,"未成年或者育龄女性双侧乳头完全缺失"评定为七级伤残。根据《民法通则》及本标准附则6.10之规定,涉及乳房损伤条款中的"未成年女性"是指年龄未满18周岁的女性;"育龄女性"是指生理上具有生育能力的平均年龄段女性,一般指25～49岁的女性。49岁以上分娩后仍可哺乳的女性,可参照育龄女性的相应规定。

2. 注意事项

本节乳房损伤标准条款适用于损伤导致的乳房缺失或畸形,以及乳房受损后无法保留须行手术切除所致的乳房缺失。乳房表面皮肤瘢痕形成但乳房形态结构仍然完整的,应参照体表瘢痕条款鉴定致残程度等级。

第八节　颈部与胸部其他损伤

一、关于颈部与胸部其他损伤的标准条款

条款序号	条款内容
5.6.3.1	双侧喉返神经损伤,影响功能。
5.8.3.2	颈总动脉或者颈内动脉严重狭窄支架置入或者血管移植术后。

续表

条款序号	条款内容
5.9.3.17	胸导管损伤。
5.10.3.3	一侧喉返神经损伤,影响功能。
5.10.3.4	器质性声音嘶哑。

二、应用说明

(一)颈总动脉或颈内动脉损伤

1.概述

颈总动脉是头颈部动脉的主干,左、右各一条。右颈总动脉起自头臂干,左颈总动脉直接起自主动脉弓。两侧颈总动脉均沿食管、气管和喉的外侧上升,到甲状软骨上缘处分为颈内动脉和颈外动脉。颈总动脉外侧有颈内静脉,两者间的后方有迷走神经,三者共同包于筋膜鞘内。

按损伤类型,颈总动脉或颈内动脉损伤可分为血管壁损伤、损伤性动脉痉挛或血管破裂等。按损伤形态与成伤原因,可分为闭合性损伤和开放性损伤,前者多为钝性损伤,撞击、钝器打击以及绳索吊、勒等都可以造成,后者多为锐器刺戳、切割、火器射击等所致。钝性损伤强度足够大时,也可造成开放性损伤。

颈动脉严重狭窄主要由动脉粥样硬化、大动脉炎和纤维肌性发育不良等因素导致,其他如外伤、动脉扭转、先天性动脉闭锁、肿瘤、动脉或动脉周围炎、放疗后纤维化等都较为少见。

颈动脉狭窄初期往往没有任何临床症状,当狭窄达到一定程度时,可发生如下常见临床症状:(1)脑部缺血症状,可有耳鸣、眩晕、黑朦、视物模糊、头昏、头痛、失眠、记忆力减退、嗜睡、多梦等;(2)TIA 局部的神经功能一过性丧失;(3)缺血性脑卒中。

超声、放射影像学是颈动脉狭窄的主要辅助检查手段:(1)多普勒—超声检查为目前首选的无创性颈动脉检查手段,它不仅可显示颈动脉的解剖图像,进行斑块形态学检查,如区分斑块内出血和斑块溃疡,而且还可显示动脉血流量、流速、血流方向及动脉内血栓,诊断颈动脉狭窄程度的准确率可达 95% 以上。(2)数字减影血管造影(DSA)目前仍是诊断颈动脉狭窄的“金标准”,包括主动脉弓造影、双侧颈总动脉选择性造影、颅内段颈动脉选择性造影、双侧的椎动脉选择性造影及基底动脉选择性造影。DSA 可以详细了解病变的部位、范围和程度以及侧支形成情况，帮助确定病变的性质如溃疡、钙化病变和血栓形成等，了解并存血管病变如动脉瘤、血管畸形等，为手术和介入治疗提供最有价值的影像学依据。

2. 法医学鉴定

(1)基本原则

本标准所列颈总动脉或者颈内动脉严重狭窄支架置入或者血管移植术，仅指由颈总动脉、颈内动脉损伤或颈部其他损伤所致的血管严重狭窄需行支架置入或者血管移植术的情形。

颈总动脉或颈内动脉损伤评定致残程度等级需要同时符合以下条件：①有颈部外伤史和相应的临床症状；②影像学辅助检查或探查术确诊颈总动脉或者颈内动脉严重狭窄，具备支架置入术或者血管移植术的适应证，且已实施相应手术。

(2)注意事项

具体鉴定中应注意：①鉴别颈动脉严重狭窄的原因。颈总动脉或者颈内动脉严重狭窄大多由动脉粥样硬化、大动脉炎和纤维肌性发育不良所致，单纯由外伤等原因造成的少见。鉴定时应当对严重狭窄的原因进行客观分析，只有明确系损伤所致的或在与损伤确有关联的前提下方可鉴定致残程度等级。②伤、病共存时，应根据颈总动脉或者颈内动脉原有狭窄的程度、疾病的自然演变进程以及损伤后狭窄加重的程度，对损伤在残疾后果中的原因力大小作出评判。

(二)胸导管损伤

1. 概述

胸导管是全身最大的淋巴管，长 30～40cm，直径约 3mm，管腔内瓣膜较少，收纳约占全身 3/4 部位的淋巴。乳糜池为胸导管起始膨大处，常位于第 1 腰椎前方，由左、右腰干和肠干汇成。胸导管自乳糜池上行于脊柱前方，在主动脉后方穿经膈主动脉裂孔入胸腔，在食管后、脊柱前方继续上行，至第 5 胸椎附近向左侧偏斜，出胸廓上口达颈根部后，向前弓状弯曲称胸导管弓，弓顶约平第 6～7 颈椎高度，多数继续向前下汇入左静脉角，少数可注入左颈内静脉。在汇入静脉角处收纳左支气管纵隔干、左颈干和左锁骨下干。胸导管通过上述 6 条淋巴干和某些散在的淋巴管收集两下肢、盆部、腹部、左肺、左半心、左半胸壁、左上肢和头颈左半部的淋巴。

胸导管损伤原因分为：(1)颈胸部开放性损伤。颈胸部的刀刺伤、子弹、弹片的穿通伤可损伤胸导管，较少见，常合并更严重的其他损伤，早期不易发现。(2)颈胸部闭合性损伤。胸部钝挫伤、爆震伤、挤压伤或剧烈咳嗽,均可损伤胸导管。由于胸导管相对固定于脊柱前方,当脊柱突然过度伸展,或脊柱骨折时可以造成胸导管撕裂或断裂;炎症、血丝虫病或肿瘤侵袭造成胸导管梗阻,或饱食脂肪餐后胸导管过度充盈,胸部闭合伤、剧烈运动或剧烈咳嗽均可使右膈肌脚猛烈收缩以剪力损伤胸导管;另外,锁骨、肋骨或脊柱骨折的断端也可损伤胸导管。(3)手术损伤。胸导管附近的手术操作均有可能损伤胸导管。

胸导管损伤的临床症状包括:(1)开放性胸外伤造成胸导管损伤,常同时有严重的胸腔器官损伤,有时来不及抢救即死亡,有时在剖胸手术探查中发现乳糜胸才明确有胸导管损伤。闭合性损伤所致的胸导管裂伤部位多在膈肌上方,乳糜液先聚积于后纵隔,继而破入胸膜腔;常为右侧乳糜胸,也可为左侧或双侧乳糜胸。伤后常有数天或数周不等的潜伏期,有时长达数月。患者突然发生气短、呼吸困难,甚至发绀,心率增快,脉搏变弱,血压降低等类似休克的症状,继而胸腔大量积液,穿刺抽液最初为血性液体,然后变为典型的乳白色乳糜液。穿刺抽液后,患者气短、呼吸困难缓解,但不久后症状又复发,需反复胸穿抽液。患者迅速消耗,进行性脱水、电解质紊乱、营养不良;最后造成全身衰竭而死亡,也可因抵抗力低下而发生严重感染或败血症而死亡。(2)胸部手术后乳糜胸,其临床表现为术后胸腔引流液异常,随着胸液的丢失增多和支持治疗的情况不同,逐步表现出脱水、低钠、低钾、酸中毒等消耗症状,严重者因衰竭而死亡。通常胸部手术后第三天的胸腔引流量仍不少于500mL,若除外其他原因,多系合并乳糜胸。

胸导管损伤的实验室与其他辅助检查包括:(1)乳糜液色白、碱性、无菌生长,所含淋巴细胞计数增高,明显高于多核细胞,蛋白质含量可达40~50g/L,显微镜下可见许多可折射的脂肪小珠。放置后分为三层,上层为黄色奶油状的脂肪层,加入乙醚可以澄清,或苏丹Ⅲ染色找到脂肪滴,细胞计数以淋巴细胞为主,即可确立乳糜胸的诊断。可以同时做胸液和血液中脂检查,若胸液中的胆固醇和三酰甘油中脂的含量显著超过血液中的含量,也可帮助确立乳糜的诊断。(2)通过下肢或精索淋巴管造影,可以帮助确定乳糜胸患者胸导管裂口的位置和乳糜漏的严重程度。(3)于股部皮下注射靓脂性蓝染料后连续抽取胸液,检查其是否蓝染。若有蓝染可确定乳糜胸的诊断。(4)口服用131I标记的脂肪,然后在或胸部进行放射性扫描检查,放射性计数明显增高,也可明确乳糜胸的诊断。

当患者在胸部创伤数天后,因严重呼吸困难来急诊,查体并直立位胸部X

线片证实伤侧大量胸腔积液，诊断性胸腔穿刺抽出乳白色液体，送显微镜检查排除脓胸后，就应高度怀疑乳糜胸。还可行胸腔积液苏丹Ⅲ染色等帮助确诊。

2. 法医学鉴定

(1) 基本原则

胸导管损伤评定致残程度等级需要同时符合以下条件：①有颈胸部外伤或胸部手术史；②有相应的临床症状；③实验室检查乳糜定性为阳性。

(2) 关于乳糜液的鉴别

在某些胸膜的感染和肿瘤性疾病时可以出现大量浑浊类似乳糜的胸液，即假性乳糜液。假性乳糜胸液含有卵磷脂蛋白复合物，外观也呈牛奶状，主要由细胞变性分解造成，但细胞变性物质中脂肪含量很少，苏丹Ⅲ染色阴性，比重 <1.012。此种胸液沉渣中有大量细胞，但淋巴细胞较少，蛋白和胆固醇水平也低于真正之乳糜液。某些结核性胸膜炎、胆固醇胸膜炎之胸腔积液外观也易与乳糜混淆，但其中脂肪含量均较低，苏丹Ⅲ染色即可鉴别，且发生在外伤和手术后也属罕见。

(3) 关于伤病关系的处理

伤、病共存时，如炎症、血丝虫病或肿瘤侵袭造成胸导管梗阻或饱食脂肪餐后胸导管过度充盈，胸部闭合伤、剧烈运动或剧烈咳嗽均可使右膈肌脚猛烈收缩以剪力损伤胸导管，鉴定中应根据其自身疾病和损伤的严重程度，对损伤在残疾后果中的原因力大小作出判定。

(三) 喉返神经损伤与器质性声音嘶哑

1. 概述

(1) 喉损伤

喉上通喉咽，下接气管，为呼吸与发音的重要器官。位于颈前正中部，由一组软骨、韧带、喉肌及黏膜等构成的锥形管状器官。喉的主要生理功能是呼吸、发声、保护和吞咽。喉损伤可分为：①闭合性喉外伤。多由于颈部受到撞击、跌碰、绞勒、挤压等暴力引起，轻者咽喉黏膜撕裂、声带血肿，重者喉软骨骨折、脱位，甚至喉气管断离。②开放性喉外伤。多由于枪弹、利刀、玻璃、爆炸物碎片等切割或刺伤引起。轻者仅伤及皮肤和软组织，重者可伤及喉气管软骨、食管、颈部大血管及神经等。③喉内部伤。气管插管方式不当或时间过长、异形或巨大异物及喉气管镜检查、吸（或吞）入高温或化学性气（或液）体烧灼伤以及喉、颈部的放射治疗均是可能的致伤因素。

喉与口腔、咽腔、颈段气管、食管、颈部大血管、神经和颈椎相邻近，外伤常合并颅脑、颌面、胸腹内脏和四肢等多部位损伤，损伤早期可出现呼吸困难、吞咽困难、大出血、休克、窒息等危象;损伤中期可继发创口感染、肺部、纵隔等邻近器官感染等并发症,或出现继发性出血;损伤后期容易出现咽喉、气管、食管瘢痕性狭窄、瘘管或声带麻痹等后遗症。声音嘶哑作为喉外伤常见的临床症状之一,轻者发音时音质失去圆润、清亮,音调变低、变粗,重者发音嘶哑,甚至只能做耳语或完全失音。

喉损伤的主要辅助检查手段包括:①喉镜检查,可见喉黏膜充血、水肿,或血肿,声带活动受限或瘫痪,或撕脱,杓状软骨脱位,声门变形和喉气管有无骨折、移位等;②喉部 X 线侧位片或 CT 扫描,可显示喉气管腔有无阻塞、狭窄、软组织及软骨损伤情况。

(2)喉返神经损伤

喉返神经为迷走神经的重要分支。迷走神经进入胸腔后发出喉返神经,右侧在锁骨下动脉之前离开迷走神经,沿气管食管沟前方上升,在环状软骨后方进入喉内;左侧行走途径较长,在过主动脉弓后沿气管食管沟上行,在环甲关节后方进入喉内。喉返神经一般分为前、后两支,前支支配内收肌(环杓侧肌甲杓肌及会厌肌),后支支配外展肌(环杓后肌、杓间肌)。

喉返神经与甲状腺下动脉的关系密切,但变异很大。甲状腺手术是喉返神经损伤的主要原因,可能为手术操作直接损伤,神经被过度牵拉或神经暴露后供血不足,术后水肿或血肿压迫喉返神经或者术后瘢痕组织收缩压迫喉返神经,再次手术时因瘢痕组织收缩解剖标志不清造成误损伤等。除此之外,枪弹伤、刀割伤以及其他各种颈部穿透性损伤也可伤及该神经。

单侧喉返神经损伤的主要临床表现常仅表现为声嘶及发声无力,经一段时间代偿后健侧声带可于发声时超越中线,并与患侧声带接触,声音可有一定改善,通常不发生呼吸困难。咳嗽软弱与声嘶的程度一致。部分单侧喉返神经损伤者仅有轻度声嘶及发声无力,易被漏诊。

双侧喉返神经损伤多于伤后出现严重的声嘶伴咳嗽无力,可以出现不同程度的呼吸困难表现。

2. 法医学鉴定

(1)基本原则

本标准 5. 10. 3. 4“器质性声音嘶哑”是指由喉部组织结构损伤所致的声音嘶哑。

器质性声音嘶哑评定致残程度等级需要同时符合以下条件:①存在喉部外伤史;②损伤后出现明显的声音嘶哑,经临床治疗难以恢复的;③辅助检查如喉镜检查、喉部 X 线片或 CT 扫描等确诊喉部存在器质性改变;④排除喉返神经损伤所致的可能。

喉返神经损伤所致的声音嘶哑,按本标准5.6.3.1“双侧喉返神经损伤,影响功能”以及5.10.3.3“一侧喉返神经损伤,影响功能”相应条款评定致残程度等级。

(2)关于声音嘶哑原因的鉴别

声音嘶哑又称声嘶,造成声嘶的原因有多种:声带息肉、声带小结,喉肿瘤,急慢性咽喉炎,外伤、喉部神经肌肉瘫痪、癔病性以及其他疾病等,且声嘶症状可受主观因素干扰。鉴定时应当对造成声嘶的原因进行分析,注意与急慢性咽炎、咽白喉、喉结核、声带小结、声带息肉、声带乳头状瘤、喉癌等自身疾病原因引起的声嘶进行鉴别,注意其是否存在外伤所致如喉气管腔阻塞、狭窄等喉部器质性改变,如癔病性声嘶者多无喉部器质性损伤或声嘶程度与损伤严重不符。

(3)关于伤病关系的处理

声嘶是临床常见症状,是喉部(特别是声带)病变的主要症状,多由喉部病变所致,也可因全身性疾病所引起,伤、病共存时,应根据其自身疾病和损伤的严重程度、疾病的自然演变进程、损伤后声音嘶哑的加重程度等,对损伤在残疾后果中的原因力大小作出评判。

(4)关于标准条款适用的竞合

如损伤同时伤及喉的组织结构和喉返神经,出现标准条款适用的竞合时,只能适用一个具体的标准条款,应以标准规定残级相对较高的条款鉴定致残程度等级。

若双侧喉返神经损伤同时伤及呼吸功能,原则上应适用较高的分级条款鉴定残级,避免分别鉴定两处以上致残等级。

第五章　腹部损伤

第一节　腹壁与膈肌损伤

一、关于腹壁与膈肌损伤的标准条款

条款序号	条款内容
5.8.4.1	腹壁缺损≥腹壁的1/4。
5.9.4.10	膈肌修补术后遗留功能障碍(如膈肌麻痹或者膈疝)。
5.10.4.1	腹壁疝,难以手术修补。
5.10.4.4	膈肌修补术后。

二、应用说明

(一)腹壁缺损

1.概述

(1)解剖与分型

腹壁由皮肤、肌肉、筋膜等组织组成,其上界为剑突、肋弓及第11、12游离肋端,下界为耻骨联合、腹股沟韧带、髂嵴,向上、下和后面分别附着于肋骨、骨盆和脊柱,由外向内依次为皮肤、浅筋膜、肌肉—腱膜层、腹横筋膜、腹膜前脂肪层及壁层腹膜。腹壁对腹腔内组织器官具有包裹和保护作用,其各种生理活动的实现均依赖于腹壁的完整性。腹壁两侧以腋后线为界,分为腹前外侧壁和腹后壁。本节所称腹壁是指腋后线以前的腹前外侧壁(简称"腹前壁"),不包含腹后壁。腹前壁的轮廓为一个六边形的区域。腹部分区通常采用腹前壁划线的方法,一般有两种分区方法:①九分法,指以两条水平线和两条垂直线将腹部分为9个区;②四分法,是以通过脐的水平线与垂直线将腹部分为左、右腹上部和左、右腹下部。

本标准所称“腹壁缺损”是指在腹前壁及外侧腹壁存在缺损区域。其原因可以是损伤致皮肤、皮下组织、肌层和/或筋膜的缺失，或者因损伤后继发、合并感染、组织坏死引起的腹壁缺失，或者因腹部手术切口愈合不良继发腹壁缺损。临床上将腹壁缺损分为三型：①Ⅰ型，仅有皮肤及部分皮下组织的缺失；②Ⅱ型，以腹壁肌筋膜组织为主的缺失，腹壁皮肤的完整性尚保存；③Ⅲ型，全层腹壁的缺失。本节所称的腹壁缺损主要是指上述Ⅱ型与Ⅲ型而言。

(2)损伤基础

除损伤直接造成严重的开放性腹壁损伤直接导致腹壁缺损以外，腹壁大片软组织严重创伤继发血运障碍、严重感染，最终坏死并形成腹壁缺损者更为多见。腹壁缺损者常有较严重的腹部创伤史，初诊时腹壁有较严重的创口或创面，或者腹壁组织有严重挫伤，继而并发严重感染、组织坏死。医源性、化学性、放射性损伤也可引起腹壁软组织创伤或者血运障碍，继而形成腹壁缺损。在部分老年伤者、营养不良者及糖尿病患者等具有自身基础疾病或病理基础者，因创伤或者医源性因素造成腹壁缺损的机会亦有所增加。

2. 检验方法

腹壁缺损的检验方法与认定原则包括：(1)腹部曾有创伤史、手术史、外伤或手术后感染史等；(2)腹部严重软组织损伤或手术明确记载腹壁损伤，如系腹部穿透伤或开放性损伤，常同时合并腹腔内组织器官的损伤；(3)腹壁上可见遗留瘢痕、创面，损伤及切口瘢痕区可扪及缺损区域，站立时包块突出，平卧时基本甚至完全消失，可通过望诊、触诊大致判断缺损范围、程度，也可通过超声、CT、MRI等医学影像学检查加以确诊；(4)因腹壁由多层组织组成，如果腹壁皮肤虽基本存留，或者经植皮术后得以部分修复，虽仅有部分腹壁层次缺如，仍应视为腹壁缺损。

外伤及并发症后遗的腹壁缺损需与腹壁疝、肿瘤性疾病术后造成的腹壁缺损、自身炎症性疾病如腹壁坏死性感染所致的腹壁缺损、先天缺损性疾病如儿童脐膨出、腹裂等引起的腹壁缺损等相鉴别。

3. 鉴定要点

腹壁缺损致残程度的鉴定应在临床医疗终结后实施。因外科手术是腹壁缺损的唯一有效治疗方法，故建议鉴定前须经临床至少一次手术治疗。以Ⅱ型腹壁缺损为例，鉴定时查体若可触及腹壁肌筋膜组织缺损并可查及站立位或者咳嗽、用力时缺损处有疝状凸起的情形，即可认定为腹壁缺损。

因各种原因难以实施手术的，可参照上述条款鉴定，但应在鉴定意见书中加以必要的说明。

（二）腹壁疝

1. 概述

（1）创伤性腹壁疝

腹壁疝是由腹腔内组织或器官连同相邻壁层腹膜，经腹壁薄弱处或者孔隙等结构，向体表突出所形成的病理状况。创伤性腹壁疝是腹腔器官及网膜经腹部创伤或手术切口形成的薄弱处，凸向体表形成疝的病理改变。

腹部创伤后可在早期或早中期形成腹壁疝，如可发生于腹直肌断裂伴腹膜撕裂，也可发生于腹壁创伤、手术切口的继发感染坏死而形成。创伤性腹壁疝根据疝内容所处位置可分为皮下型、肌间隙型、腹膜前（后）型。肌间隙型和腹膜前（后）型易发生疝嵌顿、绞窄。上腹部创伤性腹壁疝常伴有腹腔器官的复合型损伤，下腹部创伤性腹壁疝以单纯性较多。

创伤性腹壁疝按形成机制可分为：①创伤致腹壁闭合性损伤，重者腹壁血肿、腹直肌出血及断裂，最终可能形成创伤性腹壁疝，此间因皮肤韧性较强，腹壁受伤部位出现质软包块，局部可触及腹壁缺损。②腹壁切口疝系由腹内组织器官自腹部手术切口或外伤创口及感染坏死后形成自薄弱处凸出而形成。此类疝的症状与其他腹壁疝类似。检查时可见一肿块，在直立、咳嗽或用力时增大而平卧时则缩小或消失。能扪及疝囊口部缺损者更易确诊。切口疝一旦发生，常有继续增大的趋势，难以自愈，原则上均需手术治疗。③造口旁疝是以小肠为主的腹腔内容物从造口旁疝出，多发生于术后两年。

（2）创伤后腹壁疝

腹部或腰腹部遭较严重外伤后，在腹壁自身解剖相对薄弱区域如腹白线区、半环线、腹直肌及腰上三角等处形成疝，称为创伤后腹壁疝。此类患者既往通常局部并无疝病史，甚至疝直接形成于创伤暴力作用区域，如在脐或腹股沟区。此类疝与创伤性腹壁疝的重要区别在于，创伤后腹壁疝的形成与腹壁自身特殊解剖结构薄弱的特点或者腹壁原已存在的某些自身病变造成的薄弱可能存在相当关系。

2. 检验方法

创伤性或创伤后腹壁疝可通过医学影像学检查加以确诊。X 线斜位摄片显示含气肠襻或口服造影剂呈现于腹腔之外，甚至位于皮下。B 超可确定腹壁缺损的部位及范围和疝出肠管节段。CT 检查可证实腹壁缺损大小、部位及疝出物情况。

3. 鉴定要点

手术修复是腹壁疝唯一有效的治疗方法。部分患者虽有手术适应证,但因存在手术禁忌证难以手术,或者虽经手术修补但未取得治愈效果或者术后又有复发者,均可视为本标准5.10.4.1所称的"腹壁疝,难以手术修补"的情形。腹壁疝的手术禁忌证包括:(1)患有严重心、肺或其他全身疾病,难以耐受手术;(2)过度肥胖,估计手术效果差,可为相对禁忌证等。

鉴定实践中,还应注意鉴别创伤性腹壁疝与创伤后腹壁疝。若判定为创伤后腹壁疝且难以修复的,可以参照上述条款鉴定致残程度等级,但应说明伤病因果关系。

(三)膈肌损伤修补术后

1. 概述

(1)解剖与病理生理

膈肌由胸腔底部的肌肉和筋膜组成,其肌肉属扁薄阔肌并向上膨隆呈穹隆形,位于胸腹腔之间,成为胸腔的底和腹腔的顶,为主要的呼吸肌,收缩时,膈穹窿下降,胸腔容积扩大,以助吸气;松弛时膈穹窿上升恢复原位,胸腔容积减少,以助呼气。根据外伤暴力不同,膈肌损伤分穿透性膈肌损伤和钝性膈肌损伤。下胸部或上腹部穿透性损伤均可累及膈肌,造成穿透性膈肌损伤。膈肌损伤常表现为膈肌破裂。鉴于胸、腹腔存在压力差,膈肌破裂后多不能自行愈合,最终常形成膈疝。

创伤性膈肌破裂的症状和体征视膈肌损伤程度及有无膈疝形成、疝入胸腔器官的种类和多少、有无嵌顿或绞窄等情况而不同。通常可分为以下病程期:①急性期。伤后即感胸闷、心悸、呼吸困难,听诊伤侧呼吸音减弱、消失,常有胸痛并向肩部放射。②潜伏期。部分伤者伤后可持续数周、数月甚至数年无明显症状或仅有类似消化性溃疡或胆囊炎的症状。③疝入梗阻期。腹腔器官通过膈肌裂口疝入胸腔,可压迫心脏、压迫伤侧肺,从而引起程度不一的呼吸困难和血循环障碍。

一旦确诊成为膈肌破裂或者膈疝形成,一般均宜尽早实施手术修补治疗。

(2)主要临床表现

①膈肌麻痹。部分膈肌破裂同时伤及膈神经,或膈肌修补手术时伤及膈神经,进而造成一侧或两侧膈肌上升,长期运动障碍的膈肌可发生萎缩并退化为一层薄膜。膈神经损伤所致膈肌麻痹也可以是完全性或不完全性的。单侧完全性膈肌麻痹使膈肌升高和矛盾运动,即吸气时患侧膈肌上升而健侧下降,但由于健侧膈肌的代偿,肺活量仅减少约30%。由于人体的肺通气功能有较

大的储备能力,对平静状态或轻、中度运动时的通气量可不产生明显影响。因两侧膈肌有单独支配的神经,由一侧膈神经损伤引起的一半膈肌麻痹并不会影响对侧半膈肌。临床表现因膈神经损伤情况不同而不同,部分患者主诉剧烈运动时有呼吸困难。症状轻者仅表现为呼吸稍促,卧位时由于健侧膈肌活动受到限制,呼吸困难加重;左侧膈肌麻痹因胃底升高可能有嗳气、腹胀、腹痛等消化道症状。双侧完全性膈肌麻痹时,膈肌完全松弛,表现为严重的呼吸困难,如腹部反常呼吸、呼吸费力、紫绀等呼吸困难表现。影像检查时根据不正常的运动方式可以确定膈肌是否麻痹,胸部 X 线透视是检查膈肌功能的最准确、简单的方法,可见单侧膈肌麻痹升高、活动减弱或消失,吸气时呈现健侧膈肌下降而患侧膈肌上升的矛盾运动现象,腹腔器官反而推向上方,用鼻吸气时更为明显。呼吸时可有纵隔摆动,吸气时心脏、纵隔移向健侧,呼气时移向患侧。

②膈疝,是内疝的一种,指腹腔内组织器官通过膈肌薄弱处或自然裂孔疝入胸腔内的病理状态,分为创伤性膈疝与非创伤性膈疝。胸腹部损伤可造成正常膈肌裂伤,亦可在膈肌损伤的基础上致膈肌裂孔扩大,由于胸、腹腔之间存在压力差,随呼吸周期膈肌持续舒缩,终使腹腔组织器官通过其薄弱处缓慢或骤然疝入胸腔而形成膈疝。常见疝入胸腔的腹腔内器官依次为胃、脾、结肠、小肠和肝。当疝入胸腔的腹内器官发生嵌顿或绞窄,可出现腹痛、呕吐、腹胀及腹膜刺激征等消化道梗阻或腹膜炎表现。膈疝症状和体征受膈疝的大小、疝入器官种类及是否梗阻、缺血等影响。胸部 X 线可见胸腔内含气或液平面的软组织块影,CT 扫描表现为膈肌的连续性中断,胸腔内出现腹腔的器官或组织。

2. 鉴定要点

本标准 5. 10. 4. 4“膈肌损伤修补术后”与 5. 9. 4. 10“膈肌修补术后遗留功能障碍(如膈肌麻痹或者膈疝)”的适用应把握以下原则:(1)确证为创伤性膈肌破裂行手术治疗,或者创伤性膈疝行手术修复的,应待术后病情稳定方可进行鉴定;(2)注意排除与自身解剖性、病理性因素的关联性;(3)少数伤者可于伤后数月甚至数年发现存在膈疝,应注意鉴别与外伤的关系;(4)确因外伤引起膈肌破裂或者膈疝形成,具有手术适应证,因存在手术禁忌证难以实施手术治疗的,或者虽经手术修补但未取得治愈效果或者术后仍遗留功能障碍者,可参照上述条款进行鉴定。

第二节　胃肠道损伤与消化吸收功能障碍

一、关于胃与十二指肠损伤

(一)标准条款

条款序号	条款内容
5.5.4.5	全胃切除术后。
5.8.4.4	胃大部分切除术后。
5.9.4.5	胃部分切除术后。
5.10.4.3	胃、肠或者胆道修补术后。

(二)应用说明

1.概述

(1)胃损伤

胃损伤大致可以分为两大类:①机械性胃损伤。下胸部或上腹部穿透伤以及闭合性腹部外伤时有累及胃部形成创伤性病变,胃镜检查或吞入锐利异物也可引起穿孔,但相对较少见。②化学性胃损伤。常系因误饮或有意吞服强酸、强碱等化学物质引起,可累及口腔至空肠上段,以幽门区和胃小弯损伤最为严重。

胃损伤后需行手术治疗的,常选择实施胃修补、胃部分切除、胃大部分切除或者全胃切除等术式。一般说来,胃大部切除指的是75%以上的胃切除(约切除胃组织的3/4~4/5);胃部分切除是指不足75%的胃切除(切除范围不足胃的3/4)。

(2)十二指肠损伤

十二指肠损伤大致可以分为以下几大类:①创伤性十二指肠损伤。由于十二指肠位置深在且有肋弓保护,单纯机械性暴力所致者较少见,多为上腹部穿透性损伤引起,交通事故时硬物(如方向盘等)撞击致上腹部闭合性损伤引起的也时有报道,损伤部位多位于第二、三段,往往伤情严重,在诊断和处理方面存在不少困难,死亡率和并发症发生率均较高。血清淀粉酶、X线片、CT扫描及胃管内注入水溶性碘剂等检查可为十二指肠损伤提供诊断线索。②医源性十二指肠损伤。主要包括内镜下实施逆行胰胆管造影、经十二指肠镜行

Oddi 括约肌切开以及行幽门扩张术、胆总管(尤其下段)探查或处置、胆道镜探查和取石术等,都有可能造成十二指肠穿孔或破裂。③异物性十二指肠损伤。吞入的尖锐异物在十二指肠内可造成其穿孔,或在经内镜夹取时引起穿孔,肠腔外异物如引流管和手术遗漏的纱布,可造成十二指肠壁压迫性坏死而穿孔。④化学性十二指肠损伤。吞服大剂量强酸、强碱可能累及十二指肠,重者可引起广泛黏膜坏死或穿孔,化学性十二指肠损伤常合并食管与胃损伤。⑤放射性十二指肠损伤。胃癌、胰腺癌和肾癌术中放射治疗或术后较大剂量放射治疗可造成十二指肠损害,严重者可能形成狭窄梗阻或破溃成瘘。

2. 鉴定要点

进行致残程度等级鉴定时应关注案情材料提供的致伤方式,损伤后的就诊病历记录特别是手术记录,必要时参考胃肠道 X 线造影或者内镜检查结果,全面分析,综合判定。

二、关于肠损伤

(一)标准条款

条款序号	条款内容
5.2.4.3	小肠大部分切除术后,消化吸收功能丧失,完全依赖肠外营养。
5.3.4.3	小肠大部分切除术后,消化吸收功能严重障碍,大部分依赖肠外营养。
5.4.4.6	永久性回肠造口。
5.5.4.6	小肠部分切除术后,消化吸收功能障碍,部分依赖肠外营养。
5.5.4.7	全结肠缺失。
5.6.4.5	小肠部分切除术后,影响消化吸收功能,完全依赖肠内营养。
5.7.4.5	小肠部分(包括回盲部)切除术后。
5.7.4.6	永久性结肠造口。
5.7.4.7	肠瘘长期不愈(1 年以上)。
5.8.4.5	肠部分切除术后,影响消化吸收功能。
5.9.4.6	肠部分切除术后。
5.9.4.9	肠梗阻反复发作。
5.10.4.3	胃、肠或者胆道修补术后。

(二)应用说明

1. 概述

(1)原发性损伤

自十二指肠以下的肠管损伤常具有明确的外伤史,按部位分为以下几类:①小肠损伤。枪击伤、锐器伤、挤压伤、高坠伤、直接暴力打击、突然减速、外科手术分粘连的小肠以及其他手术损伤均可引起,以腹痛、腹膜炎为主要临床表现,结合腹部立位X线检查、B超探查、诊断性腹腔穿刺或腹腔灌洗、CT扫描及选择性动脉造影等检查可明确诊断。②结肠损伤。开放性腹部损伤、腹部闭合伤、纤维结肠镜或乙状结肠镜检查、内镜下电灼、激光治疗及腹、盆腔手术误伤等均是可能的致伤因素。开放性损伤发生率较闭合性者多见,损伤后主要表现为细菌性腹膜炎和全身感染中毒表现,结合B超检查、诊断性腹腔穿刺或腹腔灌洗可明确诊断。③直肠损伤。火器伤、臀部和会阴部锐器伤、异物嵌入伤、肛交损伤、骨盆骨折以及结肠镜、直肠镜检查、盆腔手术误伤等均为常见的致伤因素。伤后以肛门疼痛、粪便样物溢出、尿液中有粪便残渣等表现较为多见,结合直肠指诊、直肠镜检查及X线检查常不难明确诊断。

肠损伤后根据伤情需要通常可选择行修补、部分切除并一期吻合、部分切除并结肠(小肠)造口待二期吻合、全小肠切除、全结肠切除、永久性回肠造口、永久性结肠造口、肠粘连松解等术式。

(2)损伤后肠梗阻

根据发病原因,临床上一般将肠梗阻分为机械性、动力性及血运性三大类,机械性者较常见。肠管创伤、腹内疝是机械性因素引起损伤后肠梗阻的主要原因;神经反射或毒素刺激引起肠壁肌肉功能紊乱是动力性肠梗阻的主要原因;肠系膜血管损伤可导致血运性肠梗阻。综合肠梗阻临床表现及实验室检查、X线、CT、B超等检查可以作出正确诊断。

肠梗阻的非手术治疗主要包括:①禁食、禁饮水,胃肠减压;②纠正水、电解质与酸碱失衡;③抗感染;④其他治疗,包括应用生长抑素以减少胃肠液的分泌,应用肛管排气等措施降低肠腔内压力、改善肠壁循环,试用纤维结肠镜以复位乙状结肠扭转,充气灌肠以复位肠套叠等。

肠梗阻的手术治疗主要包括:①肠粘连松解、肠扭转或肠套叠复位等单纯解除肠梗阻的手术;②肠切除吻合术;③肠短路吻合术;④肠造口术或者肠外置术。

(3)损伤后肠瘘

本标准所称“肠瘘”,是指肠损伤或损伤致腹腔感染后形成肠内瘘或外瘘。肠内瘘是指肠内容物不流出腹壁外者,肠外瘘常为手术并发症,也可继发于创伤、炎症、感染等。根据肠瘘的临床表现,并结合口服染料或炭末检查、瘘管造影、胃肠道钡餐造影及腹部 CT、B 超检查等,通常较易明确诊断。

2. 鉴定要点

(1)原发性损伤

针对原发性肠损伤的法医学鉴定,应关注外伤后病史记录特别是手术记录,结合必要的实验室检查与影像学特殊检查,全面分析,综合判定。

肠、尤其小肠损伤后行切除术可能影响消化吸收功能,详见本节后述内容。

(2)损伤后肠梗阻

肠梗阻的法医学鉴定应注意以下几个问题:①重点审查肠梗阻发生后的病史记录,关注是否有肠梗阻反复发作的临床表现;②应注意鉴别是否为腹股沟疝或股疝引起的肠梗阻;③密切关注肠梗阻发生期间的腹部 X 线摄片、腹部与腹股沟区超声以及腹、盆腔 CT 扫描结果;④发病期间若行腹腔镜探查,对确定诊断有很大价值,但也存在相当风险。

损伤后肠梗阻的伤病关系分析应掌握以下原则:①腹、盆部外伤史明确,自身解剖因素不明显,肠梗阻与外伤时间间隔密切,分析外伤为肠梗阻的主要原因;②若认为解剖或疾病因素与外伤因素共同作用的,两者兼而有之、缺一不可,则判定为伤病共存、作用基本相当;③若认为肠梗阻以解剖或疾病因素所致为主,应判定外伤为引起肠梗阻的次要因素。

分析外伤与肠梗阻存在因果关系的,在适用本标准分级系列 5.9.4.9“肠梗阻反复发作”条款时,应注意须明确其损伤后肠梗阻发作达 3 次以上,可以是高位或者低位,也可以是完全性或者不全性,但均需经规范系统治疗,包括非手术治疗或者手术治疗。

(3)损伤后肠瘘

本标准分级系列 5.7.4.7“肠瘘长期不愈(1 年以上)”是指经规范系统的非手术治疗 1 年以上肠瘘不愈且难以实施手术治疗者,或者虽经手术治疗但术后 1 年以上肠瘘仍不能愈合的情形。

三、关于消化吸收功能障碍

(一)标准条款

条款序号	条款内容
5.2.4.3	小肠大部分切除术后,消化吸收功能丧失,完全依赖肠外营养。
5.3.4.3	小肠大部分切除术后,消化吸收功能严重障碍,大部分依赖肠外营养。
5.5.4.6	小肠部分切除术后,消化吸收功能障碍,部分依赖肠外营养。
5.6.4.5	小肠部分切除术后,影响消化吸收功能,完全依赖肠内营养。
5.7.4.5	小肠部分(包括回盲部)切除术后。

(二)应用说明

1. 概述

(1)定义

胃、肠尤其小肠是消化吸收的主要器官,本标准所称消化吸收功能障碍主要指小肠损伤后的情形。

消化吸收功能丧失是指无法通过胃、肠的消化吸收功能获得任何营养物质,完全依赖肠外营养支持的方式提供营养物质以维持生命,属组织器官严重缺损,有严重功能障碍,其他器官难以代偿,存在特殊医疗依赖,通常伴有日常生活大部分或者部分不能自理。

消化吸收功能严重障碍是指不能通过胃、肠的消化吸收功能获得足够必需的营养物质,大部分依赖肠外营养支持的方式提供营养物质以维持生命,否则必然发生重度营养不良,可能危及健康乃至生命,多见于短肠综合征所致的消化吸收功能基本丧失的情形,通常伴日常生活大部分或者部分不能自理。

消化吸收功能障碍是指不能完全通过胃、肠的消化吸收功能获得足够的营养物质,需部分依赖肠外营养支持的方式给予必要的补充以维持健康,否则难免发生中度营养不良,日常生活通常能够自理或者仅部分不能自理。

影响消化吸收功能是指进食普通饮食仍不能完全满足正常的营养需求,但可以通过进食富含营养物质的流质食物或适当添加肠内营养物质以满足机体营养需求,一般无日常生活自理障碍,但仅能从事一般或者轻微体力劳动。

(2)肠外营养

肠外营养即静脉营养,临床适应证为无法(或不宜)经口摄食超过1周者,或估计1周内无法正常摄食者。本标准所称肠外营养是指因严重损伤致消化吸收功能丧失或者障碍,丧失或者难以完全恢复经口摄食而需通过深静脉营养支持的情形。根据营养不良程度的诊断标准来看:①消化吸收功能丧失,完全依赖肠外营养;②重度营养不良符合消化吸收功能严重障碍,大部分依赖肠外营养;③中度营养不良符合消化吸收功能障碍表现,部分依赖肠外营养。适用本标准相应条款鉴定致残程度等级的必备条件须具有明确的损伤基础,通常是指小肠全部或者大部分切除术后。

(3)肠内营养

若肠道仍有部分消化吸收功能,肠内营养的效果优于肠外营养,其在临床营养中更受推崇。肠内营养的适应证包括:经口摄食障碍,胃肠结构和功能异常(短肠综合征、消化道瘘及吸收不良综合征等)。肠内营养制剂分为三大类:①均衡型肠内营养制剂,主要包括糖、脂肪、蛋白质、矿物质、维生素和微量元素等;②疾病导向型制剂,依疾病特点组方,适用于某一特定病患群体,如肺病、糖尿病及婴儿制剂等;③组件型肠内营养制剂,是指将单一或某类营养素分别包装的制品,是对均衡型制剂的强化或补充。适用本标准相应条款鉴定致残程度等级时,须具有明确的损伤基础,通常是指因小肠大部分或者部分切除,影响消化吸收功能的情形。在鉴定过程中还应注意分析与鉴别肠内营养是否与人体损伤相关。

2. 检验方法

消化吸收功能障碍的致残程度等级鉴定中,需要对被鉴定人的营养不良程度进行评估,常用的检验、评价方法如下所述。

(1)人体测量

①体重减轻10%为轻度营养不良,下降20%～30%为中度营养不良,下降超过40%为重度营养不良;②上臂肌肉周径(AMC)测量,正常值为25.3cm(男),23.2cm(女),若实际AMC值低于正常值的80%,为轻度营养不良,小于正常值的60%,为重度营养不良;③三头肌皮皱厚度(TSF),正常值为1.25cm(男),1.65cm(女),若实际TSF值低于正常值的80%,为轻度营养不良,小于正常值的60%,为重度营养不良。

(2)贫血及蛋白浓度相关检验

①外周血血红蛋白值<90g/L;②血白蛋白(正常值35～55g/L),若为30～35g/L,为轻度营养不良,小于21g/L为重度营养不良;③转铁蛋白(正常值2.2～4.0g/L),若1.50～1.75g/L为轻度营养不良,小于1.00g/L为重度营养不良。

(3)免疫功能测定

周围血淋巴细胞计数(单位:个/L):正常值为2000,若为1200~2000则为轻度营养不良,小于800为重度营养不良。

(4)残余小肠长度检查

小肠切除的范围将直接决定个体是否出现消化吸收功能障碍及其严重程度。换言之,肠切除至何种程度将不能代偿而需依赖肠内/肠外营养来维持生命,主要取决于保留肠段的长度与代偿能力。一般而言,如术后能获得良好的代偿,保留50~70cm小肠、回盲部与结肠即可以主要通过肠内营养来维持个体所需营养;如回盲部与部分结肠已切除,则小肠剩余的长度一般至少需保留110~150cm。肠功能的代偿能力甚强,切除50%的小肠不致因吸收面积减少而出现症状,切除75%以上,则有可能会出现短肠综合征的临床表现。目前一般认为,仅以残留小肠不足100cm作为短肠综合征的诊断标准已不够确切,现多主张小肠长度的最低界限是1cm/kg,即60kg体重至少要保留60cm小肠才能避免或减少短肠综合征的发生。

(5)胃运动功能检查

放射性核素胃排空显像被认为是较为理想的胃运动功能检查方法,核素检查可以准确了解食管通过时间、胃排空、小肠通过时间,作为胃运动功能检查的“金标准”。放射学检查、超声检查、腔内压测定、胃电图检查等无创性检查方法亦是判断胃运动功能较为常用的检查手段。

(6)肠功能检查

①肠道运动功能检查,主要有肠道通过时间测定和肠道压力测定两大类,目前使用较多的包括氢呼吸试验法、放射性核素扫描法以及小肠内压力测定、结肠内压力测定;②小肠吸收功能检查,主要包括粪脂定性、定量检查,右旋木糖吸收试验,胃肠X线检查、小肠镜检查、粪便常规检查及小肠钡剂检查等。

3. 鉴定要点

消化吸收功能障碍的法医学鉴定是一个全面分析、综合判断的过程,其中最为关键的是损伤是否具有引起消化吸收功能障碍及其影响程度、是否需要肠内/肠外营养予以支持,其中损伤基础(如小肠切除范围、比例)是鉴定中的关键。实际鉴定中应注意观察:(1)进食方式,采用经口还是鼻饲,包括进食性质、内容、数量等;(2)营养补充方式,是否需给予肠外或肠内营养补充、支持,营养支持占被鉴定人所需营养总量的大致比例;(3)切除小肠范围与残存小肠长度;(4)全身营养状况,如身高体重比、肌容量、皮下脂肪厚度等;(5)实验室检验结果,如外周血血红蛋白量、淋巴细胞计数以及血清白蛋白量等。

第三节　肝、胆、脾、胰损伤

一、关于肝、胆、脾、胰损伤的标准条款

条款序号	条款内容
5.1.3.1	原位肝移植术后肝衰竭晚期。
5.2.4.1	肝衰竭晚期。
5.3.4.1	全胰缺失。
5.4.4.1	肝切除2/3以上。
5.4.4.2	肝衰竭中期。
5.4.4.3	胰腺大部分切除,胰岛素依赖。
5.5.4.1	胰头合并十二指肠切除术后。
5.6.4.1	肝切除1/2以上。
5.6.4.2	肝衰竭早期。
5.6.4.3	胰腺部分切除术后伴功能障碍,需药物治疗。
5.7.4.1	肝切除1/3以上。
5.7.4.3	胆道损伤胆肠吻合术后,反复发作逆行性胆道感染。
5.7.4.4	未成年人脾切除术后。
5.8.4.2	成年人脾切除术后。
5.8.4.3	胰腺部分切除术后。
5.8.4.6	胆道损伤,胆肠吻合术后。
5.9.4.1	肝部分切除术后。
5.9.4.2	脾部分切除术后。
5.9.4.3	外伤性胰腺假性囊肿术后。
5.9.4.7	胆道损伤胆管外引流术后。
5.9.4.8	胆囊切除术后。
5.10.4.2	肝、脾或者胰腺修补术后。
5.10.4.3	胃、肠或者胆道修补术后。

二、应用说明

(一)肝脏损伤

1. 概述

肝脏是腹部最大的实质性脏器,具有分泌胆汁、代谢、凝血、解毒、免疫等功能,是人体代谢最活跃的器官之一,并参与蛋白质、脂类、糖类和维生素等物质的合成、转化和分解代谢,以及激素、药物等生物转化作用。肝是人体的"中心化工厂",是人体生存最依赖的器官之一。肝大部分位于右上腹部,受右侧肋骨和膈肌的保护,是腹腔内仅次于脾脏的第二位易受损伤的器官。

根据外伤史、临床表现及检查和后续诊疗记录,肝损伤一般均较易诊断。同时依据手术记录中手术治疗方案是缝合修补术还是切除术等,可较准确地判断肝裂创的手术方式和后切除范围。

直接和/或间接外伤导致肝脏包膜及肝组织裂开、出血即肝破裂,通常在确诊后应尽早采取手术治疗。肝破裂伤的手术处理原则是彻底止血、消除失去活力的碎裂组织和安置腹腔引流以防止继发感染。具体手术方式有间断缝合、褥式缝合、肝动脉结扎并部分切除、半肝切除和肝脏周围组织填塞止血甚至原位肝移植等。

肝修补术是治疗肝破裂最常用的方法,边缘整齐的裂伤可作间断缝合或褥式缝合。手术适应证包括:(1)血流动力学指标不稳定;(2)清创术中发现裂口不深、出血不多、创缘比较整齐的肝组织裂伤。

肝切除术式主要是治疗局限性严重破裂损伤,此类肝外伤切除包括切除性扩创、非规则性肝段或亚段切除、规则性肝叶及肝段切除等。在临床手术学中,肝切除可分为两类术式:(1)非解剖性肝切除,系以清除坏死肝组织为主要目的,术中沿着损伤边界切除无法修复的肝组织,结扎损伤的血管及肝管;(2)解剖性肝切除,又称"规则性肝切除",系按解剖分区施行肝切除,包括肝段或肝叶切除。当遇有下列情形时需选择实施肝切除术:(1)血流动力学指标不稳定;(2)大块肝组织破损,特别是挫灭或粉碎性肝破裂,或肝组织严重挫伤、失活。具体适应证包括:(1)局限性严重损毁性伤,如在肝右前部、肝左叶;(2)肝组织深的裂伤,往往伴有大血管、胆管断裂,肝组织失去血供、坏死;(3)无法止血的局部重型肝挫裂伤;(4)肝静脉伤或肝旁大血管伤,需要切除部分肝组织以增进显露;(5)需切除已经部分脱离、失活的肝组织。

肝损伤行原位肝移植术是肝损伤治疗的最后选择,如肝门撕裂损伤,少数严重肝损伤病人因无法修复可考虑行同种异体肝移植术,如肝撕脱或肝脏严重粉碎性损伤,仅凭残存肝组织难以维持生命。目前临床上选择肝移植治疗肝外伤的手术适应证主要包括:(1)肝外伤难以止血,须大范围切除肝脏组织,残存肝组织难以代偿;(2)肝外伤后出现急性或慢性功能衰竭者;(3)肝脏主要血管或肝管严重毁损难以修复者;(4)肝外伤出现门脉血管或动—静脉漏者。

2. 鉴定要点

按照本标准的规定,肝修补术后属十级伤残,肝(部分)切除术后的致残程度等级均在九级或九级以上。肝(部分)切除术是指非解剖性肝切除或者解剖型肝切除,认定的关键在于手术记录中术式的记载,在手术记录并不能清晰分辨时(如修补术与切除术),需根据术前病历资料进行必要的分析论证。

如前文所称,在腹部外伤尤其钝性暴力伤及肝脏的案例中,不少手术记录虽显示其为肝修补术,但实际手术过程中又包含了对已挫灭、离断、失活肝组织切除的处置记录,或者手术记录虽载明为肝部分切除术,但仅有如上所述的以清除形式切除少许肝组织的具体记录,原则上均应视为肝修补术。

本标准条款中将肝损伤后经手术治疗肝切除范围2/3以上、1/2以上、1/3以上及部分切除等作为致残程度等级判定的重要依据,实际鉴定时可以根据诊疗病历特别是手术记录如手术名称、手术发现、术后病理标本描述做出分析、判定,同时结合肝损伤伤情及范围等,综合确认肝切除的比例。应注意:肝左叶或者右叶切除并不必然等同于一肝1/2切除。若对切除比例范围的判断有困难的,建议尽可能在术后早期应用影像学检查确定缺损位置及比例,后期可因肝组织逐渐形成类似球形的再生而难以准确判定。

(二)肝衰竭

1. 概述

(1)分期

各种因素致肝细胞严重损害,使其代谢、排泄、合成、解毒与免疫功能出现严重障碍或失代偿,机体出现黄疸、出血、腹水、继发感染、肝性脑病、肾功能障碍等一系列临床表现或者临床症候群,称为肝衰竭。临床以极度乏力、食欲下降、腹胀、恶心、呕吐、神志改变等为主要症状,往往病情进展迅速,总体预后较差。临床可分为急性肝衰竭、亚急性肝衰竭、慢加急性(亚急性)肝衰竭、慢性肝衰竭等。

本标准附录B.27参考临床医学相关文献,将损伤后肝衰竭分为早、中、晚三期。

早期:①极度疲乏,并有厌食、呕吐和腹胀等严重消化道症状。②黄疸进行性加重（血清总胆红素≥171μmol/L 或每日上升 17.1μmol/L）。③有出血倾向，30%凝血酶原活动度（PTA）≤40%；未出现肝性脑病或明显腹水。

中期：在肝衰竭早期表现的基础上，病情进一步发展，出现以下两种情形之一者：①Ⅱ度以上肝性脑病和（或）明显腹水；②出血倾向明显（出血点或瘀斑），且20% <凝血酶原活动度（PTA）≤30%。

晚期：在肝衰竭中期表现的基础上，病情进一步发展，出现以下三种情形之一者：①有难治性并发症，例如肝肾综合征、上消化道出血、严重感染和难以纠正的电解质紊乱；②出现ⅡI度以上肝性脑病；③有严重出血倾向（注射部位瘀斑等），凝血酶原活动度（PTA）≤20%。

（2）合并症

肝性脑病是继发于严重肝病，以代谢紊乱为基础的中枢神经系统功能失调综合征，主要临床表现为意识障碍、行为失常和昏迷。肝性脑病的诊断依据有：①严重肝病或广泛门—体侧支循环建立之后出现脑功能障碍表现；②精神及神经症状甚至昏迷；③肝功能明显损害和血氨升高；④双手扑翼样震颤和脑电图特征性改变，典型的改变是慢节律。

肝性脑病分为四期：①Ⅰ度（前驱期）。轻度性格改变，行为失常和睡眠失常，无神经系统体征。双手可有扑翼样震颤。脑电图多正常。②Ⅱ度（昏迷前期）。意识错乱睡眠障碍，行为失常，定向力和理解力均减退，对人、地、时的概念模糊、混乱，不能进行简单的计算，语言不清甚至幻觉、躁动不安等。双手扑翼样震颤明显，生理反射亢进，脑电图出现轻度特征性异常。③Ⅲ度（昏睡期）。以昏睡和神经错乱为主要特征。昏睡时可以唤醒，醒时可对答问话，扑翼样震颤明显，肌肉张力增加，脑电图异常波形。④Ⅳ度（昏迷期）。神志完全丧失、不能唤醒。浅昏迷期时对痛刺激等尚有反应，肌张力亢进，扑翼样震颤不能引出。深昏迷期时各种反射消失，肌张力降低，瞳孔散大，可出现阵发性惊厥，脑电图明显异常。

正常人体腹腔内液体量不超过200mL，过量的腹腔积液即称为腹水，通常腹水量超过1500mL时才会出现明显的症状和体征。腹水常见的症状和体征包括：腹胀、腹痛、体重增加及尿量减少，腹部膨隆、波液震颤（即波动感，腹水量一般在3000～4000mL以上才会明显显现）、移动性浊音（腹水至少在1000mL以上）。肝病性腹水主要的病因是门静脉高压和肝细胞功能不全。诊断依据：①肝病病史和门脉高压症等；②腹部膨隆，叩诊移动性浊音阳性；③抽取腹水的实验室检验与超声等影像学检查。

肝肾综合征是指既往无肾病史的重症肝病或急性重度肝损害或严重的胆

道感染，在肝功能衰竭的基础上，突然发生的特发性、进行性肾前性肾功能障碍，临床上出现无法解释的少尿或无尿、氮质血症、低血钠、尿钠，而肾脏本身无组织学病理改变。

2. 检验方法

肝功能实验室常用检测指标包括：(1)血清胆红素。失代偿期可出现结合胆红素和总胆红素升高，胆红素的持续升高是预后不良的重要指标。(2)血清白蛋白，是评估肝合成功能最重要的指标，在肝功能明显减退时，白蛋白合成减少。(3)血清球蛋白，主要是 γ－球蛋白，可间接反映肝窦网状内皮细胞移除和处理肠源性抗原的功能。(4)凝血酶原时间(PT)，可作为肝脏合成功能的有价值指标，超过正常对照 3 秒为异常。(5)血清丙氨酸氨基转移酶(ALT，即 GPT)与血清天门冬氨酸氨基转移酶(AST，即 GOT)。肝细胞受损时，ALT 升高，肝细胞坏死时，AST 升高。(6)凝血酶原活动度(PTA)。凝血酶原是血液凝固因子之一，凝血酶原是由肝脏合成的维生素 K 依赖因子之一，凝血酶原活动度(PTA)是判断肝细胞坏死的严重程度及预后的敏感指标，凝血酶原(PT)是反映肝损害程度最有价值的指标之一，随着肝细胞严重损害和坏死，PTA 下降，PTA≤40% 是急性肝衰竭诊断依据之一，PTA≤20% 可发生自发性出血。

3. 鉴定要点

本标准肝衰竭诸条款的应用需依据损伤病史、临床表现与各种辅助检查结果，综合分析肝功能及各种合并症的情况，同时须经规范治疗且病情稳定符合鉴定时机的要求，确定肝衰竭分期，最终确定致残程度等级。

(三)胆囊与胆道损伤

1. 概述

(1)胆道损伤

胆道分为肝内胆管系统和肝外胆道系统。肝外胆道损伤分为胆囊损伤和胆管损伤。一般说来，胆道损伤主要指肝外胆道的损伤，主要原因包括创伤性损伤与医源性损伤两大类。因肝外胆管位置深在隐蔽，外伤概率较小，若有损伤，常合并有其他邻近器官的损伤。据统计，约 85% 的胆道损伤系由腹部穿透伤引起，且多伴有十二指肠、胰腺或比邻血管的损伤。医源性胆道损伤比一般创伤更为常见，多发生于上腹部手术，特别是腹腔镜或剖腹行胆囊切除术和胃大部切除术时较为常见。

胆道损伤后的表现可有发热、黄疸、胆管炎、腹膜炎、麻痹性肠梗阻甚至败血症等。内窥镜逆行胰胆管造影(ERCP)可较准确地显示胆道损伤的部位及其程度。结合外伤史、腹部CT、B超、ERCP等辅助检查结果以及手术探查直视下所见，基本可明确诊断胆道损伤。胆道损伤甚或经手术治疗后均可发生胆道狭窄、胆漏、胆道出血、感染甚至腹腔感染、脓肿形成等并发症。其中胆道狭窄是较为常见的，多系胆管损伤与反复发作胆管炎致成胆管瘢痕性狭窄，常在损伤或者手术后经数月、数年发生，表现为腹痛、黄疸、结石及复发性胆管炎。胆道损伤后期最严重的后果是梗阻性黄疸、胆汁性肝硬化伴肝功能损害。

胆道损伤的治疗原则主要包括：①对于单纯的锐器致胆管裂伤或穿破，若受伤时间短，临床创伤对创口无污染且胆道伤口局部血运良好，缺损不多、炎症不明显，胆道壁无水肿，可予间断缝合、修补，再在其近端或远端置一"T"字形引流管以外引流；②胆管壁损伤部分超过其周径的50%或完全横断或有部分胆管组织缺损时，则宜行胆肠吻合术，此手术是胆道损伤常用的手术治疗方法，术中同样需要行胆管外引流术以减少感染机会。

胆肠吻合术后胆道逆行感染的主要原因是胆汁与肠液的瘀滞，其他还包括：吻合口狭窄、吻合口上方胆道狭窄、残余结石及肠襻中有细菌过度繁殖等。主要临床表现包括：①腹痛，常表现为以右上腹为主的绞痛或钝痛；②寒战、高热；③常有轻度黄疸；④反复逆行感染，可发生肝内多发性小脓肿；⑤反复逆行感染可合并不同程度的肝硬化，晚期可有门静脉高压；⑥体检可有体温升高、脉率增快、重症患者血压降低、呼吸浅快，剑突下区压痛与腹肌紧张、肝区叩痛，有时可扪及肝肿大；⑦病情严重者可出现为感染性休克表现。诊断依据：①反复发作的胆管炎表现；②B超、MRCP、PTC显示肝内胆管扩张；③实验室检查示外周血白细胞计数及中性粒细胞比例异常增高，肝功能检验示血清转氨酶、ALP、胆红素升高，碱性磷酸酶升高。

(2)胆囊损伤

胆囊位于肝脏脏面的胆囊窝内，具有储存、浓缩、分泌等功能，还有收缩功能、调节胆道压力等功能，胆囊与胆道的协同运动可促进胆汁向肠道排出。由于胆囊的解剖位置相对较表浅，且内有胆汁呈膨胀状，故较胆道而言，其相对更易遭损伤。

因胆囊任何类型损伤都很可能导致胆囊发生炎症而失去功能，故胆囊损伤原则上均应行胆囊切除术。但以下情况不宜选择胆囊切除术：①多发性创伤伴有严重凝血机制障碍或有肝硬化的患者；②胆囊损伤小，但合并多发伤导致休克且血流动力学不稳定者；③胆囊轻度损伤的患者不需手术治疗即可治愈。

2. 鉴定要点

本标准胆囊及胆道损伤相关条款均涉及手术治疗，鉴定此类损伤的致残程度等级时需全面分析伤后病史，尤其须关注手术记录，注意把握有无手术适应证。

胆道损伤后常需行"T"字形管外引流术，待数周后拔除"T"字形管。此类手术可属于本标准 5.10.4.3 所称"胆道修补术"的范畴。

适用本标准 5.7.4.3"胆道损伤胆肠吻合术后，反复发作逆行性胆道感染"的规定时，因胆道感染的发生频度与发作时间均有相当的不确定性，鉴定时应注意须同时符合以下要点：(1)确证为胆道损伤且已行胆肠吻合术；(2)确证发作胆道感染 3 次以上；(3)胆道感染的病因与损伤或者损伤后实施的相关治疗有关；(4)排除系由胆道结石或胆管蛔虫症引起。

(四)脾脏损伤

1. 概述

脾脏位于左下侧胸廓内季肋部的深处，富含血窦，质地脆弱，是腹腔器官中最易受损的器官之一。脾脏是人体最大的免疫器官，还有造血、储血、滤血等功能。脾脏损伤可由直接或间接外力作用造成。

当前临床医学界对脾脏损伤的治疗主张采用个体化治疗方案的原则，轻度损伤可行非手术治疗，而较重损伤则需及时实施手术。非手术治疗适应证包括：(1)单纯性脾破裂；(2)伤后血流动力学稳定；(3)非胸腹部开放性损伤；(4)患者年龄在 50 岁以下；(5)临床症状有逐渐好转的趋势。

脾脏的手术治疗方法多种多样。当条件具备且具有手术适应证，探查发现脾脏裂口小而浅、深度不超过 1.5cm 时(即多数Ⅰ级脾损伤和部分Ⅱ级脾损伤)，可首先采用脾破裂缝合修补术。脾破裂黏合凝固止血术适合于脾包膜撕脱和轻度表浅裂伤、广泛的单处撕裂伤以及单纯而未伤及大血管的裂伤者。

部分脾切除术包括规则性脾切除术即按照血管分布施行脾段、脾叶或半脾切除，一般认为脾脏部分切除范围不应超过全脾的 2/3，因保留 1/3 以上脾脏方能维持脾脏的正常功能。部分脾切除包括脾段、半脾和脾次全切除术，适应证为：(1)部分脾脏损伤或破裂严重，但无危及生命的多脏器损伤，无严重的胸腹联合伤和脑外伤，且无法缝合修补保留，或经缝合后止血不可靠或反而出血加剧，或缝合后部分脾脏出现血液循环障碍；(2)局限性脾内血肿；(3)脾门处的某一叶、段血管损伤无法修补，脾脏已出现界线明显的部分脾脏供血障碍；(4)部分脾脏损伤，年龄在 60 岁以下而且重要生命器官功能基本平稳。

全脾切除术的适应证为：(1)全脾破裂或广泛性脾脏破裂，脾脏血供完全中断，无法修补或保留部分脾组织；(2)脾门撕裂，脾蒂血管破裂；(3)脾血管损伤,伴血流动力学不稳定;(4)脾脏缝合修补术不能有效止血;(5)有威胁生命的合并伤;(6)延迟性脾破裂或病理性脾破裂。

2. 鉴定要点

本标准脾脏破裂致残程度等级划分主要依据其手术治疗方式,即是指脾脏修补术、部分切除、全脾切除等,在鉴定中应注意手术适应证的把握及其具体手术治疗方式。脾切除术中若实施脾组织块移植入腹腔等操作,建议仍视为脾脏完全切除,而不是按照脾部分切除的条款鉴定致残程度等级。

鉴于脾脏是人体主要免疫器官,特别在未成年人缺失后,其相应全脾缺失较成年人高靠一级即七级伤残。根据本标准附则 6. 10 之规定,此处的未成年人即指年龄未满 18 周岁的人。

在鉴定实践中有时还要考虑迟发性脾破裂、病理性脾破裂所涉及损伤与疾病因果关系的问题。

(五)胰腺损伤

1. 概述

胰腺是人体第二大腺体,为腹膜后器官,位于胃与腹膜后斜向左上方紧贴于第 1 ~2 腰椎的前方。分为头、颈、体、尾四部,其主要功能包括内分泌功能以调节血糖和外分泌功能分泌胰液助消化。胰头被十二指肠袢包绕,胰体呈三棱形,向左横过腰椎,在钝性外伤时椎体起着杠杆作用易致胰腺横断伤。

胰腺损伤后的治疗通常需确定是否伴有胰管损伤,若影像学检查未提示胰管损伤,则通常可考虑选择非手术治疗,否则常需外科手术治疗处置。手术治疗的原则为彻底清创、止血、充分引流,制止胰液外漏,具体术式选择则根据胰腺损伤的部位、病理损伤程度、是否有主胰管破裂、是否合并有十二指肠及其他胸腹部内器官损伤和患者的全身状况等因素综合确定。具体可包括以下术式:(1)胰腺修补,适合于胰腺挫伤,包膜破裂,但不伴有主胰管的损伤时,可用浅层褥式缝合后,再引流。(2)胰腺切除,适用于胰腺断裂者。胰尾部断裂伤可行胰腺远端切除;近侧胰腺残端清创、止血后胰腺上下缘间断褥式缝合。部分胰腺切除术通常是胰体、胰尾(切除胰腺的 40% ~80%)附加或不附加脾切除,适用于不很严重的胰腺外伤。胰腺次全切除术是指切除胰腺 80% ~90%及脾,仅保留附贴于十二指肠曲的条状胰腺组织,适用于重度胰腺外伤。胰头十二指肠切除适用于其他术式不能处理的严重胰十二指肠损伤,其指征为:(1)胰头严重损伤不能修补或与肠吻合者;(2)胰头损伤伴有十二指肠血运障碍或坏死者;(3)十二指肠严重广泛挫伤累及乏特氏壶腹者;(4)胰管自十二指肠撕脱;(5)胰头挫伤出血难以控制者。

胰腺损伤经手术治疗,若不彻底清除其残留并已失去生机的胰腺组织,术后将进一步出现坏死、继发感染、胰周脓肿、胰漏等并发症。胰腺损伤手术后并发症的发生率较高,主要并发症有:(1)腹腔内出血;(2)腹腔内感染;(3)胰瘘;(4)创伤性胰腺炎;(5)胰腺假性囊肿及胰腺脓肿形成;(6)胰腺功能不全。

胰腺切除可能会引起不同程度的胰腺内、外分泌功能的减退或缺失,不但可造成胰腺各种内分泌激素和胰酶量的减少,同时出现激素和(或)胰酶活性的降低,出现不同的临床症候群。因此将胰腺手术后出现的胰腺内外分泌功能减退症候群分为胰腺内分泌功能不全症候群和胰腺外分泌功能不全症候群。前者最典型的临床表现即胰岛素分泌减少所造成的糖尿病,属胰岛素依赖型,可用外源胰岛素治疗;后者则以腹胀、食欲缺乏、消化不良、脂肪痢为特征,可用胰酶治疗因消化不良引起的营养障碍。胰腺损伤术后发生的胰腺功能不全并不多见,是由于胰腺组织损伤、坏死和切除的范围过大所致(超过80%)。通常认为超过85%的胰腺组织切除,会遗留明显胰腺功能障碍。据报道胰腺切除部分占全胰的80%~95%时,糖尿病发生率为74%~90%,胰腺完全切除后糖尿病发生率为100%。

胰腺因创伤造成出血、渗出并包裹形成囊肿,胰腺假性囊肿形成往往是由于手术探查时未能发现主胰管的损伤,胰液渗入受损伤的胰腺实质组织中,也可由于胰液聚集于胰腺裂伤缝合后胰腺组织间的潜在腔隙中而形成。可在超声内镜引导下经胃行支架置入治疗创伤性胰腺假性囊肿,也可选择外科手术,手术适应证包括:(1)出现出血、感染、破裂、压迫等并发症;(2)囊肿直径>6cm;(3)非手术治疗时囊肿无缩小反而有增大趋势;(4)多发性囊肿;(5)囊肿壁厚;(6)合并慢性胰腺炎及胰管狭窄。具体手术方式包括:(1)内引流术,指囊肿与空肠或胃吻合;(2)外引流术,适用于明显感染、囊肿形成时间短及囊壁薄弱者;(3)胰尾部囊肿且难以完全排除肿瘤可能者。

2. 鉴定要点

本标准胰腺损伤后致残程度评定的条款,主要依据临床诊断与所选择的手术方式,以及损伤和(或)手术所出现的并发症类型,结合是否存在药物依赖或其他各种后遗症等情形。致残程度等级鉴定时,胰腺切除范围以剖腹探查术中所见为主要依据,结合胰腺的损伤类型、范围、程度,有疑义的可参照术前及术后腹部CT片或MRI片胰腺长度的影像学改变,对胰腺切除范围进行评估。

胰腺缺失85%以上,且经检查证实胰腺内、外分泌功能均已丧失,提示残留胰腺组织无生理功能，可符合本标准所称的“全胰缺失”。

胰腺缺失超过50%，出现胰岛素分泌不足的临床表现，须依赖外源性胰岛素补充的情形，符合本标准所称的“胰腺大部分切除，胰岛素依赖”。

胆源性胰腺炎、胰腺手术等多种原因引起的胰腺炎均可能形成假性囊肿，须与外伤性胰腺假性囊肿鉴别。另须注意，胰腺假性囊肿在病理学检查上可以检见囊壁并无上皮覆盖，为纤维结缔组织。

确证胰腺损伤后假性囊肿形成，经行外科手术治疗或者超声内镜指引下经胃支架置入术治疗的，均可符合本标准所称“外伤性胰腺假性囊肿术后”。

当胰腺损伤并经手术治疗后出现胰腺内分泌功能不全，可能发生显性或隐性糖尿病，鉴定时需注意此类损伤前已存在糖尿病症状体征，抑或糖尿病家族史/遗传史的情况，结合胰腺损伤及切除范围，客观分析其因果关系。

第四节　肾、肾上腺损伤与肾功能障碍

一、关于肾损伤与肾功能障碍

(一)标准条款

条款序号	条款内容
5.1.3.2	双肾切除术后或者孤肾切除术后，需透析维持治疗；肾移植术后肾衰竭。
5.2.4.2	肾衰竭。
5.3.4.2	一侧肾切除术后，另一侧肾功能重度下降。
5.4.4.4	肾功能重度下降。
5.5.4.2	一侧肾切除术后，另一侧肾功能中度下降。
5.5.4.3	肾移植术后，肾功能基本正常。
5.6.4.4	肾功能中度下降。
5.7.4.2	一侧肾切除术后。
5.8.4.7	损伤致肾性高血压。
5.8.4.8	肾功能轻度下降。
5.9.4.4	一侧肾部分切除术后。
5.10.5.1	肾、输尿管或者膀胱修补术后。

(二)应用说明

1. 概述

(1)解剖与生理

双肾是位于腹膜后隙的重要器官,紧贴脊柱两侧与后腹壁,约对应于第11、12胸椎至第2、3腰椎之间,右肾位置较左肾低约2cm。女性、儿童、瘦高个子的人,其肾脏位置略低,新生儿肾的下极几乎达髂嵴水平。肾脏是机体排泄代谢废物,维持水、电解质和酸碱平衡,以及产生多种激素的重要器官。解剖学上,肾单位是肾脏最基本的功能和结构单位,由肾小球和肾小管组成。肾小球为一特殊的毛细血管结构,其壁由内皮细胞和上皮细胞基膜所组成,其系膜区由基质及系膜细胞所支撑。这些结构使入球动脉的血液在经过肾小球毛细血管襻时能有效而又有选择性地滤过,形成超滤液;而未滤过部分则通过出球小动脉离开肾小球,再次形成二级毛细血管网包绕并支配肾小管。肾小管由近端肾小管、亨氏襻、远端肾小管、连接管及集合管所组成,参与多种物质的重吸收及排泄。肾单位正常结构的破坏,即可能导致其功能障碍。

(2)肾损伤

肾损伤多数是由于钝性暴力作用所引起的,开放性肾损伤多合并腹部其他组织器官的损伤,存在自身疾病者(例如肾积水或肾肿瘤)则更易发生损伤,且伤情与残情表现可更为严重。

肾损伤的分类方法大致有两种。

一是按损伤程度分为两级:①轻度损伤,包括肾挫伤,1cm以下的肾裂伤;②严重损伤,包括1cm以上的肾裂伤、贯通集合系统的损伤、粉碎性损伤及血管相关性损伤。

二是按损伤程度分为五级:①Ⅰ级为挫伤;②Ⅱ级为无肾实质裂伤的局限性包膜下血肿或局限性肾周围血肿;③Ⅲ级为肾皮质裂伤深度<1cm、无尿外渗的情形;④Ⅳ级为肾皮质裂伤>1cm而无集合系统裂伤或尿外渗以及贯通肾皮质、髓质、集合系统的裂伤;⑤Ⅴ级为肾动、静脉主干损伤出血、肾粉碎性损伤或肾蒂断裂。

肾损伤后常形成肾周血肿、肾包膜下血肿或者肾实质内血肿,经超声、CT等医学影像学检查可以明确诊断。当CT或静脉尿路造影显示一侧或双侧肾脏不显影,或其他肾血管损伤的征象时,应作肾动脉造影或数字减影血管造影,以争取进一步明确诊断。核素检查同样是非常有效的肾功能检查手段。

血尿是肾损伤后常见的临床表现,但应当注意,外伤后血尿的严重程度与肾损伤分级情况并不一定完全一致，如肾血管断裂或未伤及集合系统的肾损伤可不出现血尿，故尿液检验结果仅供临床诊疗与鉴定时参考。

肾损伤的治疗原则包括：①对于闭合性肾损伤，轻者可采用卧床休息等非手术治疗，确诊为肾蒂损伤、肾粉碎性损伤、完全性肾断裂的应采取手术治疗，大的腹膜后血肿及尿外渗亦有手术引流的指征；②对于开放性肾损伤，尤其血流动力学不稳定者，应立即手术探查，根据情况做出相应处理；③术中应以保留肾脏为主要目的。

(3)肾损伤的并发症或后遗症

肾损伤并发症的发生率约为20%左右。早期并发症主要是后腹膜和全身感染以及尿外渗，晚期并发症包括继发性肾功能减退、尿路感染、结石形成、肾积水及肾性高血压。继发性肾功能减退可由于肾血管并发症引起肾实质萎缩或纤维化所致，亦可由于肾收集系统瘢痕愈合导致肾积水引起。缺血性肾梗死、肾节段萎缩、包膜下或肾周血肿机化压迫可引起肾性高血压。

①肾性高血压，是继发性高血压的一种，分为肾实质性和肾血管性高血压。肾实质性高血压以慢性肾小球肾炎最为常见，肾血管性高血压主要是由于单侧或双侧肾动脉主支狭窄，导致肾脏血流灌注降低而引起高血压。肾损伤后高血压主要为肾血管性高血压。目前国内高血压的诊断采用2010年《中国高血压防治指南》建议的标准，即高血压为收缩压≥140mmHg，舒张压≥90mmHg。

②肾功能下降与衰竭。肾小球的滤过功能是肾脏最重要的功能之一，其主要通过肾小球滤过率(GFR)来衡量，是评价肾功能的最好指标。GFR不能直接测量，其检测方法可以分为两大类，一类是外源性物质的清除率，另一类则为内源性物质的清除率。近年来，应用放射性核素方法检测GFR被认为同检测菊粉清除率一样，是一种准确反映肾小球滤过功能的方法，可作为测定GFR的“金标准”。放射性核素方法是静脉内一次性注射放射性核素标记物，运用单光子发射计算机断层仪(SPECT)，通过应用数字成像技术测定肾脏中指示剂放射性活性的减少，可以不用抽取血标本即可测定肾的血浆清除率，从而反映GFR，方法简便、可靠、无创伤。数字成像的优点在于它不仅可以测定肾清除率，还可以了解肾脏的结构，将肾脏功能变化与其结构变化相联系，特别是它能测定分肾功能，并了解每一侧肾脏在总的GFR中所起的作用，尤其是当肾功能减退的情况下，应用放射性核素测定的GFR仍能很好地反映实际的GFR。

2. 检验方法

(1)肾功能的检验与评估

本标准附录B.28采用当前临床医学常用规范标准，即慢性肾脏病(CKD)肾功能损害分期标准。肾功能损害是指：①肾脏损伤(肾脏结构或功能异常)≥3个月，可以有或无肾小球滤过率(GFR)下降，临床上表现为病理学检查异常或者肾损伤(包括血、尿成分异常或影像学检查异常)；②GFR < 60mL/(min·1.73m²)达3个月，有或无肾脏损伤证据。肾功能损害分期见表5-4-1。

表5-4-1 肾功能损害分期

CKD分期	名称	诊断标准
1期	肾功能正常	GFR≥90mL/(min·1.73m²)
2期	肾功能轻度下降	GFR 60~89mL/(min·1.73m²)≥3个月， 有或无肾脏损伤证据
3期	肾功能中度下降	GFR 30~59mL/(min·1.73m²)
4期	肾功能重度下降	GFR 15~29mL/(min·1.73m²)
5期	肾衰竭	GFR < 15mL/(min·1.73m²)

采用核素检查的方法可测得eGFR，但该方法对检测技术与设备的要求较高、检测手段本身存在一定的放射危害而容易引起受试者的顾虑，故现在临床上常采用测定肌酐水平(SCr)的方法，通过MDRD公式计算GFR。

适合中国人的MDRD改良公式如下：

$GFR(mL/min \cdot 1.73m^2) = 175 \times SCr(mg/dL)^{-1.154} \times 年龄^{-0.203} \times (0.79女性)$。

临床肾病专科多采用计算机软件法进行GFR的计算，通过输入受试者的年龄、性别、肌酐值等数据或信息后，即可获取GFR结果。

(2)肾血管功能的检验

通过影像学肾血管造影(如CTA、MRA)、超声检查等手段，有助于明确肾血管的狭窄程度。

3. 鉴定要点

(1)肾损伤

肾损伤致残程度等级的鉴定首先应明确损伤基础，然后应准确判定肾损伤及其遗留功能障碍的程度，最后再援引相应标准条款提出致残程度等级的鉴定意见。

如前所述,尽可能保留肾脏是肾损伤后手术治疗的主要目的。对于有可能保留或者部分保留肾脏组织的肾外伤,临床上在条件允许的情况下可能选择实施肾修补术或者部分肾切除术。本标准所称"肾修补术后""一侧肾部分切除术后"就是针对此种情况。实践中应注意,应结合损伤后病历资料及各种辅助检查结果,关注手术记录,综合判定具体手术方式,据此作出致残程度等级的鉴定。若病历资料记录不清晰或者存有疑义的,可通过超声、放射医学影像检查或放射性核素检查等方法加以核查。

当前临床医学实践中,各种微创手术或非手术方法越来越受到医患各方的欢迎,在肾损伤的治疗中也不例外。例如,临床上可以采取栓塞的方式治疗肾脏严重损伤,经栓塞后,可致该侧肾脏缺乏血供,肾组织全部或者部分梗死而失去功能。严重外伤的案例中,伤者也可能因为肾血供破坏导致类似的后果。对于此类情况,可以视为该侧肾脏切除或者部分切除。关键是需准确界定该侧肾组织功能丧失的具体情况,建议此时可采用放射性核素方法进行功能—形态学检查、测定 GFR,既可以了解分侧肾功能的水平,又可以了解伤侧肾脏组织结构的破坏情况,将对致残程度等级的鉴定提供关键性支持作用。

(2)肾功能损害

对肾损伤后遗功能障碍进行致残程度等级的鉴定,需待医疗终结后方可进行,一般应在损伤后 6 ~ 8 个月,病情(如 GFR 检测结果)稳定至少 3 个月,针对后遗功能障碍的临床治疗方案基本确定。应注意避免将急性肾功能损害误作为鉴定致残程度等级的依据。

因肾功能损害发生后,临床上有诸如血液透析、腹膜透析、同种异体肾脏移植术等多种治疗方法,一经治疗,被鉴定人血液中相关指标将得以明显改善,故在测量被案定人 GFR 时,不应以治疗后的实验室检验结果作为定残依据,而应关注确诊肾功能损害后、未进行透析治疗前的 GFR 结果,参考透析后随访复查情况,尤其是透析间歇期临近下一次透析前的检测结果,全面分析,综合鉴定。

对肾损伤后遗功能障碍进行鉴定时还应注意伤病关系分析,排除既往自身疾病(如肾病综合征及各种肾炎)对于肾脏功能的影响。对于损伤后诊疗过程中药物应用带来的肾毒性损害,需注意鉴别是否存在医疗过错的影响。

二、关于肾上腺损伤

(一)标准条款

条款序号	条款内容
5.4.4.5	双侧肾上腺缺失。
5.5.4.4	肾上腺皮质功能明显减退。
5.8.4.9	一侧肾上腺缺失。
5.8.4.10	肾上腺皮质功能减退(轻度)。

(二)应用说明

1. 概述

双肾上端偏内侧为肾上腺,两者在解剖位置上紧密相连。肾上腺在组织学上分为髓质和皮质,它们在功能上分属两个系统。肾上腺皮质占90%,按细胞排列,从外向内皮质由球状带、束状带和网状带三层功能不同的细胞组成,皮质分泌类固醇激素,其球状带分泌盐皮质激素,主要是醛固酮,调节水盐代谢;束状带分泌糖皮质激素,主要是皮质醇,调节糖、蛋白质和脂肪代谢;网状带分泌性激素,主要是雄激素。肾上腺髓质占10%,主要分泌肾上腺激素和去甲肾上腺素,能使心跳加快、心收缩力加强、小动脉收缩,从而使血压升高。

腹部遭受外力作用时可能引起肾上腺损伤。肾上腺损伤可引起相应激素的分泌异常,导致肾上腺功能障碍。

按照本标准附录B.29之规定,肾上腺皮质功能减退分为明显减退与轻度减退两级。

(1)肾上腺皮质功能明显减退:①乏力,消瘦,皮肤、黏膜色素沉着,白癜,血压降低,食欲不振;②24h尿中17-羟类固醇<4mg,17-酮类固醇<10mg;③血浆皮质醇含量测定,早上8时,<9mg/100mL,下午4时,<3mg/100mL;④尿中皮质醇含量测定,<5mg/24h。

(2)肾上腺皮质功能轻度减退:具有功能明显减退之②、③两项,但无典型临床症状者。

2. 鉴定要点

进行肾上腺损伤致残程度等级的鉴定时,首先需明确损伤基础,然后判定肾上腺损伤并遗留功能障碍的程度,再援引相应条款鉴定致残程度等级。

对肾上腺损伤后遗功能障碍进行致残程度等级的鉴定,需待医疗终结后方可进行,一般应待损伤后 6 ~ 8 个月,病情(如肾上腺功能)稳定至少 3 个月,临床治疗方案确定。应注意避免将急性肾上腺功能损害误认为定残依据。

实施此类伤情的鉴定中,鉴定人务需注意伤病关系分析,排除自身疾病的影响。

第六章　盆部与会阴部损伤

第一节　输尿管、膀胱与尿道损伤

一、关于输尿管、膀胱与尿道损伤的标准条款

条款序号	条款内容
5.4.5.1	膀胱完全缺失或者切除术后,行永久性输尿管腹壁造瘘或者肠代膀胱并永久性造口。
5.5.5.1	永久性输尿管腹壁造口。
5.5.5.2	尿瘘难以修复。
5.7.5.1	永久性膀胱造口。
5.7.5.2	膀胱部分切除术后合并轻度排尿障碍。
5.7.5.3	原位肠代膀胱术后。
5.7.5.8	尿道狭窄(重度)或者成形术后。
5.8.5.1	输尿管损伤行代替术或者改道术后。
5.8.5.2	膀胱大部分切除术后。
5.9.5.1	膀胱部分切除术后。
5.9.5.2	输尿管狭窄成形术后。
5.9.5.3	输尿管狭窄行腔内扩张术或者腔内支架置入术后。
5.9.5.9	尿道狭窄(轻度)。
5.10.5.1	肾、输尿管或者膀胱修补术后。
5.10.5.6	尿道修补术后。

二、应用说明

(一)概述

输尿管、膀胱、尿道习惯上合称为尿路,是尿液排出身体的重要通路。

1. 输尿管及其损伤

输尿管是连接肾盂和膀胱的管状尿液引流器官,其全长隐蔽在腹膜后间隙内,受到脊柱、椎旁肌肉、腰部肌肉、腹前壁与腹腔组织器官的保护,再加上输尿管本身有一定的活动度,故发生损伤的机会较少,一旦发生损伤者常合并有腹腔器官或全身器官多发性创伤。在临床上,输尿管损伤常主要表现为尿瘘或尿外渗、无尿、感染、血尿、梗阻等,通过腹部B超、输尿管逆行插管造影、静脉肾盂造影等检查多可明确诊断。输尿管损伤的治疗方法主要有输尿管置管、经皮肾穿刺造瘘、输尿管吻合术等,根据伤情不同可选用不同治疗方案。

2. 膀胱及其损伤

膀胱为肌膜性囊状器官,位于盆腔深面,耻骨联合后方,四周有骨盆保护,其大小、形状、位置及壁的厚度均随储尿量而变化。当膀胱充盈时,其底部明显高出于耻骨联合之上,若此时下腹部遭受钝性外力打击,较空虚时更易发生膀胱破裂;或当骨盆受到强大外力的作用而引发骨盆骨折时,骨折断端也有可能刺破膀胱,并发膀胱破裂。膀胱损伤根据外伤史、体格检查及导尿、膀胱造影等检查较易明确诊断。膀胱破裂的治疗方法以手术为主,术后常需留置导尿管,必要时可留置耻骨上膀胱造瘘管,有利于膀胱损伤的愈合。

3. 尿道及其损伤

男性尿道长约18cm,自然状态下呈“S”型,可分为四个部分:前列腺部、膜部、球部、阴茎部。女性尿道解剖较男性简单且较短,故尿道损伤的发生率也较男性小得多。尿道按损伤程度可大致分为三种类型:挫伤、破裂、断裂。按损伤部位可分为两种类型:后尿道损伤,包括尿生殖膈以上的前列腺部和膜部尿道损伤;前尿道损伤,包括球部和阴茎部尿道损伤。尿道损伤根据外伤史、导尿及尿道造影结果可以明确诊断。男性后尿道损伤的治疗可分为急诊尿道修补、端端吻合术,一期尿道会师牵引术,膀胱造瘘二期尿道修复术,内镜下尿道内会师术等。男性球部尿道损伤有条件的可选择急诊修补吻合,也可行耻骨上膀胱造瘘待二期再行手术修补。男性阴茎部尿道损伤应急诊手术修复。女性尿道损伤则应尽可能早期行一期修补吻合术。

4. 尿路损伤相关后遗症

尿瘘分为急性尿瘘和慢性尿瘘。慢性尿瘘常发生于尿路损伤后2～3周,多由于输尿管、膀胱或尿道局部慢性缺血坏死继而破裂导致尿瘘形成，最常见的是输尿管—阴道瘘、输尿管—皮肤瘘，膀胱—阴道瘘、膀胱—直肠瘘，尿道—阴道瘘、尿道—直肠瘘等。

尿道损伤后可引起尿道狭窄，按严重程度分为：(1)尿道重度狭窄。临床表现为尿不成线、滴沥，伴有尿急、尿不尽或者遗尿等症状；尿道造影检查显示尿道明显狭窄，狭窄部位尿道内径小于正常管径的1/3；超声检查示膀胱残余尿阳性；尿流动力学检查示严重排尿功能障碍；经常行尿道扩张效果不佳，有实施尿道成形术适应证。(2)尿道轻度狭窄。临床表现为尿流变细、尿不尽等；尿道造影检查示尿道狭窄，狭窄部位尿道内径小于正常管径的2/3；超声检查示膀胱残余尿阳性；尿流动力学检查示排尿功能障碍；有行尿道扩张治疗的适应证。尿道狭窄应以尿道造影等客观检查为主，结合临床表现综合评判。

(二)鉴定要点

1. 基本原则

在进行尿路损伤的鉴定时，首先应明确损伤基础，然后应准确判定尿路损伤及其遗留功能障碍的程度，最后再援引相应标准具体分级条款提出致残程度等级的鉴定意见。

对尿路损伤后遗功能障碍进行鉴定时还要注意伤病关系分析，排除自身疾病(如前列腺增生症或者前列腺肿瘤，输尿管、膀胱或者尿道结石症等)对尿路损伤以及后遗功能障碍的影响。

2. 输尿管损伤

尽可能保留输尿管功能是输尿管损伤后手术治疗的主要目的。对于有可能保留输尿管的外伤，临床上在条件允许的情况下一般尽可能选择实施输尿管置管术或者输尿管—肾盂吻合术、输尿管—输尿管吻合术、输尿管—膀胱吻合术等方法。若输尿管损伤伤情较重，无法保留完整的输尿管，可能不得不行永久性输尿管腹壁造口。本标准所称“永久性输尿管腹壁造口”就是针对上述最后一种情况。

输尿管损伤致尿瘘形成属于“难以修复”的认定，系指经再次手术等规范系统治疗后仍难以恢复的情形。手术过程中若因输尿管缺损过多，需在两输尿管断端间置入一段回肠而行回肠代输尿管术，即可符合本标准所称的“输尿管损伤行代替术”。

输尿管损伤后行输尿管—肾盂吻合术、输尿管—膀胱吻合术即可符合本标准所称的“输尿管损伤行改道术后”。

本标准对于输尿管损伤致输尿管狭窄行成形术后，以及行腔内扩张术或者腔内支架置入术后，均有不同的分级条款规定，在鉴定时应予以注意。但应注意，无论实施何种治疗，均需确证输尿管损伤为前提和基础，且须存在不同程度的输尿管狭窄。针对上述损伤及后遗症所实施的相应治疗，无论是否已经取出留置导管，均可符合相应条款规定的致残程度等级。

在实际鉴定中应注意，须结合损伤后病历资料及各种辅助检查结果，关注手术记录，综合判定具体手术方式，据此作出致残程度等级的鉴定。若病历资料记录不清晰或者存有疑义的，可通过超声、放射医学影像检查等方法加以核查。

实际鉴定中，应注意勿将临时性尿路腹壁造口（造瘘）作为永久性的后遗情形，故在遇有此类情形时有必要进行医学评估，避免高估致残程度等级。

3. 膀胱损伤

与输尿管损伤的治疗原则相仿，临床一般以尽可能保留膀胱功能作为膀胱损伤后实施手术治疗的主要目的，对于有可能保留膀胱的外伤，临床上在条件允许的情况下多会尽可能选择实施保留膀胱全部或部分功能的手术，如膀胱破裂修补术、膀胱部分切除术等。若膀胱损伤伤情较重，无法保留膀胱，需行永久性输尿管腹壁造口或者行肠代膀胱术，并同时实施永久性腹壁造口，即为本标准所称“膀胱损伤致膀胱完全缺失或者切除术后，行永久性输尿管腹壁造瘘或者肠代膀胱并永久性造口”。

膀胱损伤后行手术治疗，且留置膀胱造口无法关闭的，即可符合本标准所称的“永久性膀胱造口”。

本标准所称的“膀胱大部分切除术后”是指膀胱损伤致切除 1/2 以上。同时，实践中应注意，应结合损伤后病历资料及各种辅助检查结果，关注手术记录，综合判定具体手术方式，据此作出致残程度等级的鉴定。若病历资料记录不清晰或者存有疑义的，可通过超声、放射医学影像检查测定尿容量等方法加以核查。

实际鉴定中，应注意勿将临时性膀胱腹壁造口（造瘘）作为永久性的后遗情形。

4. 尿道损伤

尿道损伤后遗留尿道狭窄，并符合前述尿道重度狭窄标准，或行尿道成形术后，符合本标准所称“尿道狭窄（重度）或者成形术后”就是针对此种情况。鉴定实践中应注意，需结合损伤后病历资料及各种辅助检查结果，关注手术记录，综合判定具体手术方式，据此作出致残程度等级的鉴定，对于尿道狭窄程度的认定尤其要综合判断。

临床上确有少数被鉴定人因尿道狭窄需定期反复行尿道扩张治疗，应根据尿道扩张术前狭窄较著时的造影检查结果作为主要的定残依据。

对尿道损伤后遗尿道狭窄、排尿功能障碍等情形，需待残情稳定至少 3 ~ 6 个月方可实施致残程度等级的鉴定。

应注意避免将急性尿道功能损害误为定残依据。

第二节 直肠与肛管损伤

一、关于直肠与肛管损伤的标准条款

条款序号	条款内容
5.7.5.9	肛管或者直肠损伤，排便功能重度障碍或者肛门失禁（重度）。
5.7.5.10	会阴部瘢痕挛缩致肛门闭锁，结肠造口术后。
5.9.5.10	肛管或者直肠损伤，排便功能轻度障碍或者肛门失禁（轻度）。
5.10.5.7	会阴部瘢痕挛缩，肛管狭窄。

二、应用说明

（一）排便功能障碍

1. 概述

排便和自制是肛管、直肠最重要的功能，是两个十分复杂、互相对立又互相关联的生理过程。它不仅依赖有关组织、器官解剖结构的完整性，还需要在生理功能完整的情况下才能实现。直肠和肛管在解剖位置上互相连接又互相重叠，在生理功能上相互协调，对于排便和自制过程都起着重要的作用。

正常的排便过程取决于大便的性状、结肠与直肠的容量、平滑肌收缩功能的状况、直肠感觉阈值的高低、直肠—肛管角度的大小以及肛门内、外括约肌的解剖结构和功能，还有赖于直肠—肛门的正常生理反射等。

按照发生机理，排便功能障碍可以分为出口梗阻性、慢传输性以及混合型排便障碍三类；按照发生部位，又可以分为结肠性、直肠肛管性、盆底性等类型。肛管或直肠损伤后，直肠内脱垂、直肠前突、盆底疝、肛管狭窄等，均可能导致排便功能障碍，这是本节关注的重点。

排便功能障碍主要表现为便秘和排便困难。便秘主要是指排便间隔时间延长、排便次数减少、粪便量减少、排便费力等，以粪便干燥、粗硬为主要表现，多不能保证每天排便。须结合粪便的性状、本人平时排便习惯综合判断。排便困难通常便质并不干燥，多属于功能性障碍，且便次不一定减少，排便间隔时间也不一定延长，但常伴有腹胀、下腹或肛门坠胀、恶心、厌食、睡眠不佳、注意力难以集中乃至强迫症、抑郁症等精神症状。前者通过药物治疗和调整生活饮食习惯，多能取得一定的治疗效果；后者治疗效果往往不佳。因此在实际鉴定中有必要注意便秘与排便困难的鉴别，外伤后因器质性原因导致的难以实现正常排便且经治疗无法有效改善的情形更符合本标准所称的排便功能障碍。

2. 检验方法

（1）分型分级

参照本标准附录 B. 10 之规定，排便功能障碍按严重程度不同可以分为以下两种类型：

①重度排便功能障碍：不能自主排便，长期依赖开塞露纳肛甚至间或需灌肠等导泻治疗方能缓解大便潴留、腹胀、腹痛等症状，可时发低位结肠梗阻的临床表现。肛管狭窄者行直肠指检时难以通过检查者一手小指，若能够实施该检查者常可触及硬结之粪块乃至粪石。

②轻度排便功能障碍：自主排便有一定困难，有的大便变硬甚至伴有较多粪石块，有的大便变细，表现为排便费力、大便明显变细，间或需要使用开塞露纳肛导泻，直肠指检多可见肛管狭窄、不能通过检查者一手示指，若能够实施该检查者多可触及成形干燥之大便。

（2）体格检查

针对疑有因肛管、直肠外伤引起排便功能障碍者，应关注体格检查，重点观察受检者做排便动作时有无肛门或会阴膨出，检查肛门反射有无减弱、消失，肛门、直肠指检可检查肛门括约肌有无松弛、痉挛。指检时，当检查者的示指试图通过肛门探入时，可以感觉到肛门括约肌的反射性收缩，进而可以体会直肠括约肌的松紧度与收缩力。正常时，检查者的示指可以顺利伸入被检查者的肛门内；若示指通过困难或难以通过，则说明肛管很可能存在一定程度的狭窄。

（3）辅助检查

近年来临床研究表明，结肠内镜检查、直肠肛门内压测定、肌电图、B 超、排便造影技术均可用于排便功能障碍的检查，其中排便造影有助于明确排便功能障碍的直肠肛管和盆底疾病的病因诊断。

电生理检查对排便功能障碍的鉴别诊断也有一定的帮助。

3. 鉴定要点

需通过查阅损伤后案情、病历材料，确证被鉴定人存在肛管或直肠的外伤史。

建议外伤后出现排便功能障碍症状至少达6个月时方可进行致残程度等级的鉴定。被鉴定人以直肠或者肛管损伤致排便功能障碍作为主诉的，鉴定前一般均应经过必要的药物或手术治疗，确证治疗效果基本稳定。

实际鉴定时，可根据伤情特点，有选择地实施各项检查。

鉴定时须注意与心因性排便功能障碍（主要是便秘）、单纯性便秘等鉴别。心因性者自觉症状远较实际病情重，治疗效果差，缺乏器质性病理（损伤）基础。

（二）关于大便失禁

1. 概述

肛门失禁也称大便失禁，是排便功能紊乱的另一重要表现形式，指粪便和气体不能控制，不自主地流出肛门外，病程达1个月以上。不包括腹泻时偶尔可能出现的肛门失控，也不包括肛管直肠炎症时大便次数增多及黏液流出。

按照肛门失禁的原因，可分为功能性和器质性两种。器质性大便失禁，是指外伤、手术或某些疾病造成结肠与直肠、肛管以及脊椎、盆底神经损伤或者发生病理改变，导致节制功能异常。功能性大便失禁往往是失禁与便秘交替存在，而器质性大便失禁没有这种现象。

按照肛门失禁的性质，可以分为两类：（1）感觉性失禁。肛管括约肌形态未见异常，主要由于肛管直肠感觉缺失而引起肛门失禁，如脊髓或大脑中枢神经功能障碍或者支配肛管直肠的周围神经损伤。（2）运动性失禁。主要是由于损伤了肛管括约肌，破坏了肛管直肠环，导致不能随意控制大便而引起肛门失禁。本节所指的主要是运动性失禁。

外伤导致大便失禁主要见于三种情况：（1）会阴部创伤造成功能括约肌的严重挫伤、撕裂，使其丧失正常的括约肌功能；（2）骨盆或腰骶部创伤，造成支配肛门括约肌的神经损伤，失去正常的神经反射，导致大便失禁；（3）脊髓、脊神经损伤，造成支配肛门括约肌神经元或者神经根损伤。本节所指的主要是第一种情形，其他两种情形可适用神经损伤专门条款进行鉴定。

2. 检验方法

(1)分型分级

参照本标准附录 B. 10 之规定,大便失禁按严重程度不同可以分为以下两种类型:

①重度肛门失禁,也称为完全性肛门失禁,表现为稀大便、气体及干大便均不能控制。肛门括约肌收缩力很弱或者丧失,肛门括约肌收缩反射很弱或者消失,肛门注水法测定直肠内压≤$20cmH_20$。

②轻度肛门失禁,也称为不完全性肛门失禁,表现为稀大便及气体不能控制。肛门括约肌收缩力及肛门括约肌收缩反射均较弱,肛门注水法测定直肠内压多在 20 ~ $30cmH_20$。

(2)体格检查

针对疑有因肛管、直肠外伤引起大便失禁者,应重视体格检查,检查时重点关注肛门反射有无减弱、消失,直肠指检可检查肛门括约肌有无张力下降、收缩力减弱。

应用直肠指检时,当检查者的示指试图伸入肛门时,可以体会到肛门括约肌的反射性收缩,进而可以体会直肠括约肌的松紧度。正常时,检查者的示指可以顺利伸入被检查者的肛门内;若肛门括约肌过于松弛且反射性收缩很弱甚至完全消失,则往往提示其可能存在肛门失禁。

(3)一般辅助检查

对于肛门失禁,可有选择地实施以下辅助检查。

①结肠镜检查,重点观察有无结肠、直肠以及肛管的病变。

②排粪造影检查,通过用力排粪、提肛、静息等动态观察,了解肛门括约肌的功能。如灌注入直肠的钡剂通过提肛可以保留,说明肛管括约肌仍有一定功能;如钡剂不随意流出,说明肛门失禁确实存在。

③直肠感觉阈值测定。将 6cm × 4cm 大小带有导管的球囊置入直肠,然后向球囊内注入水或空气,正常直肠的感觉阈值为 45mL ± 5mL,如为神经性肛门失禁,直肠感觉阈值消失。

④球囊逼出试验。如直肠感觉迟钝,正常容量不能引起排便反射,不能将球囊排出。此检查不但可判断直肠的感觉是否正常,还可判断肛管括约肌的功能。如肛管括约肌受损、无功能,则球囊可自行排出肛门,或者轻微增加腹压即可使球囊排出。

⑤盆底肌电图检查,可以了解括约肌缺损部位及范围。

⑥肛管超声检查,通过肛管超声(AUS)检查可以清楚显示内括约肌是否

完整，外括约肌是否有缺损，以及缺损的部位及范围。

⑦MRI检查，有助于显示括约肌缺损的部位及范围。

(4)特殊辅助检查

在采用一般辅助检查方法仍难以做出评估意见时，可采用肛门直肠内压测定（肛肠动力学检查）。本方法主要关注以下指标。

①直肠阈值容量，是指向受检者直肠内气囊注入空气至受检者刚刚产生下腹部胀感时的累计注气总量。

②直肠最大耐受容量，是指连续注气至受检者不能耐受时的注气总量。

③肛管静息压，是指受检者在休息（全身放松）时测得的肛管压力。肛管静息压约80%由肛门内括约肌的收缩张力所形成，外括约肌收缩张力在肛管静息压的构成中仅约占20%。它所构成的静息压梯度是维持安静情况下肛门自制的主要因素之一，尤其是对气体、液体的自制。

④肛管收缩压，是指受检者尽力收缩肛门时测得的压力。由盆底肌、外括约肌的位相性收缩产生，是维持肛门自制功能，尤其是应激状态下肛门自制的主要因素。

⑤直肠—肛门抑制反射，是指向直肠内气囊注入气体达到一定量时引起肛门内括约肌反射性的松弛，此反射不受大脑皮层控制。该反射是内括约肌的主要功能指标。

⑥直肠—肛管收缩反射，是指向直肠内气囊注入气体达到一定量时引起肛门外括约肌反射性的收缩，该反射受大脑皮层控制。该反射在一定程度上反映了肛门外括约肌的自制功能，盆底肌支配神经损伤者该反射减弱或者消失。

3. 鉴定要点

需通过查阅损伤后案情、病历材料，确证被鉴定人存在肛管或直肠的外伤史。

建议外伤后出现肛门失禁症状至少达6个月时方可进行致残程度等级的鉴定。

实际鉴定时，可根据伤情特点，有选择地实施各项检查。

对于损伤后出现肛门失禁症状但难以明确存在器质性损伤基础，疑为功能性肛门失禁的情形，鉴定应特别谨慎。认定功能性肛门失禁的，因其很可能突然自愈而并非最终损害后果，故原则上不宜引用本标准有关排便功能障碍（大便失禁）的条款鉴定致残程度等级，但可以就因果关系进行必要的说明。

(三)关于结肠造口

1. 概述

本标准5.7.5.10所称的“会阴部瘢痕挛缩致肛门闭锁,结肠造口术后”是指会阴部严重损伤致使瘢痕形成并挛缩,致使肛管、肛门失去正常形态与功能,难以完成排便,发生难以治疗的排便功能障碍,而不得不在腹壁上另做人造开口,即将一段结肠肠管拉出开口外,翻转缝于腹壁,从而形成了结肠造口,永久代替原来会阴部肛门行使排便的功能。

相对于重度排便功能障碍而言,结肠造口对整体的消化功能影响要小得多,但除了给患者带来生活不便之外,也有相当多的患者可能发生不同的并发症。据国外文献报道,并发症发生率可高达21% ~71%,而国内文献报道为16.3% ~53.8%。主要并发症包括造口缺血性坏死、造口回缩、造口处穿孔、造口脱垂等结肠造口本身的并发症,出血、分离、瘘、狭窄等造口皮肤黏膜连接处的并发症,接触性皮炎、损伤性皮炎等造口周围的皮肤病等。并发症的发生与手术情形、患者年龄及体形均有相当密切的关系。

2. 鉴定要点

适用本条款鉴定须注意同时满足以下要件:(1)确证存在严重的会阴部肛管、直肠、肛门外伤;(2)确证系因损伤后遗瘢痕形成并发生瘢痕挛缩,或者存在其他器质性因素,致成肛门闭锁,难以实现排便功能,且局部手术难以修复;(3)明确系永久性结肠造口,难以重建会阴部肛门排便功能。

(四)关于肛管狭窄

1. 概述

本标准5.10.5.7“会阴部瘢痕挛缩,肛管狭窄”是指会阴部严重损伤致使瘢痕形成并挛缩,致使肛管狭窄。此条款规定的情形与5.9.5.10的主要区别在于虽出现肛管形态学变化,但尚未出现排便功能障碍的表现。

2. 鉴定要点

适用本条款鉴定须注意同时满足以下要件:(1)确证存在会阴部外伤累及肛管、肛门;(2)明确损伤后遗瘢痕形成并发生瘢痕挛缩;(3)直肠指检证实检查者示指通过困难或难以通过,或者经肛管直肠镜、乙状结肠镜或纤维结肠镜、医学影像学检查提示肛管存在一定程度的狭窄。

第三节 男性会阴部损伤

一、关于男性性器官缺失

（一）标准条款

条款序号	条款内容
5.3.5.3	阴茎接近完全缺失（残留长度≤1.0cm）。
5.5.5.5	双侧睾丸缺失或者完全萎缩，丧失生育功能。
5.5.5.6	阴茎大部分缺失（残留长度≤3.0cm）。
5.7.5.6	未成年人一侧睾丸缺失或者严重萎缩。
5.8.5.5	一侧睾丸缺失。
5.8.5.7	阴茎冠状沟以上缺失。
5.9.5.7	一侧附睾缺失。
5.10.5.8	阴茎头部分缺失。

（二）应用说明

1. 概述

男性性器官可分为外性器官及内性器官两部分。外性器官包括阴茎及阴囊，内性器官包括睾丸、附睾、输精管、射精管及附属腺如前列腺、精囊、尿道球腺。

阴茎内部有三条互相平行的海绵体作为重要的支架组织。两条阴茎海绵体位于背侧，在根部分离成左右海绵体脚，固定于两侧耻骨下支及坐骨结节，表面由坐骨海绵体肌覆盖；尿道海绵体在两个阴茎海绵体腹侧间沟内，末端膨大形成阴茎头，后端与尿生殖膈相连，尿道从中通过，表面有球海绵体肌覆盖。阴囊下方会阴部可触到有膨大的尿道海绵体球部。

每条海绵体外有较为坚韧的胶原和弹力纤维组织包绕，称为白膜。两个阴茎海绵体白膜在中间融合形成阴茎中隔，隔内有间隙使两个海绵体相通。围绕尿道海绵体的白膜较薄但更富有弹性，阴茎勃起时硬度较差。由白膜向外依次有较厚的弹性纤维组成的阴茎深筋膜、较薄的以平滑肌纤维为主的阴茎浅筋膜以及皮肤将三个海绵体包到一起。阴茎可分为前端膨大部分的阴茎头、中部的阴茎体以及后部的阴茎根三部分。

有报道显示，经测量500名22～33岁的成年男子阴茎，发现疲软状态下阴茎长度为4～11cm，平均为7.2cm。另有报道显示，经测量10628名参加征兵体检男性的阴茎，发现疲软状态下阴茎平均长度为8cm左右，阴茎长短与身高并不成比例，存在有体重越轻阴茎越长的倾向。目前阴茎测量常规采用Feldman介绍的方法，具体是将阴茎置于伸展状态，沿阴茎背面测量从耻骨联合到阴茎头尖端所得的长度（不包括包皮长度），也称为阴茎伸展长度。

2. 鉴定要点

（1）病史调查

主要根据送鉴病历资料，认定是否存在会阴部外伤史及外伤所致伤情的类型、严重程度与诊疗情况，初步了解愈后。

（2）体格检查

重点检查阴茎、睾丸缺失情况。对于阴茎缺失，要检查缺失范围及残留长度。取直立姿势，将阴茎提起与身体呈90°，用直尺测量自阴茎上方耻骨联合处到阴茎头顶部的长度，注意不包括包皮长度。对于睾丸缺失或者萎缩，要检查输精管、附睾，并进行阴囊超声检查，注意与先天性隐睾鉴别。

关于睾丸萎缩致生育功能损害的情形见本节下文。

（3）注意事项

肥胖的人，下腹部脂肪较厚，残留长度测量时，务必取站立位，将阴茎提起测量，必要时进行阴茎超声检查测量（阴茎脚耻骨联合处至残端长度）。

二、关于男性生殖功能损害

（一）标准条款

条款序号	条款内容
5.5.5.5	双侧睾丸缺失或者完全萎缩，丧失生殖功能。
5.6.5.3	未成年人双侧睾丸萎缩，部分丧失功能。
5.6.5.5	睾丸或者附睾损伤，生殖功能重度损害。
5.6.5.6	双侧输精管损伤难以修复。
5.7.5.5	睾丸损伤，血睾酮降低，需药物替代治疗。
5.7.5.6	未成年人一侧睾丸缺失或者严重萎缩。
5.8.5.6	睾丸或者附睾损伤，生殖功能轻度损害。
5.9.5.8	一侧输精管损伤难以修复。
5.10.5.4	睾丸破裂修补术后。
5.10.5.5	一侧输精管破裂修复术后。

（二）应用说明

1. 概述

世界卫生组织（WHO）关于男性不育症的第5版文件规定，夫妻未采取任何避孕措施同居生活1年以上，由于男方因素造成女方不孕者，称为男性不育症，也即本标准所称的生育功能丧失以及损害等情形。

根据影响生殖环节的不同，男性生育功能障碍又可分为睾丸前、睾丸性、睾丸后及特发性四大类。睾丸前主要是指丘脑、垂体疾病导致不育，如促性腺激素缺乏，高泌素血症等。睾丸性主要是指睾丸异常导致不育，如先天性睾丸发育异常（克氏综合征、Y染色体微缺失）、睾丸外伤、睾丸炎症、精索静脉曲张等。睾丸后主要是指输精管梗阻、精子运动障碍等导致的不育，如梗阻性无精子症、纤毛不动综合征等。特发性不育是指找不到明确病因的不育。外伤导致的不育通常见于睾丸、附睾、输精管损伤。

生育功能障碍常与精子的数量及活力密切相关，主要包括无精子症、少精子症、弱精子症与畸形精子症。

无精子症是指连续3次以上精液检查，均有精浆但未检见精子。按照病因不同，本病又可以分为梗阻性和非梗阻性两大类。

少精子症是指精子密度 $<15\times10^6$/mL。

弱精子症是指精子密度 $\geq15\times10^6$/mL，而前向运动精子占精子总数的比例 $<32\%$。

畸形精子症是指精子密度 $\geq15\times10^6$/mL，前向运动精子占精子总数的比例 $\geq32\%$，而精子形态正常率 $<4\%$。

睾丸损伤可以引起生精功能障碍，附睾损伤可以引起精子成熟障碍，从而导致少精子症、弱精子症、畸形精子症甚至无精子症。当然，鉴定时也需要注意排除自身疾病因素，如染色体核型异常、附睾炎、精索静脉曲张等。

无精子症即生殖功能重度损害，相当于本标准所称的生育功能完全丧失。少精子症或弱精子症或畸形精子症相当于本标准所称的生育功能轻度损害，提示部分丧失生育能力。

2. 检验方法

（1）睾丸损伤及其萎缩与功能损害

国外报道健康的欧洲男子其睾丸平均体积为18mL，正常范围为12～30mL。国内学者对曾生育的男性542例检查睾丸容积范围为12～27mL，平均为19.8mL。目前常采用国际通用的睾丸体积测量器测量睾丸体积，临床上常以小于12号者诊断为“睾丸萎缩”。此外，对于睾丸萎缩的病例，应进行彩超检测,进一步观察血流情况。

睾丸完全萎缩,指睾丸基本难以通过触诊触及,B 超仅可显示残留轮廓,但 CDFI 不能显示明显血流信号。

睾丸萎缩,指睾丸容积缩小(小于 12mL),睾丸质地变软,B 超显示 CDFI 血流信号减少。

未成年人睾丸萎缩,不仅影响生殖能力,而且影响男性激素分泌及第二性征发育,因此较成年人更为严重。未成年人睾丸萎缩,应与同年龄段正常发育男孩进行比较,并结合超声探查所见综合判断。

睾丸损伤后,睾酮(雄激素)分泌不足,会影响男性性功能。目前各实验室有关血液中睾酮的正常参考值不尽相同,凡低于正常下限,考虑血睾酮降低,需补充雄激素(药物替代治疗)。

(2)附睾损伤及其功能损害

附睾是男性生殖道的一部分,与精子成熟具有十分密切的关系。附睾炎及附睾先天发育异常均可导致不育。附睾损伤同样可以影响精子的成熟与存贮,从而导致生殖功能损害。附睾损伤通过 B 超检查一般可以明确。

(3)输精管损伤及其功能损害

输精管是运输精子的天然通道,输精管损伤可以导致梗阻性无精。输精管损伤后一般可以通过显微外科技术进行吻合修复,从而实现再通。但对于输精管损伤范围较大,或损伤部位特殊,难以手术修复,或者虽经手术,但仍无法实现再通,且不具备再次手术条件的,均视为损伤难以修复。若双侧输精管破裂均行修复术后,两侧应分别评定。单纯输精管损伤一般不涉及睾丸生殖功能问题。

3. 鉴定要点

(1)病史调查

主要根据送鉴病历资料,认定是否存在睾丸和/或附睾的外伤史及外伤所致伤情的类型、严重程度与诊疗情况,初步了解愈后。

(2)体格检查及辅助检查

重点检查睾丸、附睾缺失或者萎缩情况。采用国际通用的睾丸体积测量器测量睾丸体积。此外,应进行超声探查,观察睾丸、附睾缺失或者萎缩情况,注意与先天性隐睾的鉴别。对于输精管梗阻引起的无精子症,一般睾丸质地饱满,通过阴囊超声、睾丸穿刺、亚甲蓝灌注等可以进行确证。

(3)注意事项

一些先天性染色体异常疾病,如克氏综合征,可以引起无精子症。因此,对于睾丸、附睾损伤导致生殖功能损害,必要时应做染色体核型检查,排除染色体异常情况。

三、关于阴茎畸形及其影响性交

(一)标准条款

条款序号	条款内容
5.6.5.7	阴茎严重畸形,不能实施性交行为。
5.7.5.7	阴茎畸形,难以实施性交行为。
5.8.5.8	阴茎皮肤瘢痕形成,严重影响性交行为。

(二)应用说明

1. 概述

阴茎皮肤撕脱伤,阴茎折断,阴茎脱位以及阴茎切割伤、剪创等均可以导致阴茎弯曲、扭曲、异位等畸形。阴茎横断后再植,阴茎折断后行非手术治疗发生阴茎变形,阴茎挫伤后形成海绵体硬结,阴茎皮肤撕脱后瘢痕挛缩均可导致阴茎勃起功能障碍或者严重影响阴茎性交活动。

创伤性阴茎畸形需与先天性阴茎畸形鉴别,后者多见于尿道下裂。临床上根据阴茎头与阴茎体纵轴所成角度,夹角小于15°为轻度弯曲,大于35°为重度弯曲,介于两者之间为中度弯曲。中、重度阴茎弯曲患儿在成年后有性交困难,临床建议及早手术治疗。需要指出的是,上述临床分度方法与本标准并不相同,应注意避免误用。

创伤性阴茎弯曲畸形,多见于阴茎海绵体硬结症。阴茎海绵体硬结症是一种以阴茎白膜纤维性斑块形成为特征的男科疾病,早期三联症是阴茎结节、痛性阴茎勃起和勃起时阴茎畸形。如果阴茎弯曲发生于阴茎腹侧或侧方,由于与正常进入阴道的角度偏差过大,可能难以进行性交。目前多数学者认为阴茎硬结症的始发因素是创伤,是由于勃起的阴茎受到使之发生弯曲(Buckling)的力量导致损伤的结果。这种Buckling机制可以是性活动相关的创伤,也可以是交通事故导致阴茎白膜的直接损伤。临床上将阴茎弯曲超过30°作为影响性交的手术指征。

本标准将阴茎畸形分为两级,分级标准为:(1)阴茎严重畸形,指阴茎严重弯曲,勃起时阴茎头与阴茎体纵轴所成角度大于60°;(2)阴茎畸形,指阴茎弯曲,勃起时阴茎头与阴茎体纵轴所成角度大于30°。

2. 鉴定要点

(1)病史调查

确证是否存在阴茎外伤史,了解阴茎海绵体硬结出现的时间、进展及转归。

(2)体格检查及实验室检查

重点检查阴茎硬结分布情况,并测量阴茎弯曲的角度。通过超声检查可以明确阴茎硬结的数目、位置以及与周围组织的关系。

对于阴茎弯曲角度小于30°的病例,应按照勃起功能障碍检测的方法进行全面检测,按照对勃起功能的影响评定伤残等级。

(3)注意事项

由于阴茎硬结症是进展性疾病,部分患者可以自愈或缓解,因此阴茎硬结症的鉴定时机至少距外伤12个月。

第四节　女性会阴部损伤

关于女性盆腔与会阴部损伤的标准条款

(一)关于女性内生殖器损伤

1. 标准条款

条款序号	条款内容
5.3.5.1	未成年人双侧卵巢缺失或者萎缩,完全丧失功能。
5.6.5.1	双侧卵巢缺失或者萎缩,完全丧失功能。
5.6.5.2	未成年人双侧卵巢萎缩,部分丧失功能。
5.7.5.4	子宫大部分切除术后。
5.8.5.3	一侧输卵管和卵巢缺失。
5.9.5.4	一侧卵巢缺失或者丧失功能。
5.9.5.5	一侧输卵管缺失或者丧失功能。
5.9.5.6	子宫部分切除术后。
5.10.5.2	子宫或者卵巢修补术后。

2. 应用说明

(1)概述

女性生殖器分为内生殖器和外生殖器两部分。内生殖器包括卵巢、输卵管、子宫;外生殖器包括阴道、外阴、会阴。

卵巢的主要功能是产生和排出卵细胞,以及分泌甾体激素。女性一生中不同时期,生殖内分泌功能不同,按其变化可分为胎儿期、新生儿期、儿童期、青春期、成人期(生育期)、围绝经期和老年期。胎儿期下丘脑—垂体—卵巢功能轴已具备功能。青春期为性和生殖功能发育成熟的阶段,此时期的一个重要变化是下丘脑—垂体—卵巢功能轴的成熟。约经过1~5年,卵巢周期性地排出成熟卵泡,月经周期性来潮,具有生殖能力。

子宫是一个以肌肉为主的器官,其形状上宽下窄,上部宫体呈三角形,下部宫颈呈圆筒形或梭形。子宫在妊娠期接纳和保护受孕产物,并供以营养;妊娠足月时子宫收缩,娩出胎儿。在非妊娠期,子宫位于盆腔内,处于膀胱与直肠之间,它的下端伸入阴道。子宫的后壁几乎全部被腹膜所覆盖,下段形成直肠子宫陷凹的前界。子宫前壁仅上段覆盖有腹膜,因为它的下段直接与膀胱后壁相连,中间仅间隔一层结缔组织。

在非妊娠期,外伤一般难以单独造成盆腔内子宫的破裂,子宫损伤常与骨盆骨折合并存在。子宫破裂可分为完全性和不完全性两种。子宫破裂一旦确立,不管是完全性还是不完全性破裂,应立即给予吸氧、输液、输血、抗感染等抢救,同时行剖腹探查术。手术方式根据伤者的年龄、是否生育、是否妊娠、胎次以及子宫破裂的部位、程度、发生时间及全身情况等因素综合决定,一般可分为以下术式:①子宫破裂缝合修补术;②子宫部分切除术;③子宫次全切除术;④全子宫切除术等;⑤子宫扩大切除术。子宫部分切除术仅切除子宫的上部,留下完整的子宫基底部和宫颈;子宫次全切除术切除子宫体,保留子宫颈部和阴道,术后将闭经;全子宫切除术是把子宫连同宫颈一并切除;扩大子宫切除术则切除包括子宫、双侧输卵管和卵巢以及阴道上部组织在内的女性生殖器官。子宫切除可经腹部或阴道进行,前者称为经腹子宫切除术,后者称为经阴道子宫切除术。

(2)鉴定要点

根据被鉴定人的年龄特点,结合其伤后临床诊疗病历,尤其是手术记录等材料,判定损伤类型与手术方式,明确损伤所致残情后果,必要时可行医学影像学检查与实验室检验。具体鉴定实践中应注意鉴别被鉴定人是否存在各种妇科疾病,避免将妇科疾病治疗因素误判为损伤所致,高估致残程度等级。

(二)关于女性外生殖器损伤

1. 标准条款

条款序号	条款内容
5.5.5.3	直肠阴道瘘难以修复。
5.5.5.4	阴道严重狭窄(仅可容纳一中指)。
5.8.5.4	阴道狭窄。
5.10.5.3	外阴或者阴道修补术后。

2. 应用说明

(1)概述

阴道是子宫的排泄管道,子宫经过阴道排出经血等,分娩时又是产道的一部分,同时亦是女性的性交器官。阴道是由肌肉、黏膜组成的管道,它位于外阴部之上,子宫颈之下,膀胱之后,直肠之前。阴道的前、后壁有纵行的皱褶,阴道的肌层为两层平滑肌。在阴道的下端,有一横纹肌带,是阴道缩肌或括约肌,但关闭阴道的主要是肛提肌,外面有结缔组织把阴道与周围组织连接起来。这些结缔组织内含有弹性纤维,因而阴道的伸缩性很大,在足月妊娠时,它可以被扩张到足以使正常足月胎儿顺利娩出,在产褥期间,它又能逐渐恢复到产前状态。

(2)检验方法

鉴于阴道的解剖生理特点,在活体准确测量阴道的横截面积和容积均较为困难。对于阴道狭窄程度的判断,应在确定存在可致阴道狭窄的损伤基础上进行阴道检查。鉴定实践中,狭窄程度的判断目前主要依靠检查者的经验,在阴道检查时若仅能容纳2指(示指和中指)且偏紧,并可触及阴道壁挛缩瘢痕组织的,可以评估为阴道轻度狭窄;若仅能容纳1中指者,评估为阴道严重狭窄。

(3)鉴定要点

在确定具有损伤基础的前提下,直肠阴道瘘经至少一次规范系统治疗(主要指手术治疗)而仍未治愈,方可以认定为直肠阴道瘘难以修复的情形。

第七章　脊柱、骨盆与四肢损伤

第一节　脊 柱 损 伤

一、关于脊柱损伤的标准条款

条款序号	条款内容
5.6.6.1	脊柱骨折后遗留30°以上侧弯或者后凸畸形。
5.8.6.1	二椎体压缩性骨折(压缩程度均达1/3)。
5.8.6.2	三个以上椎体骨折,经手术治疗后。
5.9.6.1	一椎体粉碎性骨折,椎管内骨性占位。
5.9.6.2	一椎体并相应附件骨折,经手术治疗后;二椎体压缩性骨折。
5.10.6.1	枢椎齿状突骨折,影响功能。
5.10.6.2	一椎体压缩性骨折(压缩程度达1/3)或者粉碎性骨折;一椎体骨折经手术治疗后。
5.10.6.3	四处以上横突、棘突或者椎弓根骨折,影响功能。

二、应用说明

(一)概述

1. 解剖与生理

成人脊柱由26块椎骨(颈椎7块,胸椎12块,腰椎5块,骶骨、尾骨各1块)经韧带、关节及椎间盘连接而成。本节条款中所述脊柱仅涉及颈椎、胸椎和腰椎。除第一颈椎(寰椎)以外,脊柱各节均由椎体及其附件组成,附件组成成分及其结构形态因所处解剖节段不同而有一定差异,如第2~7颈椎附件仅有棘突,全部胸椎和腰椎既有棘突还有横突。正确识别椎体及其附件,是判断脊柱骨折类型的基础。

椎体位于椎骨的前方，多呈矮圆柱形，承受着该椎体以上头部及躯干部的重量，一般越是下位椎体，其横断面积也就越大。在各种损伤中，椎体（尤其是胸椎、腰椎）可能遭受来自矢状轴的屈曲暴力以及来自纵轴的垂直暴力，易导致椎体压缩性骨折或者粉碎性骨折（后者多为椎体爆裂型骨折）。此两种椎体骨折类型的区别，主要基于脊柱外科临床医学实践中广泛采用的"三柱"理论（见图7－1－1），该理论对于法医学脊柱损伤的鉴定亦具有指导价值。脊柱外科学的"三柱"理论将脊柱各节按解剖范围划分为前、中、后三柱，前柱包括前纵韧带、椎间盘与椎体的前2/3，中柱包括椎间盘和椎体的后1/3及后纵韧带，后柱包括椎弓根、椎板、关节突及周围的韧带等。

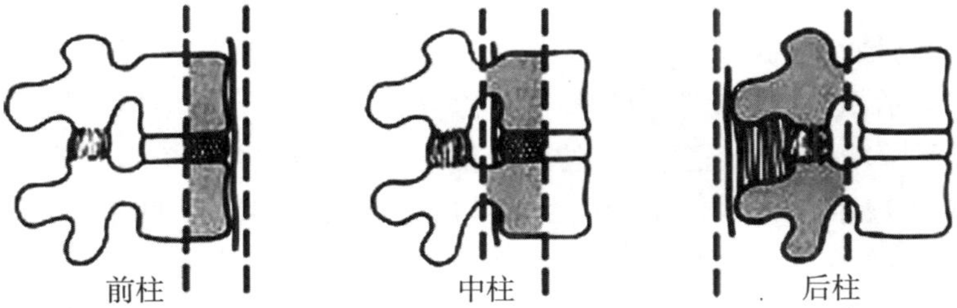

图7－1－1　脊柱"三柱"理论图解

除了椎体骨折可能累及附件以外，多种直接或者间接暴力作用也可单独作用于横突、棘突等附件，造成其骨折。

2. 骨折分型

（1）椎体压缩性骨折

来自矢状轴的屈曲暴力常仅造成椎体前柱（通常为胸、腰段）的骨皮质断裂以及变扁、压缩。

（2）椎体粉碎性骨折

多系遭受来自纵轴的垂直暴力作用（如高坠伤）或者联合矢状轴的屈曲暴力作用所致，可分为以下几种情况：①椎体两处或者两处以上骨折累及中柱（如骨折线累及椎体后缘），但椎管仍保持完整，未见椎管前壁受损破坏及椎管骨性占位的影像学证据；②椎体骨折累及中柱达椎体后缘，椎管前壁完整性遭到破坏，有碎骨块（片）突入椎管内对硬脊膜囊造成压迫，可能造成相应脊髓的损伤或者存在潜在脊髓损伤的风险；③椎体两处或两处以上骨折，以中柱损伤为主，累及后柱，此类情形相对少见；④骨折仅发生于椎体前柱（累及中柱的影像学证据不足），但确证有两条以上骨折线（如形成"T"形或"Y"形骨折)并造成椎体(前柱)碎裂成3块以上,可视为椎体粉碎性骨折的一种特殊情形。

若椎体前柱虽可见两条以上骨折线,但椎体并未断裂成3块或3块以上,仍应视为压缩性骨折。

(二)检验方法

1. 椎体压缩程度的测量

椎体压缩骨折的程度主要是指椎体压缩性骨折致其变形、变扁的程度。椎体因急性损伤导致的压缩,在法医学鉴定中主要观察受损椎体高度(主要为前缘,部分包括后缘或中央部分,以降低最为显著处作为判定依据)的降低。因此,准确测量椎体损伤后高度的变化对于客观鉴定具有重要意义。椎体高度的测量宜拍摄脊柱侧位X线片,或者采用CT扫描及其图像后处理技术,完整显示相应脊柱。影像学检查时除需特别关注受损椎体以外,至少还需包括上、下节段各一个完整椎体的影像信息,尤其应包含同类节段椎体的影像信息(如第12胸椎的损伤至少应当与同属于胸段脊椎的第11胸椎比较)。

测量单个椎体前、后缘高度的具体方法为:分别在待测椎体上、下做切线(见图7-1-2),标记上、下切线与椎体前、后缘的切点,分别测量前、后上下切点间距则可得出椎体的前、后缘高度。

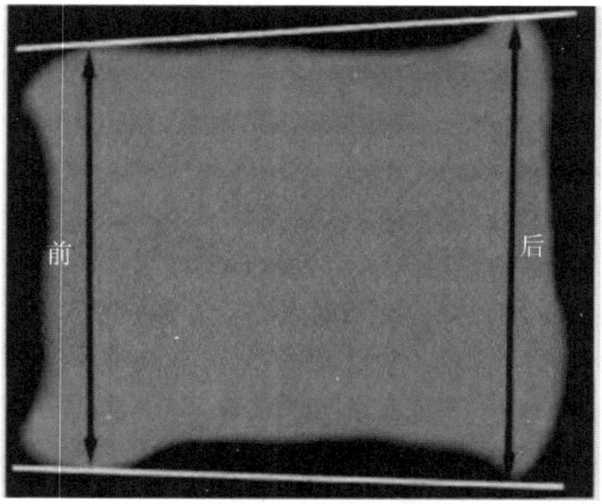

图7-1-2 单个椎体压缩程度的测量

对于损伤椎体压缩程度的判定,通常根据椎体前缘压缩程度或者压缩最明显处判定;压缩程度可以采用同一椎体前缘与后缘比较的方法,但一般更主张遵循胸椎与相邻胸椎比较、腰椎与相邻腰椎比较的原则。遇有下列情形时可参考以下方法:(1)当损伤椎体前、后缘均有降低,则首先测量损伤椎体上、下相邻椎体的前、后缘高度并分别取均值,作为损伤椎体前、后缘高度的推测正常值,然后根据损伤椎体目前高度(如前缘降低更为严重,则以前缘高度降低值为依据)和推测正常值(可以相邻同节段椎体数值为参考),计算压缩程度;(2)鉴定实践中,也可以椎体实际压缩最为显著的部位(如近椎体中央部位)作为测量点,并与相邻同节段椎体相应部位高度数值比较,计算压缩程度。

因椎体前、后缘高度常并不完全一致,且中老年人因长期慢性应力性损伤,可导致椎体前缘受压呈轻度楔形变,故建议在鉴定中应注意多种方法联合应用,综合判定。

2. 脊柱畸形的测量

脊柱是身体的支柱,其正常的外观是实现其生理功能的重要保障,脊柱的严重损伤常造成并遗留外观的破坏,因此正确测量脊柱外观并判断其畸形程度具有重要意义。

脊柱损伤后一般经过治疗,多数可完全或大部分恢复原有的生理弯曲,但是对于部分损伤严重、椎体高度丢失严重者,或者存在手术适应证但因种种原因未能及时采取手术治疗者,也有可能遗留一定的外观畸形,主要包括后凸和/或侧弯畸形。

脊柱侧弯畸形的测量方法如下(见图 7－1－3):(1)拍摄脊柱标准全长的正位相(X 线片或 CT 扫描并图像重组片)。(2)确定侧弯的端椎。上、下端椎是指侧弯中向脊柱侧弯凹侧倾斜度最大的椎体。脊柱侧弯凸侧的椎间隙较宽,而在凹侧椎间隙开始变宽的第一个椎体被认为不属于该弯曲的一部分,因此其相邻的一个椎体被认为是该弯曲的端椎。(3)在上端椎的椎体上缘划一切线,同样在下端椎椎体的下缘划一切线。对此两切线各做一垂直线。(4)该二垂直线的交角就是 Cobb 角,脊柱侧弯角度由此角而得(对于侧弯较明显者,上述两切线的直接交角可等同于 Cobb 角)。

脊柱后凸角度的测量较侧弯的测量要相对简单。首先在损伤椎体上、下缘分别作切线,两条切线的交角(一般在椎体前方)即为后凸角度。值得注意的是,由于人体胸椎以胸 7 为顶点形成生理性后凸,一般胸椎严重压缩性骨折后容易形成后凸畸形外观,而颈椎、腰椎本身为生理性前凸,即便存在压缩性骨折,也很难形成后凸畸形外观。另外,椎体骨折后恢复椎体高度是脊柱外科治疗的重要目标,因此在经过规范系统的治疗后目前已经罕见脊柱后凸畸形(尤其是超过 30°)的情形。

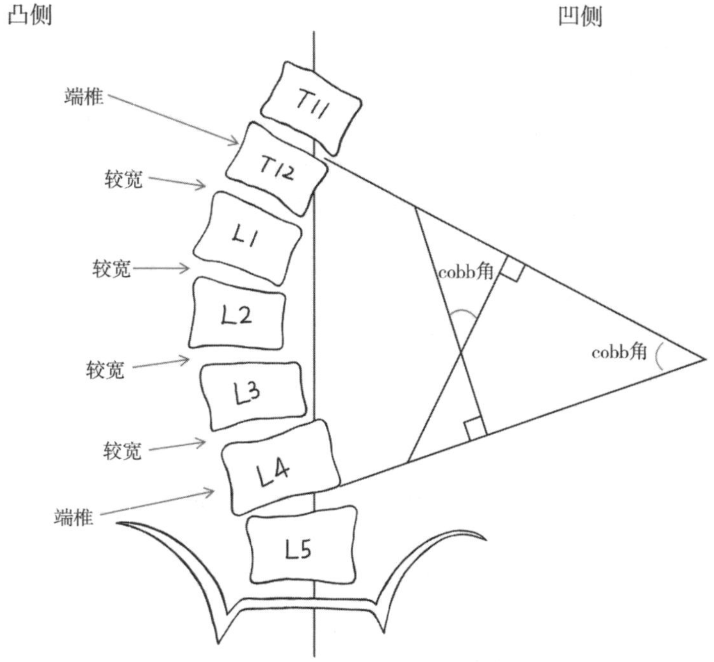

图 7-1-3 脊柱侧弯畸形的测量

3. 脊柱功能障碍的检验

脊柱的生理功能主要包括支持头部与躯干、保护内脏器官、保护脊髓和进行运动。本节中主要涉及脊柱运动功能(运动活动度)的评定。人体脊柱的运动功能主要体现为颈部、腰部的多向活动,脊柱各节遭受损伤后可遗留不同程度的颈部或腰部活动功能障碍,因此需要测量相应的关节活动度。具体的关节活动度测量方法本节不再赘述,可参考《法医临床检验规范》(SF/Z JD 0103003-2011)。需要注意的是,颈部正常活动的解剖基础主要是全部颈椎及其周围韧带、肌肉等,因此颈部活动功能障碍的评定应当首先考虑是否具备相应的颈椎损伤基础,例如寰—枢关节半脱位、枢椎齿状突骨折、其他颈椎结构的损伤等。腰部正常活动的解剖基础主要是下位胸椎和上位腰椎(尤其是胸 11 至腰 3,其中又以胸 12 至腰 2 为主)及其周围韧带、肌肉等,胸 10 以上胸椎和腰 4 以下腰椎由于分别受到胸廓结构以及腰骶韧带等诸多稳定性结构的限制,活动度极其有限,其损伤一般不至于明显影响腰部活动功能,在检验与评定腰部活动功能障碍时应当加以注意。

(三)鉴定要点

1. 脊柱骨折的鉴定

(1)基本原则

脊柱骨折等损伤致残程度等级的鉴定,首先应当基于对损伤具体类型、范围及其程度的准确认定,这是脊柱损伤致残程度等级鉴定的先决条件和关键依据。

两个椎体以上同时损伤的情形在实践中经常存在,此处多个椎体可以是相邻的,亦可以是并不相邻的。当然,实践中多个椎体骨折且呈跳跃式分布者相对较少见,应根据案情材料提供的致伤方式、损伤后病史记载的临床表现、影像学特征(损伤后早期 CT 扫描可显示骨折线,损伤后数月内 MRI 片可显示椎体急性损伤后信号改变)准确分析损伤与骨折的因果关系,避免将陈旧性损伤误判为本次外伤所致新鲜损伤。

由于本标准采用列举式条款的方法规定每一致残等级的评定基准,故难以一一列举所有残情。例如,寰椎骨折、寰—枢关节半脱位等颈椎损伤,可依据附录 A 致残程度等级的划分依据以及枢椎骨折等具体分级系列条款进行鉴定。

(2)标准条款适用

认定为椎体压缩性骨折的,应测量并计算压缩程度,以椎体实际受压缩最显著部位的压缩比例来确定。计算压缩程度时,应尽可能客观反映实际受压缩的情形。凡椎体压缩性骨折经椎体扩张术或者骨水泥等填充物注入术后,椎体压缩有所改善的,应以损伤后当时的情形确定压缩程度及致残程度等级。

椎体粉碎性骨折的认定,应注意观察是否有两条或两条以上骨折线,骨折是否累及中柱,以及是否因骨折致椎管内存在骨性占位。

本标准所称的"手术治疗",既包括跨越多个椎体的内固定植入手术,也包括为恢复压缩性骨折椎体高度而实施的充填治疗(可以是微创手术),但不包括小针刀等治疗手段。

脊柱侧弯、后凸畸形的认定,既要重视损伤基础,也要采用适合的测量方法。确定为外伤所致者,当 Cobb 角达到 30°以上,可依照本标准相应条款鉴定致残程度等级。

本标准中涉及脊柱损伤、影响功能的条款(如 5. 10. 6. 1、5. 10. 6. 3),应注意损伤对功能的影响程度。本标准所称的影响功能,主要是指颈椎与腰椎的活动功能,可采用检查颈部、腰部活动度的方式。颈、腰部活动功能丧失须达同龄正常参考值的 10% 以上,方属于本标准相关条款所称的"影响功能"的情形。

对于本标准中未列入的损伤类型,可参照本标准附录 A 的规定,并比照最相似致残程度等级条款进行鉴定。对于可能合并自身病理基础或者陈旧性伤(病)的,应根据本标准伤病关系处理原则,全面分析,综合鉴定。

2. 伤病关系

(1)椎间盘损伤

本标准条款所列举的各种脊柱损伤类型中未涉及椎间盘突出,主要是基于完全由急性损伤导致的单纯性椎间盘突出的伤情相对罕见,而多数急性椎间盘突出多合并脊柱骨折,可依据相应骨折后遗症综合评定致残程度等级。对于临床诊断以椎间盘突出为主的被鉴定人,鉴定时应严格掌握以下几点:①首先务必确认为急性外伤性椎间盘突出;②行手术治疗者,系因缓解椎间盘突出造成的神经压迫症状而施行了椎间盘摘除和内固定手术;③若并未施行手术治疗,则可根据遗留的相应神经系统症状,并采用客观的实验室检测手段予以确认。

(2)椎体滑脱

本标准同样未列举椎体滑脱的情形,也是基于经常发生于下位腰椎或腰/骶椎的单纯椎体滑脱主要是由于椎弓崩裂等先天性解剖因素和/或慢性疲劳性、应力性损伤所致,主要因急性暴力性外伤引起者罕见。实践中判定外伤是否为椎体滑脱的主要原因,应综合案情材料提供的致伤方式、损伤后病史记载的临床表现、影像学显示的椎体、相应附件以及椎旁软组织有无急性损伤证据等,全面分析,谨慎鉴定。

(3)脊柱新鲜与陈旧性损伤的鉴别

对脊柱的新鲜损伤与陈旧损伤需进行鉴别的情况在鉴定实践中较为常见,尤其椎体骨折究竟是新鲜的还是陈旧的。鉴别主要依靠的技术手段为完善的、动态的影像学检查,如损伤当时/早期以及愈合过程中不同阶段的 CT 扫描和/或 MRI 检查。CT 虽然在临床诊疗机构已较为普及,但仍常存在采用扫描技术不完全符合要求的情形(例如层厚太厚、未显示骨窗图像、影像资料打印时图像太小等),因此鉴定人若认为有必要进行损伤鉴别,则应要求委托人补充提供充分、全面、清晰的 CT 扫描图像。通过比较不同时期 CT 扫描影像学图像特征的动态变化,有助于判断是否符合新鲜骨折及其愈合期改变。例如损伤当时/早期,骨折椎体可显示骨皮质不连续、呈现骨折线且骨折端清晰锐利、骨小梁塌陷紊乱、椎旁软组织肿胀等。MRI 检查对于椎体新鲜/陈旧骨折的判断具有非常高的价值,例如新鲜的椎体损伤因出血、水肿而具有典型的影像学特征,包括椎体内呈斑片状低 T1WI、高 T2WI 信号,抑脂序列呈异常高信号影等，而上述信号常在损伤数月之后逐渐消失。然而实践中较少伤者能提供损伤当时/早期的 MRI 检查，因此限制了 MRI 检查鉴别价值的充分发挥。

(4)脊柱损伤与非损伤性改变的鉴别

脊柱除了遭受损伤会发生椎体解剖结构改变以外，一些先天疾病或后天因素也常可改变脊柱各椎体解剖结构，例如常见的椎体楔形变既可因退行性改变而导致，亦可见于中老年女性骨质疏松性改变导致。尤其对于退行性改变造成的椎体楔形变，应当仔细与椎体新鲜压缩性骨折进行鉴别。具体鉴别要点亦主要依据不同时期的影像学检查，与上文新鲜/陈旧损伤的鉴别基本一致，在此不再赘述。

第二节　骨 盆 损 伤

一、关于骨盆损伤的标准条款

条款序号	条款内容
5.8.6.3	女性骨盆骨折致骨产道变形，不能自然分娩。
5.9.6.3	骨盆两处以上骨折或者粉碎性骨折，严重畸形愈合。
5.10.6.4	骨盆两处以上骨折或者粉碎性骨折，畸形愈合。

二、应用说明

(一)概述

1. 解剖与生理

骨盆由左、右髋骨和骶、尾骨以及其间的骨连接围绕而成。后方自骶骨岬起始，分左、右两侧经髂骨弓状线、髂耻隆起、耻骨梳、耻骨结节、耻骨嵴到耻骨联合上缘会师的略呈倾斜状的连线将骨盆分为上、下两部分，上方为参与腹腔组成的大骨盆(也称假骨盆)，下方为小骨盆(也称真骨盆)，其内腔即为盆腔。

女性骨盆是胎儿自然分娩的产道，所以男、女骨盆有着显著的差异。大骨盆与产道并无直接关联，小骨盆与女性自然分娩密切相关。小骨盆上方与下方分别有入口、出口，出口略呈菱形，其周界由后向前为尾骨尖、骶结节韧带、坐骨结节、坐骨下支、耻骨下支、耻骨联合下缘。两侧耻骨下支在耻骨联合下缘所形成的夹角为耻骨角，在男性该夹角约为70°～75°，女性约为90°～100°。

2. 骨盆骨折分型

骨盆骨折按照损伤部位、程度可以分为四型。

(1)骨盆边缘孤立性骨折

多为外力骤然作用导致局部肌肉猛烈收缩引起，或者也可因遭直接暴力作用所致，骨折发生在骨盆边缘部位，骨盆环未受累，骨折移位一般不明显。

(2)骨盆环单处骨折

多为直接暴力所引起的前后冲撞或侧方挤压所致，常无明显的移位，一般属稳定型骨折。

(3)骶尾骨骨折

常见于滑跌坐地时，可能引起马尾神经终端的损伤，骨折端通常无显著移位。

(4)骨盆环双处骨折伴骨盆环破裂

多系交通事故强大暴力作用所造成，属不稳定型骨盆骨折，常伴盆腔器官受损。此类骨盆骨折常见的类型包括：①双侧耻骨上、下支骨折；②一侧耻骨上支骨折合并耻骨联合分离；③耻骨上、下支骨折合并骶髂关节分离；④耻骨上支、下支骨折合并髂骨骨折；⑤髂骨骨折合并骶髂关节分离；⑥耻骨联合分离合并骶髂关节分离。

(二)鉴定要点

骨盆骨折损伤的致残程度等级鉴定，首先应当基于对损伤具体类型、范围以及程度的准确认定。

1. 一般原则

根据本标准的规定，在男女两性，骨盆骨折后遗畸形愈合(或者严重畸形愈合)构成伤残的前提条件是损伤致骨盆两处以上骨折或者粉碎性骨折，多应属第4型不稳定型骨盆骨折。根据骨盆骨折分型的理论，耻骨联合分离或者骶髂关节脱位可视同为骨盆骨折。故类似“一侧耻骨上支骨折合并耻骨联合分离”的伤情可视为已满足上述前提条件的要求。

2. 骨盆骨折(严重)畸形愈合的判定

骨盆畸形愈合程度的判定主要依据影像学检查(通常选取骨盆正位X线摄片)，不仅要结合损伤当时的影像学资料判断骨折的损伤类型，还应通过骨折愈合后的影像学资料评估畸形愈合程度。

(1)骨盆畸形愈合

依据《法医临床影像学检验实施规范》(SF/Z JD 0103006－2014)的规定,本标准骨盆损伤后遗畸形愈合的影像学标准为:①两侧闭孔形态不对称;②耻骨联合分离(包括内固定术后);③骶髂关节分离(包括内固定术后);④髋臼骨折术后;⑤其他各种类型骨折后的骨盆环明显偏斜或形态破坏,双侧坐骨结节、髂嵴或者髋臼不等高,并排除体位因素所致。符合上述条件之一,即可认定为符合骨盆畸形愈合。

(2)骨盆严重畸形愈合

同样依据上述规定,本标准骨盆损伤后遗严重畸形愈合的影像学判定标准为:①骨盆环状结构的完整性和对称性破坏;②骨盆倾斜、髋关节运动受限,或者导致坐、立、行走不适等功能影响。上述两条均符合,方可符合骨盆严重畸形愈合。

上述骨盆的完整性主要是指骨盆骨折愈合以后未显示存在骨质缺损,且能够保持联结的可靠性与整体的稳定性;骨盆的对称性主要是指骨盆两侧骨性结构基本对称存在,不存在明显异常改变。

3.女性骨盆骨折致骨产道破坏的判定

如上所述,小骨盆是直接关乎女性自然分娩的骨产道结构,判定女性是否因损伤导致骨产道破坏的前提条件是小骨盆的骨折(包括耻骨联合分离或者骶髂关节分离)。当前法医学鉴定实践中主要采用X线摄片观察、测量。

依据《法医临床影像学检验实施规范》(SF/Z JD 0103006－2014)的规定,女性骨产道破坏致不能自然分娩的影像学判定标准为:(1)一般应为骨盆环多处骨折;(2)骨盆环正常结构破坏,形状明显不规则,前后径和/或左右径显著短缩;(3)骨盆环内缘不光滑,有骨痂向小骨盆腔内突出生长,影响胎头入盆;(4)尾骨、坐骨、耻骨下支等处骨折畸形愈合,骨痂向骨盆出口突出生长致女性骨产道出口狭窄。

4.标准条款适用

骨盆组成骨粉碎性骨折或者多处骨折(包括耻骨联合分离或者骶髂关节分离),经各种治疗后遗留骨盆形态异常,符合前述骨盆畸形愈合条件之一的,均可符合本标准十级伤残的规定。

骨盆组成骨粉碎性骨折或者多处骨折(包括耻骨联合分离或者骶髂关节分离),经各种治疗后遗留骨盆形态显著异常,造成骨盆完整性及对称性破坏,或者后遗骨盆倾斜或者遗留功能障碍的,均可符合本标准九级伤残的规定。

育龄妇女或者育龄前女性小骨盆骨折(包括耻骨联合分离或者骶髂关节分离),经各种治疗后遗留小骨盆正常结构破坏、前后径和/或左右径短缩,或者骨盆入口、出口有骨痂突出性生长,影响胎儿通过,均可符合本标准八级伤残的规定。

第三节 四肢损伤

一、关于肢体缺失与关节功能丧失

(一)标准条款

条款序号	条款内容
5.1.4.1	三肢缺失(上肢腕关节以上,下肢踝关节以上)。
5.1.4.2	二肢缺失(上肢肘关节以上,下肢膝关节以上),第三肢各大关节功能丧失均达75%。
5.1.4.3	二肢缺失(上肢肘关节以上,下肢膝关节以上),第三肢任二大关节均强直固定或者功能丧失均达90%。
5.2.5.1	双上肢肘关节以上缺失,或者一上肢肘关节以上缺失伴一下肢膝关节以上缺失。
5.2.5.2	一肢缺失(上肢肘关节以上,下肢膝关节以上),其余任二肢体各有二大关节功能丧失均达75%。
5.2.5.3	双上肢各大关节均强直固定或者功能丧失均达90%。
5.3.6.1	二肢缺失(上肢腕关节以上,下肢膝关节以上)。
5.3.6.2	一肢缺失(上肢腕关节以上,下肢膝关节以上),另一肢各大关节均强直固定或者功能丧失均达90%。
5.3.6.3	双上肢各大关节功能丧失均达75%;双下肢各大关节均强直固定或者功能丧失均达90%;一上肢与一下肢各大关节均强直固定或者功能丧失均达90%。
5.4.6.1	一上肢腕关节以上缺失伴一下肢踝关节以上缺失,或者双下肢踝关节以上缺失。
5.4.6.2	双下肢各大关节功能丧失均达75%;一上肢与一下肢各大关节功能丧失均达75%。
5.5.6.1	一上肢肘关节以上缺失。

续表

条款序号	条款内容
5.5.6.2	一肢缺失(上肢腕关节以上,下肢膝关节以上),另一肢各大关节功能丧失均达50%或者其余肢体任二大关节功能丧失均达75%。
5.6.6.2	一肢缺失(上肢腕关节以上,下肢膝关节以上)。
5.7.6.2	一下肢踝关节以上缺失。
5.7.6.3	四肢任一大关节(踝关节除外)强直固定于非功能位。
5.7.6.4	四肢任二大关节(踝关节除外)功能丧失均达75%。
5.8.6.8	四肢任一大关节(踝关节除外)功能丧失75%以上。
5.8.6.9	一踝关节强直固定于非功能位。
5.8.6.10	一肢体各大关节功能丧失均达50%。
5.9.6.6	双上肢前臂旋转功能丧失均达75%。
5.9.6.9	四肢任一大关节(踝关节除外)功能丧失50%以上。
5.9.6.10	一踝关节功能丧失75%以上。
5.9.6.11	一肢体各大关节功能丧失均达25%。
5.10.6.8	一上肢前臂旋转功能丧失75%以上。
5.10.6.11	四肢任一大关节(踝关节除外)功能丧失25%以上。
5.10.6.12	一踝关节功能丧失50%以上。

(二)应用说明

1.概述

(1)基本情况

各种致伤因素引起的四肢损伤,均可能后遗肢体缺失或者肢体功能障碍。肢体缺失是指损伤导致肢体部分或者全部缺失,包括肢体在解剖结构上的缺失、部分缺失,也包括畸形、形态异常。肢体缺失可以伴有肢体功能障碍。肢体功能障碍是指损伤导致肢体不能发挥正常的生理功能,如上肢不能正常持物,下肢不能正常负重、行走,具体包括肢体功能降低、功能丧失,也包括功能紊乱。功能障碍可以发生于解剖结构尚完整的肢体,也可合并发生于解剖结构异常的肢体。

本标准所称的肢体或四肢主要是指上肢的前臂与上臂,下肢的大腿与小腿,不含手、足。手、足损伤的致残程度等级鉴定,原则上应独立于四肢损伤单独进行。

(2)肢体缺失

因严重创伤致使损伤当时肢体已经缺失、毁损或者离断且无法再植(再造)成活,或者在诊疗过程中确因肢体创伤严重而缺血坏死、无法保留,或者因采取与救治生命直接相关的医疗行为而必须截除肢体,均属本标准所称的肢体缺失。

(3)肢体大关节强直固定

因骨与关节损伤累及肢体大关节面,致使关节面软骨破坏、纤维组织/骨赘增生、关节间隙狭窄,最终纤维化、关节融合或接近融合,从而丧失肢体大关节活动功能,或者损伤后因治疗需要所实施的关节融合手术致使关节活动功能丧失,均属本标准所称的肢体大关节强直固定。

肢体大关节强直固定大致分为以下两种情形:①肢体大关节虽处于功能位范围,但运动活动度完全丧失(即该关节不能向任何活动方向进行有效活动);②肢体大关节虽遗留部分活动功能,但运动活动度范围小于正常参考值(或者健侧对照值)的10%且在某活动轴向不能达到功能位范围,关节基本不能实现任何生理功能。

(4)肢体大关节的功能位范围

关于肢体大关节功能位的表述,在不同专著、文献中均有所不同。为统一本标准的执行,现做如下规定(以下功能位若为区间范围的,在此范围内均属功能位)。

①肩关节:在前屈、后伸轴向上的功能位为前屈20°~40°,在外展、内收轴向上的功能位为外展20°~50°,在内旋、外旋轴向上的功能位为外旋30°~50°。

②肘关节:在屈曲、伸展轴向上的功能位为屈曲70°~90°。

③腕关节:在掌屈、背屈轴向上的功能位为掌屈10°~背伸10°,在尺偏、桡偏轴向上的功能位为尺偏10°~桡偏5°。

④髋关节:在前屈、后伸轴向上的功能位为屈曲25°~40°,在外展、内收轴向的功能位为外展5°~内收5°,在外旋、内旋轴向上的功能位为外旋10°~内旋5°。

⑤膝关节:在屈曲、伸展轴向上的功能位为伸直0°~屈曲30°。

⑥踝关节:在背屈、跖屈轴向上的功能位为背屈0°~跖屈20°。

(5)肢体大关节非功能位强直固定

当肢体大关节在任一轴向上活动但不能到达上述功能位范围时,该关节即属限制于非功能位。本标准中“肢体大关节强直固定于非功能位”是指关节在任一轴向上限制于非功能位，且该关节运动活动度严重受限达 90% 以上。如腕关节在掌屈、背屈轴向限制于掌屈 30° ~35°的非功能位，在桡偏、尺偏轴向上处于尺偏 5°位固定、活动不能，则可以认定该腕关节强直固定于非功能位。

2. 检验方法

(1)肢体缺失

再植或者再造成活的肢体，应按再植或者再造成活肢体的实际功能鉴定致残程度等级。

肢体缺失的水平应根据残端骨性标志确定，建议以医学影像学检查作为判断依据，必要时与健侧相应肢体的全长医学影像进行比较。

(2)肢体大关节强直固定

关节强直固定的认定应通过体格检查与医学影像学检查相结合予以认定。

(3)肢体大关节功能丧失程度评定

根据附则 6. 3 之规定，本标准“肢体大关节”是指上肢的肩、肘、腕三大关节以及下肢的髋、膝、踝三大关节。

以肢体关节骨性损伤为主的，不适用附录 C. 7 查表方法评定关节功能，而应按照《法医临床检验规范》(SF/ Z JD 0103003 - 2011)的规定评定关节功能丧失程度：直接测量关节各方向运动活动度，通过方向均分法计算肢体大关节功能障碍程度。测量关节运动活动度时，均应选取被动活动度。计算时，原则上均应以相应健侧(对侧)作为参照。若对侧相应肢体大关节同时损伤或者原有病理性(损伤性)功能障碍的，可对照相应正常参考值范围，一般宜取上限数值；对于有证据显示损伤肢体大关节伤前很可能难以达到参考值上限数值的(如伤侧关节损伤前存在骨关节病变或者高龄退变，或者全身存在广泛骨关节病变等情形)，可根据具体情形选择骨关节运动活动度参考值下限数值或者中间值。

单纯因中枢神经或者周围神经根性损伤(如臂丛神经等)后遗肢体大关节功能障碍的，多仅以肢体肌力下降为主，无论是否确实引起肢体大关节被动活动受限，均应参照本标准“颅脑、脊髓及周围神经损伤”中相应条款进行致残程度等级的鉴定，不适用本标准附录 C. 7 查表法，也不适用直接测量关节各方向运动活动度的方法。

因肢体大关节骨性损伤合并周围神经损伤后遗功能障碍的，其关节功能丧失程度的评定原则上应采用综合检验关节被动运动活动度与相应肌群肌力水平的方法。此处所称的“周围神经”是指支配特定肢体关节运动相关肌群的神经,如桡神经、腓总神经等。具体可参见本标准附录C.7。但是在少数情况下,如果仅考虑肢体大关节骨性损伤并采用直接测量关节各方向运动活动度的方法,或者仅考虑周围神经损伤并参照肌力下降条款,所鉴定的致残程度等级更高时,应遵循“就高不就低”的原则,以等级高者为准。例如,一侧上肢高位神经损伤致相应肢体单瘫肌力2级,同时合并上肢骨折,假设查体时上肢各大关节被动活动基本正常,则参见附录C.7查表可得该上肢各大关节功能丧失均达75%,依照5.7.6.4应评定为七级伤残;然而,该案例中若不考虑上肢骨折,仅就周围神经损伤致肢体单瘫,即可参照5.5.1.6评定为五级伤残,当然宜按照后者评定残级。再如,一侧桡骨远端骨折合并桡神经损伤,假设查体时支配腕关节各方向运动的相应肌群肌力基本正常,伤侧腕关节掌屈30°,背屈30°,桡屈15°,尺屈20°,健侧腕关节掌屈60°,背屈60°,桡屈30°,尺屈40°,则参见附录C.7查表可得该腕关节功能丧失35%,参照5.10.6.11应评定为十级伤残;然而,该案例中若不考虑神经损伤,仅就上肢骨折而言,直接测量关节各方向运动活动度,即可评估该腕关节功能丧失50%,符合5.9.6.9条规定的九级伤残。

需要指出的是,在上述肢体大关节功能检验、评价中涉及的肌力水平主要是指某肢体大关节在某个活动方向上进行活动时所呈现的最大肌力水平,不同于本标准“颅脑、脊髓及周围神经损伤”中“肢体瘫”所规定的肌力下降情形,后者指的是整个肢体的总体肌力水平。在肢体大关节功能丧失程度评定中考虑肌力下降应分析是否存在充分的损伤基础,如存在支配该大关节活动的神经或(和)肌肉(肌腱)的损伤。

(4)前臂旋转功能丧失程度评定

前臂旋转功能通过前臂旋前、旋后活动范围来评价,旋前的正常参考值范围80°~90°,旋后的正常参考值范围80°~90°。前臂旋转功能丧失程度的计算需分别计算旋前、旋后功能的丧失程度,两者相加后除以2即为整个前臂旋转功能的丧失程度。实际鉴定中应注意健侧对照。

3. 鉴定要点

(1)确证肢体大关节功能障碍的损伤基础

不同的损伤类型引起肢体大关节功能障碍的损伤基础不尽相同,多种损伤类型合并存在可能加重关节功能障碍的严重程度,在鉴定时应全面分析,综合评定。

对于因关节骨性损伤为主遗留肢体大关节功能障碍者进行致残程度等级鉴定时，应满足以下条件之一：①肢体大关节组成骨的骨折累及关节面，或者形成关节内骨折；②肢体大关节组成骨的骨折虽未直接累及关节面，但骨折线邻近该关节且骨折伤情严重（如系粉碎性骨折或者骨折端明显移位），和/或伴随的软组织损伤累及、跨越该关节；③肢体大关节组成骨的骨折虽未直接累及关节面，但骨折伤情严重（如系粉碎性骨折或者骨折端明显移位）或者骨折愈合不良（如延迟愈合），临床因治疗所需须长期制动肢体，与该骨折相邻的大关节僵硬继而丧失部分活动功能。前两种情形的鉴定应在骨折愈合且经适当的功能锻炼以后方可进行（须达骨折后 6 个月以上，且去除外固定物后进行适当的功能锻炼至少 2 个月）；第三种情形的鉴定，应在骨折愈合后进行适当的功能锻炼（一般应达至少 3 个月）方可进行，因未能提供足够随访影像资料而难以确定骨折愈合时间的，可在外伤后至少 8 个月且骨折确已愈合后进行鉴定。

对于因软组织损伤为主遗留相关肢体大关节功能障碍者进行致残程度等级鉴定时，应同时满足以下条件：①肢体大关节周围软组织损伤达皮下组织且形成块状增生性瘢痕或者瘢痕疙瘩，瘢痕范围大且跨越肢体大关节；②确因瘢痕挛缩、牵拉导致关节在相关方向的活动受到明显限制；③经临床实施瘢痕松解术至少一次或者实施其他针对性非手术治疗（如各种物理治疗），仍难以改善肢体大关节功能的。此种情形的致残程度等级鉴定，应在外伤后至少 6 个月方可进行；实施瘢痕松解术或者其他相应治疗后，须经临床随访并功能锻炼一定时期（一般应达至少 2 个月）仍不能恢复时方可鉴定。

对于周围神经损伤，或者以周围神经损伤为主合并肢体大关节骨性损伤遗留相关肢体大关节功能障碍者进行致残程度等级鉴定时，应注意：①损伤当时病历明确记载存在周围神经损伤（如挫伤、撕裂、横断，包括周围组织损伤致其受卡压等），且诊断依据充分，虽经手术治疗（如吻合术、修复术、松解术等）或者相应非手术治疗（如各种物理治疗、高压氧疗等），仍无法彻底改善症状与体征，终遗留相应肌群肌力下降；②损伤当时病历虽未明确记载发现周围神经损伤，但根据损伤部位、类型、性质、成伤机制综合分析其符合周围神经损伤，且不存在明显医疗过错的，神经损伤后经手术治疗（包括探查术等）或者相应非手术治疗，仍无法彻底改善症状与体征，终遗留支配大关节运动的相应肌群肌力下降；③满足上述两条件之一，且确认该神经损伤具有引起肢体大关节功能障碍的病理基础，致使关节活动（主要是指主动活动）受到一定限制。判断为周围神经损伤致肢体大关节功能障碍的，均应行神经电生理检查加以明确,尤其上述第二种情形。此外,类似情形均应在外伤后 6 ~8 个月以上方可进行致残程度等级鉴定;若实施针对性手术治疗或者其他相关治疗的,则宜同时满足于该治疗后再继续观察 2 ~3 个月以上,待功能确实难以恢复时方可进行鉴定。

对于因关节附属结构损伤为主遗留相关肢体大关节功能障碍者进行致残程度等级鉴定时,应注意:①损伤当时病历明确记载存在关节附属结构(如关节囊、韧带、半月板等)损伤(如撕裂、断裂、破裂等)伴创伤性积液和/或关节腔积血,虽经手术治疗(如吻合术、修复术、切除术等),仍无法彻底改善症状与体征,终遗留相应肢体大关节运动活动度降低;②损伤当时病历虽未明确记载发现上述损伤,但症状持续存在,经行医学影像学检验得以证实,且根据损伤部位、类型、性质、成伤机制综合分析,具有引起该损伤的基础,虽经手术治疗(如吻合术、修复术、切除术等),仍无法彻底改善症状与体征,终遗留相应肢体大关节运动活动度降低;③满足上述两条件之一,且可以证明关节附属结构损伤达到一定的严重程度(如关节囊破裂或者严重挫裂伤、重要的关节韧带撕裂甚至断裂、半月板撕裂甚至破裂等),具有引起肢体大关节功能障碍的病理基础,并可以排除关节自身病变等因素的影响。判断为关节附属结构损伤致肢体大关节功能障碍的,原则上均应在外伤后 6 个月以上方可进行致残程度等级鉴定;若实施针对性手术治疗的,则宜在术后继续观察 2 ~3 个月以上,待功能确实难以恢复时方可进行鉴定。

(2)骨折后骨不连接

对于肢体大关节组成骨骨折后骨不连接的情形,应注意需同时满足以下条件:①该骨折在损伤后已经采取符合临床一般医疗原则的治疗措施;②鉴定时距离骨折损伤已满 12 个月,且骨折仍不能愈合,医学影像学检验发现骨折端硬化等,继续自行愈合机会极小;③针对骨折不连接,若具有实施手术适应证且不存在手术禁忌证的,已经采取至少一次手术治疗,若无法(或难以)手术的,也已采取适当的非手术治疗,且经上述针对性治疗后骨折仍无愈合迹象;④经委托人确认或者被鉴定人本人同意其伤情已医疗终结,经评估继续治疗价值不大或很可能仍无法(难以)治愈。

确认为肢体大关节组成骨骨折后骨不连接的,该骨折以远(以下)相邻肢体大关节的功能视为丧失 75% 以上。如一下肢胫腓骨下段骨折后经内固定手术治疗,骨折不愈合,8 个月后再次行植骨、内固定术,再次手术后 6 个月骨折仍未愈合,骨折端硬化,可依据踝关节功能丧失 75% 以上鉴定致残程度等级。

(3)骨折内固定术后

如骨折后内固定物跨越或者邻近肢体大关节,考虑该内固定物在位可能对致残程度等级的鉴定结果带来一定影响的,原则上应在内固定物取出且再经适当功能锻炼后(建议在内固定物取出术后2个月以上)方可实施鉴定。如内固定物并不跨越肢体大关节,其是否取出一般对致残程度等级的鉴定结果影响不大,可按前述骨折愈合标准选择适宜的鉴定时机。

(4)前臂旋转功能障碍

认定前臂旋转功能障碍时,同样须有明确的损伤基础。损伤基础可包括骨关节损伤,例如桡尺近侧关节损伤或(和)桡尺远侧关节损伤,尺—桡骨间骨桥形成,或者尺—桡骨间骨间膜等组织损伤,也可包括骨关节周围的软组织损伤,例如严重的前臂软组织损伤遗留广泛的皮肤瘢痕挛缩牵拉、严重的肌肉损伤等。

(5)标准条款适用

确认为肢体大关节功能部分或者全部丧失并采用相应条款鉴定致残程度等级的,须具有明确的损伤基础。考虑合并存在自身病理基础或者医疗因素影响的,在鉴定致残程度等级的同时应分析伤病关系。

(6)条款竞合

当同一种损伤存在多项条款竞合的情形时,可在规范范围内灵活选择相应方法,并按致残程度等级相对较高的情形确定其最终残级。

二、关于肢体长度

(一)标准条款

条款序号	条款内容
5.7.6.1	双下肢长度相差8.0cm以上。
5.8.6.6	双上肢长度相差8.0cm以上。
5.8.6.7	双下肢长度相差6.0cm以上。
5.9.6.7	双上肢长度相差6.0cm以上。
5.9.6.8	双下肢长度相差4.0cm以上。
5.10.6.9	双上肢长度相差4.0cm以上。
5.10.6.10	双下肢长度相差2.0cm以上。

（二）应用说明

1. 概述

四肢长骨骨折畸形愈合可能引起肢体长度不等长等不良后果。

畸形愈合是指骨折愈合的位置未达到功能复位的要求，存在成角、旋转或者重叠畸形。临床上功能复位的标准为：（1）骨折部位的旋转移位、分离移位必须完全矫正；（2）缩短移位在成人下肢骨折不超过1cm，儿童不超过2cm；（3）在对位良好的情况下，成人成角不能超过10°，儿童不能超过15°；（4）骨干部位对位至少达1/3，干骺端部位对位至少达3/4。

此处的骨折畸形愈合是针对上肢的肱骨、尺骨、桡骨和下肢的股骨、胫骨，而腓骨对于下肢支撑作用相对较小，不影响下肢长度，且腓骨骨折经过医疗行为干预后不易发生畸形愈合，故不在此列。

2. 检验方法

四肢长度测量时应按标准姿势（解剖学姿势）放置肢体，即身体直立，面向前，两眼向正前方平视，两足并立，足尖向前，上肢下垂于躯干的两侧，手掌向前，可站立位，也可仰卧位。若按标准姿势放置有困难，也可将两侧肢体放在相同对称的位置进行测量。

上肢长度：自肩峰端经肘横纹桡侧缘至桡骨茎突的距离。

下肢长度：自髂前上棘经髌骨中心至内踝尖的距离，或者自脐正中经髌骨中心至内踝尖的距离。

需要指出的是在测量下肢长度时，首先应选择测量自髂前上棘经髌骨中心至内踝尖的距离；若存在因骨盆结构破坏、倾斜等因素引起的下肢不等长，则可选择测量自脐正中经髌骨中心至内踝尖。

有条件者也可进行双下肢全长摄片，通过医学影像学所显示的骨性标志测量股骨头中心至踝关节间隙中点的距离（前提是膝关节达正常伸展位），或者通过医学影像学检验仅测量损伤长骨的全长并与对侧进行比较，推算双侧肢体长度相差值。

3. 鉴定要点

认定双侧肢体不等长时须具有明确的损伤基础，四肢长骨骨折畸形愈合是最主要的致残原因，骨折经治疗后因骨质缺损致肢体短缩，或者因骨折处骨痂大量生长致使肢体延长，也可属于上述损伤基础范围。

对由于四肢长骨骨关节性损伤同时引起肢体不等长与肢体关节功能障碍等残情，应根据“就高”的原则鉴定致残程度等级，但不宜按照相应条款鉴定两处致残程度等级。

三、关于四肢损伤其他类型

(一)标准条款

条款序号	条款内容
5.8.6.4	股骨头缺血性坏死,难以行关节假体置换术。
5.8.6.5	四肢长骨开放性骨折并发慢性骨髓炎、大块死骨形成,长期不愈(1年以上)。
5.9.6.4	青少年四肢长骨骨骺粉碎性或者压缩性骨折。
5.9.6.5	四肢任一大关节行关节假体置换术后。
5.10.6.5	一侧髌骨切除。
5.10.6.6	一侧膝关节交叉韧带、半月板伴侧副韧带撕裂伤经手术治疗后,影响功能。
5.10.6.7	青少年四肢长骨骨折累及骨骺。
5.10.6.13	下肢任一大关节骨折后遗创伤性关节炎。
5.10.6.14	肢体重要血管循环障碍,影响功能。

(二)应用说明

1. 股骨头缺血性坏死与关节假体置换

(1)概述

股骨头缺血性坏死是一种由于骨内循环障碍、骨细胞死亡,继而导致股骨头结构发生变化,引起股骨头塌陷、髋关节疼痛和功能障碍的病理改变过程,股骨颈骨折或髋关节脱位等外伤是常见的致病因素,某些内科疾患、激素类药物应用、长期酒精滥用等非创伤性因素也可造成,需行必要的鉴别。影像学检查推荐X线、CT、MRI或同位素骨扫描等。X线检查是诊断股骨头缺血性坏死的重要手段;CT检查可发现早期细微的骨质改变,确定是否存在骨塌陷;MRI检查是最敏感和特异的诊断方法,可发现早期股骨头缺血性坏死。具体方法可参见《法医临床影像学检验实施规范》(SF/Z JD 0103006-2014)。

股骨头缺血坏死是行髋关节假体置换术的手术适应证。目前在临床上,除髋关节以外的其他肢体大关节病损后,必要时也可考虑行关节假体置换术,实现肢体功能的代偿。

(2)检验方法

股骨头缺血性坏死的X线表现可分为四期:①Ⅰ期(软骨下溶解期):股

骨头外形完整,关节间隙正常,股骨头负重区关节软骨下骨质中可见1～2cm宽的弧形透明带,构成“新月征”,此为坏死松质骨塌陷并与关节软骨分离的表现;②Ⅱ期(股骨头修复期):股骨头外形完整,关节间隙正常,股骨头负重区关节软骨下骨质密度增高,周围可见点状及斑片状密度减低区及囊性改变,病变周围常见一密度增高的硬化带包绕着上述病变区;③Ⅲ期(股骨头塌陷期):股骨头负重区的软骨下骨呈不同程度的变平和塌陷,股骨头失去了圆而光滑的外形,软骨下骨的骨密度增高,关节间隙可仍保持正常宽度;④Ⅳ期(股骨头脱位期):股骨负重区严重塌陷,股骨头变扁平,股骨头外上方因未承受压力而成为一较高的残存突起,关节间隙可以变窄。

肢体大关节假体置换术后,可根据临床病历尤其是手术记录了解,必要时也可行医学影像学检查加以证实。

(3)鉴定要点

本标准5.8.6.4“股骨头缺血性坏死,难以行关节假体置换术”是指股骨头缺血性坏死诊断明确,X线图像上呈现Ⅲ期以上的表现,或CT、MRI图像上已可见股骨头变形、表面塌陷等改变,具有行髋关节假体置换的手术适应证,但因存在全身状况差等手术禁忌证或者因其他各种客观原因而无法或者难以进行手术。

包括髋关节在内的肢体大关节,若在损伤后早期即行关节假体置换术,或者在损伤后晚期发生诸如股骨头缺血性坏死等并发症的情况下再行关节假体置换术,均可符合本标准5.9.6.5之规定。

2. 四肢长骨与骨骺损伤

(1)概述

四肢长骨呈长管状,分为一体两端,体又叫骨干,其外周部骨质致密,中央为容纳骨髓的骨髓腔,两端较膨大,称为骺。四肢长骨是指肱骨、尺骨、桡骨、股骨、胫骨、腓骨。

骨骺损伤是处于生长发育过程中儿童和青少年特有的损伤类型,是涉及骨骺纵向生长结构损伤的总称。骨骺损伤按Salter-Harris分型分为五型:①Ⅰ型,单纯骺分离;②Ⅱ型,骺分离伴有干骺端骨折;③Ⅲ型,骺骨折;④Ⅳ型,骺骨折伴干骺端骨折;⑤Ⅴ型,骺生长板纵向压缩性损伤。

(2)鉴定要点

本标准5.10.6.7“四肢长骨骨折累及骨骺”是指Salter-Harris分型中任何一型骨骺损伤,也包括四肢长骨骨折线到达骺板。另外,四肢长骨骨折线虽未到达骨骺,但因治疗需要,手术使用的内固定物经过骺板,可视为四肢长骨骨折累及骨骺;小儿骨骺(骨化中心)尚未出现时四肢长骨骨折线累及骨骺始发部位,也可视为四肢长骨骨折累及骨骺。

骨骺损伤致残程度等级的评定,需摄两侧同部位的X线、CT或MRI片,以对比是否存在发育差异。

本标准5.9.6.4"四肢长骨骨骺粉碎性骨折"是指四肢长骨骨骺可见两条以上骨折线,碎裂成三块以上;或者四肢长骨两条以上骨折线累及骺板。小儿骨骺(骨化中心)尚未出现时四肢长骨两条以上骨折线累及骨骺始发部位,也可视为骨骺粉碎性骨折。

本标准5.9.6.4"四肢长骨骨骺压缩性骨折"是指Salter-Harris分型中的Ⅴ型。

3. 慢性骨髓炎

(1)概述

慢性骨髓炎多指慢性化脓性骨髓炎,常由急性化脓性骨髓炎演变而来。多为创伤(如开放性骨折)后继发急性骨髓炎未能彻底控制迁延不愈而致。

慢性骨髓炎常采用Cierny-Mader分类法分为:①Ⅰ型,骨髓型骨髓炎,感染源位于骨膜下;②Ⅱ型,表浅型骨髓炎,有原发软组织病变,受累骨组织表面暴露;③Ⅲ型,局限型骨髓炎,边缘有明确的皮质死骨形成,同时常兼有Ⅰ、Ⅱ型特点;④Ⅳ型,弥漫性骨髓炎,累及整个骨结构。慢性骨髓炎的临床表现特点:全身症状一般不明显,急性发作时可有全身中毒症状,局部红、肿、疼痛;可形成窦道在窦道口有脓且有异味,偶有小死骨流出,窦道处皮肤长期不愈,伴有肢体增粗及变形、组织变厚、周围肌萎缩等。发育期儿童如因炎症阻碍或刺激骨骺发育可致患肢增长或缩短。X线摄片可显示有虫蛀状骨破坏与骨质稀疏,并逐渐出现硬化区,表现为浓白致密,边缘不规则,完全孤立的死骨及大量较致密的新骨形成;骨膜反应为层状,部分呈三角状,状如骨肿瘤。CT扫描可以显示脓腔与小型死骨。

(2)鉴定要点

本标准5.8.6.5"四肢长骨开放性骨折并发慢性骨髓炎、大块死骨形成,长期不愈(1年以上)",是指四肢长骨骨折处伴有皮肤软组织开放性损伤致骨折断端或者深部骨性组织与外界相通,因骨与软组织愈合环境差,并发慢性骨髓炎(符合上述各型慢性骨髓炎分型),经影像学检查显示有肉眼可辨的大块死骨形成,且病程迁延不愈超过一年的情形。

4. 创伤性关节炎

创伤性关节炎是指由关节内骨折引起关节面破坏、骨愈合后关节面不平整,且长期磨损致使关节活动时出现疼痛等主诉,常伴有相应关节活动受限,且活动时疼痛不适症状也会有明显加重。X 线或 CT 等医学影像学检查可见关节面不平整,局部硬化,关节间隙变窄,关节边缘骨赘形成,关节内可能有游离体产生。

本标准 5.10.6.13“下肢任一大关节骨折后遗创伤性关节炎”是指骨折线累及关节面,经影像学检查证实一侧髋、膝或者踝关节遗留创伤性关节炎的临床表现的影像学征象。

5. 膝关节重要结构损伤

本标准 5.10.6.6“一侧膝关节交叉韧带、半月板伴侧副韧带撕裂伤经手术治疗后,影响功能”,是指一侧膝关节确证存在至少一条交叉韧带损伤、至少一条侧副韧带损伤(撕裂或者断裂),且同时合并存在至少一侧半月板损伤(破裂、碎裂),伴有膝关节积液或积血,经手术治疗或者相应非手术治疗后,该膝关节运动活动度降低尚不足以符合肢体大关节功能丧失程度规定的条款,但确实存在关节周围肌肉容量降低和/或相应肌力下降、关节稳定性降低、关节负重能力减退等情形。在实际鉴定时,应注意鉴别是否存在盘状半月板等自身病变情形,必要时应行伤病关系分析,评定损伤参与程度。

6. 四肢重要血管循环障碍

本标准中四肢重要血管是指上、下肢的重要动、静脉。根据本标准附则 6.8 之规定,上肢重要动脉主要是指腋动脉、肱动脉、桡动脉、尺动脉等;下肢重要动脉主要是指股动脉、腘动脉、胫前动脉、胫后动脉等;上肢重要静脉主要是指腋静脉、肱静脉、尺静脉、桡静脉等,下肢重要静脉主要是指股静脉、腘静脉、胫前静脉、胫后静脉等。

本标准中四肢重要血管循环障碍主要是指各种原因引起四肢重要血管血栓形成并阻塞血管,使肢体血液供应减少或血液回流障碍,引起一系列症状和体征。进行此类残情的鉴定时,应经血管超声和/或血管造影检验证实。若遗留肢体肿胀或者动脉搏动减弱、肢端麻木疼痛、间歇性跛行等临床症状或体征者,均可视为标准条款所规定的“影响功能”。

第四节　手　损　伤

一、关于手损伤的标准条款

条款序号	条款内容
5.4.6.3	手功能丧失分值达150分。
5.5.6.3	手功能丧失分值≥120分。
5.6.6.4	手或者足功能丧失分值≥90分。
5.7.6.5	一手除拇指外,余四指完全缺失。
5.7.6.7	手或者足功能丧失分值≥60分。
5.8.6.11	一手拇指缺失达近节指骨1/2以上并相应掌指关节强直固定。
5.8.6.13	手或者足功能丧失分值≥40分。
5.9.6.15	手或者足功能丧失分值≥25分。
5.10.6.15	一手小指完全缺失并第5掌骨部分缺损。
5.10.6.19	手或者足功能丧失分值≥10分。

二、应用说明

(一)概述

上肢最终的主要生理功能是持物,必须通过手部的动作才能得以实现。手部损伤千变万化、包罗万象,各种致伤因素均可导致手部损伤,手不同部位的损伤对手功能的影响也千差万别。受制于标准条款数量有限,本标准对手损伤进行了粗略的分类:(1)以手部结构缺失为主的损伤。此处的结构缺失既包括因损伤直接导致的,也包括诊疗过程因治疗需要而导致的。(2)手部结构虽然完整,但以后遗功能障碍为主要表现的。此处的功能障碍既包括原发性损伤或者损伤的并发症直接导致的,也包括断指再造或者再植成活后的功能障碍。同时,考虑到手功能的复杂性,本标准以一手为单位,在评价双手结构缺失或者功能障碍时采用加权相加、综合计算的方法。

本标准以附录的形式在C.8.1与C.8.2中分别规定了手结构缺失以

及手结构虽然完整但遗留功能障碍等情形下的手功能丧失程度的评价方法。

（二）检验方法

1. 手结构缺失

手结构缺失，系指因外伤伤情严重或者临床治疗需要所导致的手部分或者全部解剖结构的永久缺失，且难以再植（再造）成活的情形。手结构缺失可采用图7－4－1所示的方法进行分值评定。

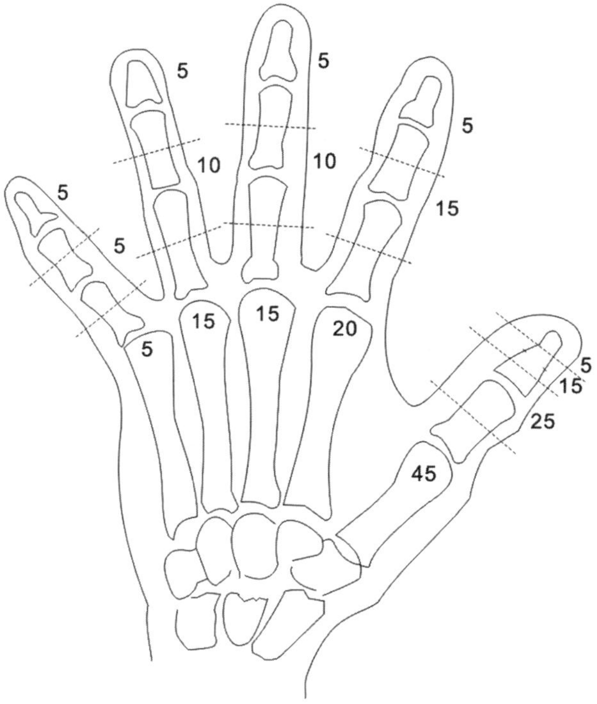

图7－4－1　手缺失评分示意

按图示中的缺失平面自远至近分四处。第一处是拇指远节指骨远端1/3水平，第二处是拇指远节指骨近端1/3与示、中、环、小指中节指骨1/2水平，第三处是拇指与示、中、环、小指近节指骨1/2水平，第四处是第1～5掌指关节。

一手多个手指损伤造成缺失的，可按照上述图示方法分别评定各指缺失的分值，再简单相加。双手多个手指损伤造成缺失的，应首先分别评定各手缺失分值，再依据本标准附录C.8.2中注2的方法进行加权累计计算，不得简单相加。

实际检验时,若遇有手指缺失平面难以确认的,建议行 X 线摄片,须以骨质缺损为准,单纯指端软组织缺损的,不宜作为评分依据。例如,X 线摄片证实一手拇指远节指骨远端有少许骨质缺损但未达远节指骨远端 1/3 水平的,按上图评定为 5 分。

2. 手功能障碍

手功能障碍,系指手解剖结构虽然完整存在,但因损伤后遗指间关节、掌指关节功能活动功能障碍,致不能全部或者部分实现手或手指的生理功能,且功能障碍难以进一步康复改善。手功能障碍可采用本标准附录 C. 8. 2 中所给出的表 C－10 的方法进行评定。

按照上述方法,标准规定了一手拇指与其余各指的掌指关节及指间关节在非功能位或者功能位强直固定、关节运动活动度严重受限、关节运动活动度部分受限三种情形的分值评估方法。

各手指掌指关节与指间关节主要拥有屈曲与伸展两个方向的活动能力,其功能位分别为:(1)第 1 掌指关节的功能位是指关节屈曲 10°～30°,外展 15°～40°;(2)第 2～5 掌指关节的功能位是指关节屈曲 0°～15°;(3)拇指指间关节的功能位是指关节屈曲 0°～15°;(4)示、中、环、小指近侧指间关节的功能位是指关节屈曲 10°～30°,相应远侧指间关节的功能位是指关节屈曲 0°～15°。

各手指掌指关节与指间关节运动活动度正常范围参考值:(1)第 1 掌指关节过伸 5°～15°,伸展 0°,屈曲 70°～80°;(2)第 2～5 掌指关节伸展 0°,屈曲 70°～85°;(3)拇指指间关节伸展 0°,屈曲 70°～85°;(4)示、中、环、小指近侧指间关节伸展 0°,屈曲 90°～100°,相应远侧指间关节伸展 0°,屈曲 70°～85°。实际鉴定中,应尽可能参照对侧(健侧)运动活动度。

各手指掌指关节或者指间关节损伤后遗留功能障碍,不能活动至上述功能位范围内的,无论其是否仍存在一定的运动活动度,均符合"非功能位强直",属表 C－10 中规定的第一种情形;虽然能够活动至功能位范围以内但运动活动度严重受限(运动活动度降低至 1/2 以上)或者部分受限(运动活动度降低至 1/4 以上但小于 1/2)的,属表 C－10 中规定的第二、三种情形。凡能够到达功能位范围,关节运动活动度超过参考值 3/4 的,不属于上表评分的范围,在鉴定时视为无明显功能障碍。

凡表 C－10 中规定"掌指、指间关节均受累"的,是指只要有掌指关节与远侧、近侧指间关节中任一关节受累,且仅需上述受累关节中任一关节符合

"非功能位强直""功能位强直或关节活动度≤1/2 参考值""关节活动度＞1/2 但≤3/4 参考值"的要求，即可按相应分值进行评估，评估时遵循"就高不就低"的原则，但不得重复评分。

一手多个手指损伤造成功能障碍的，可按照上述方法分别评定各指功能障碍的分值，再简单相加。双手多个手指损伤造成功能障碍的，应首先分别评定各手功能障碍所对应的分值，再依据本标准附录 C. 8. 2 中注 2 的方法进行加权累计计算，不得简单相加。

（三）鉴定要点

1. 标准条款适用

本标准在分级系列中规定了手结构缺失或者功能障碍的部分专门条款，应优先使用此类专门条款。只有在难以适用专门条款的情况下，才能使用手功能丧失分值计算方法进行致残程度等级鉴定。

2. 手功能评定分值的应用

应用手功能丧失分值计算方法时，对一手单个或者多个手指损伤既造成缺失又造成功能障碍的，首先应分别依据上述手功能缺失或者手功能障碍的评分方法，分别评定分值，再行简单相加以获得该手的功能丧失分值。双手兼有多个手指缺失及功能障碍的，按上述方法首先分别评定各手的功能丧失分值，再按照 C. 8. 2 中注 2 的方法进行加权累计计算，不得简单相加。

举例：左手拇指指间关节以远缺失，并左手示指远侧指间关节活动受限，仅能在屈曲 15°～30°活动（右侧 50°）；右手环指近侧指间关节以远缺失，并右手拇指指间关节与掌指关节活动受限，其中指间关节固定于屈曲 10°位置（左侧伸展 0°～屈曲 70°），掌指关节仅能在屈曲 30°～45°与外展 20°～45°活动（左侧过伸 10°，伸展 0°～屈曲 70°，内收 0°～外展 80°）。依据手缺失评分示意图与手功能障碍评定表，左手拇指缺失评定为 25 分，左手示指功能障碍评定为 5 分，左手累计 30 分；右手环指缺失评定为 10 分，右手拇指功能障碍评定为 20 分，右手累计 30 分。按照双手加权累计计算法，手功能丧失分值为 55. 5，依据 5. 8. 6. 13，本例可鉴定为八级伤残。

在实际鉴定中，对于关节结构损伤同时伴神经损伤的复合性损伤，应根据被鉴定人主动活动及被动活动的情况，综合评定手功能丧失程度。

第五节　足　损　伤

一、关于足损伤的标准条款

条款序号	条款内容
5.6.6.3	双足跖跗关节以上缺失。
5.6.6.4	手或者足功能丧失分值≥90 分。
5.7.6.6	双足足弓结构完全破坏。
5.7.6.7	手或者足功能丧失分值≥60 分。
5.8.6.12	一足足弓结构完全破坏,另一足足弓结构部分破坏。
5.8.6.13	手或者足功能丧失分值≥40 分。
5.9.6.12	双足拇趾功能丧失均达 75%;一足 5 趾功能均完全丧失。
5.9.6.13	双足跟骨粉碎性骨折畸形愈合。
5.9.6.14	双足足弓结构部分破坏;一足足弓结构完全破坏。
5.9.6.15	手或者足功能丧失分值≥25 分。
5.10.6.16	一足拇趾功能丧失 75%以上;一足 5 趾功能丧失均达 50%;双足拇趾功能丧失均达 50%;双足除拇趾外任何 4 趾功能均完全丧失。
5.10.6.17	一足跟骨粉碎性骨折畸形愈合。
5.10.6.18	一足足弓结构部分破坏。
5.10.6.19	手或者足功能丧失分值≥10 分。

二、应用说明

(一)足缺失与功能障碍

1. 概述

足是实现下肢负重或行走功能的关键,足的损伤在法医学鉴定实践中也不少见。与手部相仿,其大致分为结构缺失与功能障碍两种情形,也均以单足作为评价单位,涉及双足时采用加权相加的方式,综合评估。

与手损伤不同,本标准足损伤相关条款中规定的分值,均仅限于结构缺失,不涉及功能障碍的情形。因此,标准专门以条款的形式对功能障碍作出了具体规定。换句话说,在足损伤致残程度鉴定中,除结构缺失的可视为功能完全丧失以外,结构缺失与功能障碍难以合并计算。

2. 检验方法

(1)足功能丧失分值评定

本标准中足功能丧失分值是指足缺失的评分(见图7-5-1),不包括足虽然完整但存在功能障碍的情形。

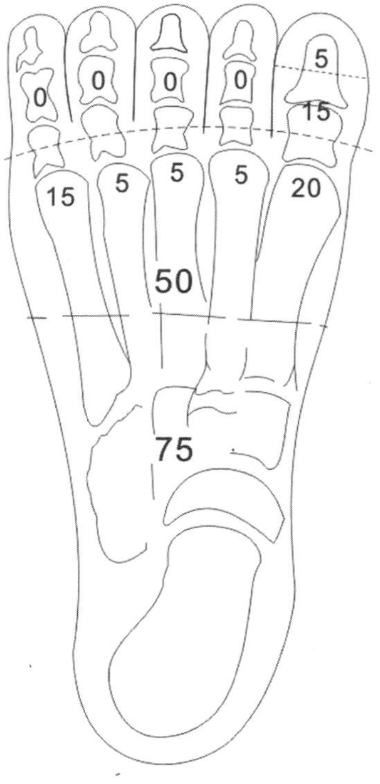

图7-5-1 足缺失评分示意

按图示中的缺失平面自远至近分五处,第一处是拇趾远节趾骨1/2水平,第二处是第1~5近节趾骨1/2水平,第三处是第1~5跖趾关节水平,第四处是第1~5跖骨近1/3水平,第五处是跖附关节水平。

(2)足趾功能丧失程度评价

本标准中,足趾功能丧失程度(百分比值)的条款是指足趾关节活动功能丧失的程度,原则上不包括足趾缺失的评定。

足趾关节活动功能仅考虑拇趾的趾间关节屈曲、跖趾关节背伸以及其余第2～5趾的跖趾关节背伸,即拇趾功能包括趾间关节屈曲和跖趾关节背伸,其余各趾功能主要是指各趾的跖趾关节背伸。

拇趾的趾间关节屈曲占一拇趾功能40%,拇趾的跖趾关节背伸占一拇趾功能60%。

在测量拇趾趾间关节屈曲、跖趾关节背伸及其余各趾跖趾关节背伸时需以对侧(健侧)为参照,若双侧均存在功能障碍时则以正常值为参照。拇趾趾间关节屈曲的正常值范围为0～20°,拇趾跖趾关节背伸的正常值范围为0～30°,其余各趾跖趾关节背伸的正常值范围为0～10°。

例如,经测量伤侧拇趾趾间关节屈曲0～5°,跖趾关节背伸0～10°;而测量对侧(健侧)拇趾趾间关节屈曲0～30°,跖趾关节背伸0～40°。则伤侧拇趾功能丧失百分比的计算为[(30－5)/30]×40%＋[(40－10)/40]×60%＝78.3%,参照本标准第5.10.6.16条,应评定为十级伤残。

3. 鉴定要点

应用本标准进行足损伤的致残程度等级法医学鉴定时,需区分足结构缺失与功能障碍的情形,原则上两者应引用不同条款分别评定致残程度等级。

若遇有特殊情况,按上述原则分别鉴定确实不能反映实际残情时,可根据附则6.1之规定,比照相应条款按"就高不就低"的原则进行鉴定,但需特别慎重。例如,一足拇趾缺失达近侧趾节1/2处伴相应跖趾关节功能丧失,同时合并第2～5足趾跖趾关节背伸不能,此时可依照5.9.6.12"一足5趾功能均完全丧失"的规定,鉴定为九级伤残。

(二)足弓损伤

足损伤致跟、跗、跖骨等足弓结构组成骨的骨折愈合后,足弓X线测量值异常(不在临床医学足弓正常参考值范围以内且与健侧存在明显差异)或/和维持足弓功能作用的肌肉、韧带严重损伤(挛缩、毁损、缺失),为本标准所称的足弓结构破坏。

足弓结构包括内侧纵弓、外侧纵弓和横弓。通过半负重位足侧位X线摄片可测量内侧纵弓角、外侧纵弓角、前弓角、后弓角。鉴定实践中可重点关注内侧纵弓角、外侧纵弓角和前弓角,用内侧纵弓角反映内侧纵弓,用外侧纵弓角反映外侧纵弓,用前弓角部分反映横弓。内侧纵弓角、外侧纵弓角和前弓角中任一角度不在相应临床医学正常参考值范围内,均视为足弓相应结构部分破坏;内侧纵弓角、外侧纵弓角和前弓角均不在各自正常参考值范围内,则视为足弓结构完全破坏。事实上,鉴于纵弓和横弓的解剖结构特点,当内侧纵弓、外侧纵弓均破坏时,横弓结构也必然破坏,故理论上当内侧纵弓与外侧纵弓均破坏时,可视为足弓结构完全破坏。

内侧纵弓角正常参考范围为 113°～130°,外侧纵弓角正常参考范围为 130°～150°,前弓角正常参考范围为 >13°。

足弓结构的具体测量方法详见《法医临床影像学检验实施规范》(SF/Z JD 0103006－2014)。

(三)跟骨粉碎性骨折畸形愈合

粉碎性骨折是完全性骨折的一种特殊形式,指骨质碎裂成三块以上;骨折畸形愈合一般指存在成角、旋转或者重叠畸形的骨质愈合情形。

跟骨骨折大致可分为未波及距下关节的关节外骨折和波及距下关节的关节内骨折。关节外骨折分为跟骨前端骨折(仅波及跟骰关节)、跟骨结节垂直骨折、载距突骨折、跟骨结节的鸟嘴状骨折。按照跟骨距下关节后关节面骨折线和骨折块数的不同,关节内骨折可根据 Sanders 分类法分为以下四型:(1)Ⅰ型,无论有几条骨折线,但没有明显移位(<2mm);(2)Ⅱ型,有 1 条骨折线 2 个骨折块,骨折明显移位(≥2mm);(3)Ⅲ型,有 2 条骨折线 3 个骨折块;(4)Ⅳ型,有 3 条骨折线和 4 个骨折块及以上的粉碎骨折。

本标准中跟骨粉碎性骨折主要指 Sanders 分类中的Ⅲ型、Ⅳ型,尤其是波及距下关节的关节内骨折。除本标准规定的跟骨粉碎性骨折之外其他类型的跟骨骨折,若确实破坏足弓结构的,可参照足弓破坏相应条款进行致残程度等级鉴定。

跟骨骨折畸形愈合的病理学基础包括:(1)跟骨距下关节后关节面的不平整导致发生疼痛性距下关节创伤性关节炎;(2)跟骨外侧壁增宽导致腓骨长、短肌腱移位、腱鞘炎,即腓骨下撞击的发生,足跟的增宽也产生神经的卡压;(3)跟骨高度丧失,跟腱止点向上向前移位,引起跟腱力作用点的力臂缩短及小腿屈肌的肌纤维缩短,以致其肌力减弱;(4)距骨相对背屈而变得水平,影响胫距关节的背伸活动,导致胫距撞击或桥接、踝关节骨性关节炎形成;(5)跟骨结节移位导致足跟内翻;(6)外翻畸形,常导致跟腓骨桥接和足内侧弓的变形。以上病理改变可引起跟骨与踝关节、足部各关节甚至整个伤侧下肢相关关节的关系紊乱及关节运动轴的改变,并可引起相应关节的一系列症状与功能障碍。

跟骨骨折畸形愈合具体的判定原则可依据 Stephens 和 Sanders 的分型方法以及 Zwipp 和 Rammelt 的分型方法,若发生跟骨外侧壁外膨、距下关节不平整或距骨相对踝关节发生倾斜等,均可视为跟骨骨折畸形愈合。

第八章　体表及其他损伤

第一节　体 表 损 伤

一、关于体表损伤的标准条款

条款序号	条款内容
5.2.6.1	皮肤瘢痕形成达体表面积90%。
5.4.7.1	皮肤瘢痕形成达体表面积70%。
5.6.7.1	皮肤瘢痕形成达体表面积50%。
5.8.7.1	皮肤瘢痕形成达体表面积30%。
5.9.7.1	皮肤瘢痕形成达体表面积10%。
5.10.7.1	手部皮肤瘢痕形成或者植皮术后,范围达一手掌面积50%。
5.10.7.2	皮肤瘢痕形成达体表面积4%。
5.10.7.3	皮肤创面长期不愈超过1年,范围达体表面积1%。

二、应用说明

(一)概述

1.基本概念

皮肤瘢痕是指皮肤组织的完整性因各种创伤因素作用而被破坏,皮肤损伤处在愈合过程中由肉芽组织增生、改建成熟而形成的纤维结缔组织。皮肤瘢痕形成不但在皮肤外观形态上引起特殊性改变,而且因面积和所在部位不同还可以导致一定的功能障碍,给患者带来不同程度的肉体痛苦和精神痛苦。皮肤瘢痕类型可以根据法医学鉴定实践和病理形态学加以划分。

2.分类

法医学实践中,皮肤瘢痕组织可以划分为两大类:(1)各种损伤因素所形成的创伤性瘢痕组织；(2)治疗创伤所形成的医源性瘢痕组织。例如手术瘢痕、植皮术后供皮区所形成的瘢痕等。

根据病理形态学表现，皮肤瘢痕可以划分为以下几类：(1)浅表性瘢痕；(2)增殖性瘢痕；(3)萎缩性瘢痕；(4)凹陷性瘢痕；(5)瘢痕疙瘩。

各种类型瘢痕的具体病理特点如下所述。

(1)浅表性瘢痕

浅表性瘢痕指各种创伤因素破坏皮肤的表皮层和真皮浅层，未合并感染的情形下愈合形成的瘢痕组织。因此，浅表性瘢痕具有皮肤组织结构浅表损伤、局部形成瘢痕平坦、柔软，或仅有皮肤表面粗糙和/或色素沉积变化，一般不至于发生功能障碍，且随着时间推移瘢痕将越来越不明显的特点。

(2)增殖性瘢痕

增殖性瘢痕也称增生性瘢痕、肥厚性瘢痕、肥大性瘢痕或隆起性瘢痕，是指各种创伤因素损伤累及皮肤真皮深层，在皮肤损伤愈合之后瘢痕仍继续增生所导致的病理性瘢痕。临床上通常将这种局限于损伤区域范围之内呈增生性病变的病理性瘢痕称为增殖性瘢痕。增殖性瘢痕最大的特点为符合瘢痕增生期的病理性质，瘢痕深部组织中胶原蛋白的合成代谢持续超常进行，超过分解代谢的速度，在相当长的时间内形成大量胶原纤维，表现为瘢痕组织持续形成，外观不断增大，隆起高于周围皮肤。

瘢痕增生期的持续时间一般在3～6个月，6个月后开始消退达到瘢痕的稳定期，但有的伤者在1～2年后瘢痕的增生性反应仍不停止。临床研究提示儿童和青壮年增生期较长，而50岁以上中老年人增生期较短；发生于血供比较丰富如颜面部的瘢痕增生期较长，而发生于血供较差如四肢末端、胫前区等部位的瘢痕增生期较短。因此，从临床医学和法医损伤学上说明瘢痕增生期的长短与损伤类型、创伤范围、机体的体质等因素有关。

处于增生期的瘢痕因毛细血管充血，瘢痕表面呈现肉红色或紫红色，可具有痒、痛等症状，尤在环境温度增高、摄取辛辣食物时症状更为明显；此外，增殖期瘢痕一般明显高出周围皮肤表面、质地较硬，与皮下组织粘连不紧。瘢痕增生期停止之后，进入瘢痕稳定期阶段。稳定期的瘢痕组织渐渐发生退行性变化，充血减少，表面颜色变浅，瘢痕逐渐变软、平坦，痒、痛等症状减轻以致消失。

增殖性瘢痕的收缩性较挛缩性瘢痕为小。因此，发生于非功能部位的增殖性瘢痕一般不至于引起明显的功能障碍；而关节部位大面积增殖性瘢痕，由于其厚硬的“夹板样作用”，可以妨碍关节运动，以致引起关节活动受限。位于关节屈面的增殖性瘢痕,在晚期可发生较明显的收缩,从而产生类似颏颈粘连的功能障碍。

临床上增殖性瘢痕在增生期具有继续治疗的适应证,且目前临床上对增殖性瘢痕的治疗方法已较为丰富。例如非手术方法有激光法、硅胶法、压迫治疗法、冷冻法、放射法、药物法、康复等;手术方法有瘢痕切除法、分次分层切除法,切除后皮片和/或皮瓣移植修复法、激光或手术磨削法、组织扩张器法等。若伤者要求获得皮肤瘢痕的后续治疗费用并提出鉴定申请时,原则上不宜同时进行皮肤瘢痕致残程度等级的鉴定,因致残程度鉴定应在治疗终结后方可实施。

(3)萎缩性瘢痕

萎缩性瘢痕是以其引起的功能障碍特征命名的瘢痕,且属于一种最不稳定的瘢痕组织,故又称为不稳定瘢痕。当皮肤组织大面积损伤、累及皮肤全层及皮下脂肪组织的创面,在未经植皮仅靠周边上皮细胞生长而使创面愈合的情形下,常可形成萎缩性瘢痕。萎缩性瘢痕常见于大面积烧伤(如Ⅲ度烧伤创面)、撕脱伤、头皮及颅骨的严重电击伤、肢体长期慢性溃疡等。

从组织学上来说,萎缩性瘢痕表皮菲薄,无明显的组织增生。瘢痕质地坚硬,表面平坦或略高于周围皮肤,与深部组织如肌肉、肌腱、神经等紧密粘连。因瘢痕局部血液循环极差,常呈淡红色或白色,表皮极薄,不能耐受外力摩擦和负重,容易破溃而形成经久不愈的慢性溃疡。如长期时愈时溃,晚期有发生恶变的可能。由于此类瘢痕与下方肌肉组织、神经和血管形成致密粘连,可牵拉邻近的组织、器官而造成明显功能障碍。

(4)凹陷性瘢痕

凹陷性瘢痕是因皮肤真皮层及皮下组织缺损而形成的瘢痕。临床上痤疮、手术、感染、水痘及天花等是形成凹陷性瘢痕的常见原因。法医学鉴定实践中,伴有皮下组织、肌肉、骨骼等深部组织缺损的严重创伤,可形成凹陷性瘢痕。凹陷性瘢痕外观上略低于周围正常皮肤组织,质地较硬。瘢痕基底部常与周围肌肉、神经、骨膜粘连,引起疼痛或局部功能障碍。

(5)瘢痕疙瘩

瘢痕疙瘩是皮肤创口、创面愈合或者其他不明原因所致皮肤损伤愈合过程中形成的过度生长的异常瘢痕组织。目前学术界认为各种原因导致的瘢痕如具有以下特点,可诊断为瘢痕疙瘩:①病变超过原始皮肤损伤范围;②呈持续性生长;③高起周围皮肤表面、质硬韧、颜色发红的结节状、条索状或块状肿块。增殖性瘢痕和瘢痕疙瘩最重要的区别在于:增殖性瘢痕不向邻近健康皮肤组织内生长,而瘢痕疙瘩常呈条索状向邻近健康皮肤组织内伸入,形同“蟹爪”,故又称为“蟹足肿”。

瘢痕疙瘩大体可分为原发型和继发型两大类。原发型者多见于胸前或肩后,初起为小红点伴瘙痒感,逐渐由小到大,由软变硬,色红或暗红,有索条状、蝴蝶状、圆形、不规则形等。继发型者多因烧烫伤、创伤、痤疮、感染化脓或因采用手术、激光、冷冻、植皮、激素药物封闭等治疗,引起受损皮肤组织过度增生和皮下组织破坏变性,凸出皮肤,色红或暗红伴痒或刺痛,部分有明显向外延伸的毛细血管。目前临床医学研究表明瘢痕疙瘩的形成与个体体质的特异性密切相关,此类人群常称为瘢痕疙瘩体质。具有此种特异体质的个体在身体任何部位皮肤受伤之后,无论损伤程度的轻重,在创口愈合时均较易发生瘢痕疙瘩。

瘢痕疙瘩的形态一般表现为高出周围正常皮肤的、超出原损伤部位的持续性生长的肿块,触之较硬,弹性差,局部瘙痒或微痛;早期表面呈粉红色或紫红色,晚期多呈苍白色,有时有过度色素沉着,与周围正常皮肤有较明显的界限。瘢痕疙瘩的病变范围大小不一,从2~3mm丘疹样到大如手掌的块状,其形态往往具有多样性,例如可为平坦的、有规则边缘的对称性突起,也可以是不平坦的、具有不规则突起的高低不平的团块,有时像“蟹足样”向周围组织浸润生长。

瘢痕疙瘩在损伤后几周或几个月内迅速形成,可以持续性连续生长,也可以在相当长一段时期内处于稳定状态。瘢痕疙瘩一般不发生挛缩,除少数关节部位引起轻度活动受限外,一般不至于引起明显的功能障碍。

(二)检验方法

因体表皮肤瘢痕通常长短或者大小不一、形状各异,可采用如下测量方法测量其长度或者面积。

针对条状瘢痕,建议使用符合精确度要求的测量工具,于瘢痕的两侧末端测量长度数据;除非特别规定,宽度测量通常取瘢痕最宽处与最窄处数据的平均值(不应将瘢痕两端点的宽度作为瘢痕最窄处的数值)。

针对弧形瘢痕,建议采用分段测量累加的方法测量长度,或使用无弹性细线比对瘢痕测量长度;宽度测量可取瘢痕最宽处与最窄处数据的平均值。

针对不规则块状瘢痕,可采用几何图形法或坐标纸法测量并计算瘢痕的实际面积;具有计算机图形处理系统软件条件的,可以采用该技术方法扫描并计算瘢痕面积。

针对瘢痕占体表面积比例的计算,通常情况下可按照中国新九分法、手掌法进行测量与计算。在接近标准条款规定的临界值时,应进行更为精确的计算,可以参考部编专业教材推荐的方法。

本标准推荐儿童体表面积计算公式:30kg 以下儿童的体表面积(m^2) = 体重(kg) ×0.035 +0.1;30kg 以上儿童的体表面积(m^2) = (体重 kg - 30) ×0.02 + 1.05;

本标准成人体表面积计算公式:体表面积(m^2) = 0.0061 × 身高(cm) + 0.0128 × 体重(kg) - 0.1529。

(三)鉴定要点

1. 鉴定时机

原则上应当在临床治疗终结后方可实施鉴定。涉及瘢痕形成致残程度的鉴定,若同时委托今后继续治疗费用的鉴定事项时,建议在治疗终结后再行鉴定;若不涉及今后继续治疗的委托项目,可以就致残程度进行鉴定。

2. 伤病关系

确因治疗需要(如清创、外科手术、植皮术)所形成的皮肤瘢痕,应当计入瘢痕的总长度或总面积。瘢痕长度或者面积达到致残程度等级评定标准的,应当予以认定。

在致残程度鉴定时,应严格界定由创伤因素所致的瘢痕疙瘩组织;若自身同时存在非本次创伤所致的瘢痕疙瘩,建议予以鉴别并进行必要的分析,说明被鉴定人存在自身特异体质的情况。

3. 条款竞合

在高等级的致残程度鉴定时,体表瘢痕面积与面部瘢痕的致残程度鉴定具有重合情形,如二级伤残、四级伤残。若体表瘢痕面积已经包含面部瘢痕面积,致残程度鉴定时只能依据体表瘢痕的相应条款进行鉴定,不能同时再采用面部瘢痕的相应条款。若体表瘢痕面积不包含面部瘢痕面积,则可以分别依据体表与面部瘢痕的相应条款进行致残程度鉴定。取舍的原则应当是致残程度等级"就高不就低"。

4. 体表创面长期不愈

体表创面长期不愈是指创面在各种内外因素作用下,不能通过正常的愈合进程恢复解剖和功能上的完整,从而进入病理性炎症反应而呈现经久难愈的状态。致使创面经久不愈的因素有原始损伤严重、创伤部位血供差、自身病理性因素(如糖尿病控制欠佳)等。鉴定判断依据包括:(1)发生在原始损伤创面范围;(2)经过临床正规治疗效果不佳,医学诊疗资料完整、系统;(3)病情持续 1 年或 1 年以上;(4)排除原始创面愈合后再次遭受外力致伤的情形。

第二节 其他损伤

一、关于其他损伤的标准条款

条款序号	条款内容
5.2.6.2	重型再生障碍性贫血。
5.4.7.2	放射性皮肤癌。
5.6.7.2	非重型再生障碍性贫血。

二、应用说明

（一）再生障碍性贫血

1. 概述

再生障碍性贫血简称“再障”，是一种可能由不同病因和机制引起的骨髓造血功能衰竭症。主要表现为骨髓造血功能低下，全血细胞减少和贫血、出血、感染综合征，免疫抑制治疗具有一定疗效。根据患者的病情、血象、骨髓以及预后，通常将该病分为重型和非重型。从病因上，再生障碍性贫血可分为先天性（遗传性）和后天性（获得性）。获得性再生障碍性贫血根据是否具有明确的诱因，分为原发性和继发性两大类；原发性即无明确的诱发因素，继发性则具有明确的诱发因素。

根据中华医学会血液学分会颁布的2010年版《再生障碍性贫血诊断治疗专家共识》，造成继发性骨髓衰竭的再生障碍性贫血相关因素较多，主要包括：(1)骨髓低增生性造血系统肿瘤，如毛细胞白血病、大颗粒淋巴细胞白血病、多发性骨髓瘤以及非造血系统肿瘤浸润等；(2)放射、化疗继发引起的骨髓衰竭；(3)骨髓纤维化；(4)严重的营养性贫血；(5)物理、化学、生物因素导致的急性造血功能停滞。临床实践中，生物因素如病毒感染，特别是肝炎病毒、微小病毒B19等可继发再生障碍性贫血；化学药物如氯霉素等抗生素、磺胺类药物以及杀虫剂、苯类溶剂等可引起骨髓功能衰竭继发再生障碍性贫血。其中抗肿瘤药物以及苯类溶剂对骨髓的抑制作用与剂量相关；抗生素、磺胺类药物以及杀虫剂引起的再生障碍性贫血与剂量关系不大，而主要与个体敏感性有关。

因此从法医临床学立场，与人体损伤致残程度鉴定相关的再生障碍性贫血类型为继发性获得性者，相关病因或诱发因素主要有抗生素（如氯霉素）、磺胺类药物、抗肿瘤药物、放射性物质、苯类化学溶剂、杀虫剂等。

2. 检验方法

（1）诊断标准

根据中华医学会血液学分会颁布的2010年版《再生障碍性贫血诊断治疗专家共识》以及相关部编专业教材，重型和非重型再生障碍性贫血的临床表现和诊断标准主要包括如下内容。

重型再生障碍性贫血的临床表现具有起病急、进展快、病情重的特点。患者贫血多呈进行性加重，多数具有高热症状且较难控制，出血倾向明显或严重，易出现深部组织器官出血。患者预后不良，以往病死率高达90%；目前治疗方法改进，治疗效果有所提高，预后明显改善，但仍有1/3患者死于感染和出血等并发症。

重型再生障碍性贫血的诊断标准为：①骨髓细胞增生程度 < 正常的25%，如≥正常的25%但<50%，则残存的造血细胞应<30%；②血常规检查具备以下三项之中的二项，a. ANC $<0.5\times10^9/L$，b. 校正的网织红细胞<1%，c. BPC $<20\times10^9/L$。

若 ANC $<0.2\times10^9/L$ 为极重型再生障碍性贫血。

非重型再生障碍性贫血的诊断标准：未达到重型诊断标准的再生障碍性贫血，即为非重型。该类型临床表现为起病或进展较为缓慢，病情较重型轻。患者贫血呈慢性过程，高热较为少见，相对易控制，出血倾向较轻且内脏组织出血较少。经规范、有效的治疗，多数患者可以缓解甚至治愈，仅少数转化为重型再生障碍性贫血。

本标准采用上述诊断标准。

（2）疗效评价

再生障碍性贫血的治疗具有支持治疗（如预防和控制感染、防止和控制出血、纠正贫血、保护肝功能）与针对发病机制的治疗（如免疫抑制药物治疗、促造血治疗、造血干细胞移植）。

治疗效果评价上的临床标准有：①基本治愈（随访1年以上未复发）；②缓解（随访3个月病情稳定或继续进步）；③明显进步（3个月内不输血）；④无效（经充分治疗，症状和血常规均未达到明显进步）。

3. 鉴定要点

（1）完整的病历资料与明确的诱发因素

鉴定时应掌握完整的临床诊疗病历资料，并经临床检查明确为继发性获得性再生障碍性贫血,除外先天性再生障碍性贫血、原发性获得性再生障碍性贫血等情形。

认定损伤因素与再生障碍性贫血相关的,需具有可以认定的致病因素或诱发因素,如相关的药物、化学试剂、长期放射性物质接触史。

对于临床上病因或分类不能明确的再生障碍性贫血患者,建议进一步查明后方可进行致残程度等级的鉴定,或者在鉴定时依据所拥有的病历材料提出致残程度等级的鉴定意见,但同时说明其再生障碍性贫血的病因不明。

(2)鉴定时机

再生障碍性贫血经临床治疗达病情稳定状态,即可进行致残程度等级的鉴定,鉴定时机一般可在接受规范性治疗 3 ~6 个月后。

(3)注意事项

对再生障碍性贫血进行致残程度等级的鉴定,不是单纯依据本病的治疗结果,而主要是依据起病时的病情类型,即重型和非重型的分类。重型再障的结局难以达到治愈,而非重型再障可以达到治愈效果。故此类致残程度等级的鉴定原则上宜根据起病和病情类型进行判断。但伤残鉴定时,患者病情已经达到治愈结果的,原则上不宜再予鉴定致残程度等级。

(二)放射性皮肤癌

1. 概述

《放射性皮肤癌诊断标准》(GB/Z 219 - 2009)中明确规定,放射性皮肤癌是指在电离辐射所致皮肤损害的基础上发生的皮肤癌。

放射性皮肤损伤可以分为急性和慢性两大类。急性放射性皮肤损伤是指身体局部受到一次过短时间(数日)内大剂量(X 射线、γ 射线或 β 射线及中子等)外照射所引起的急性放射性皮炎及放射性皮肤溃疡。慢性放射性皮肤损伤是指由急性放射性皮肤损害迁延而来或由小剂量射线长期照射(职业性或医源性)所引起的慢性放射性皮炎及慢性放射性皮肤溃疡。

放射性皮肤癌的诊断原则为:应根据放射性职业史、皮肤受照射史、受照射剂量及患者的临床表现、病理学检查所见进行综合分析,并在排除其他原因造成皮肤癌的前提下方能作出诊断。

放射性皮肤癌的诊断可依照上述《放射性皮肤疾病诊断标准》(GB/Z 219 -2009)。具体要求和依据包括:(1)具有电离辐射接触史或皮肤受照射史;(2)具有急性或慢性放射性皮肤损害的医学诊疗资料;(3)皮肤癌发生在受电离辐射损害部位皮肤并排除转移性皮肤癌的可能性;(4)具有潜伏期,时间长短不一(目前临床文献报道职业性放射性皮肤癌潜伏期多数在 10 年以上,最长可达30年,放射性治疗相关的医源性放射性皮肤癌潜伏期多在19~267个月);(5)具有癌前皮肤表现,如放射性损伤所致的慢性皮炎、角化增生或长期不愈的溃疡;(6)具有病理组织学的诊断依据。

慢性放射性皮肤损害发展至皮肤癌具有一个潜伏期和病理演变过程。根据《〈放射性皮肤癌诊断标准〉解读》的相关说明,临床上可以将上述过程分为四个阶段:(1)第1期即坏死退变期,首先是皮肤组织坏死退行性病变,继之是修复、萎缩和营养性障碍等;(2)第2期即良性增生期,表皮增生,假上皮瘤形成,纤维组织细胞增生等,临床上部分病例可能不经过第2期,或第2期病程很短就进入第3期;(3)第3期即不典型增生期,病变部位出现组织结构和细胞排列异常与异型细胞;(4)第4期即恶变期,恶性肿瘤细胞形成。临床病理学检查多数为鳞状细胞癌,并且在癌病灶的周围可以观察到皮肤表皮增生、不典型增生以及原位癌等的发展过程。

2. 鉴定要点

鉴定时需掌握充分满足鉴定需要的案情与病历材料,例如电离辐射或皮肤照射的医疗病史材料、职业性资料,以及急性或慢性皮肤放射性损害就诊资料以及病理学诊断资料。所有送鉴病历资料均应经质证确定为鉴定依据。

放射性皮肤癌的发生主要见于慢性放射性皮肤损害病例,慢性刺激学说是目前较为公认的一种学术理论,即慢性放射性皮炎或溃疡受到炎性刺激,既是一种致癌因素,也是一种促癌因素。长期接触射线所引起的职业性慢性放射性皮肤损害,多发生在双手等功能部位。在这些病例之中,若依据放射性皮肤癌导致的双手功能障碍作为鉴定依据,可以按照双手功能丧失程度对应相应致残程度等级条款,但不能同时又依据“放射性皮肤癌”条款得出鉴定意见。在条款竞合时,可把握“就高不就低”的原则。

参考文献

Cocchiarella L. , Andersson GBJ. Guides to the Evaluation of Permanent Impairment, 5th ed. American Medical Association, 2002.

Lawrence Cohn, John Bryne, *Cardiac Surgery in the Adult*, 4th Edition, McGraw-Hill Education, 2011.

Kouchoukos, Nicholas T. , Blackstone, Eugene H. , Hanley, Frank L. , etc. *Kirklin/Barratt-Boyes Cardiac Surgery*, 4th Edition, B. Saunders, 2012.

2011 年美国 ACCF(美国心脏病学院基金会)/AHA(美国心脏病协会) CABG 指南, Circulation, 2011.

[美]Bruce D. Browner 等主编:《创伤骨科学》,王学谦等主译,天津科技翻译出版公司 2007 年版。

[美]James J. Y:《脊柱功能重建外科学:高级理论和技巧》,邹德威等主译,人民军医出版社 2007 年版。

司法部司法鉴定管理局:《法医临床检验规范》(SF/Z JD 0103003 - 2011)。

司法部司法鉴定管理局:《视觉功能障碍法医鉴定指南》(SF/Z JD 0103004 - 2011)。

司法部司法鉴定管理局:《法医临床影像学检验实施规范》(SF/Z JD 0103006 - 2014)。

全国刑事技术标准化委员会:《男性性功能障碍法医学鉴定》(GA/T 1188 - 2014),中国标准出版社 2015 年版。

朱广友主编:《法医临床学司法鉴定实务》,法律出版社 2009 年版。

司法部司法鉴定管理局编著:《〈人体损伤程度鉴定标准〉适用指南》,法律出版社 2014 年版。

朱广友主编:《人体损伤程度鉴定标准适用指南》,法律出版社 2013 年版。

中华人民共和国国家质量监督检验检疫总局:《道路交通事故受伤人员

伤残评定》(GB 18667 -2002)。

中华人民共和国国家质量监督检验检疫总局、中国国家标准化管理委员会:《劳动能力鉴定 职工工伤与职业病致残等级》(GB/T 16180 -2014),2014 年 9 月 3 日发布,2015 年 1 月 1 日实施。

刘梅主编:《2014 版职工工伤劳动能力鉴定标准应用指南》,上海科学技术文献出版社 2014 年版。

《道路交通事故受伤人员伤残评定》研究组编:《道路交通事故伤残评定操作指南与实务研究》,中国人民公安大学出版社 2004 年版。

赵新才主编:《中华人民共和国国家标准(GB18667 -2002)道路交通事故受伤人员伤残评定宣贯材料》,四川辞书出版社 2002 年版。

2001 年中华医学会制定的 PVS 评分及疗效评定标准和国际通用诊断标准。

司法部司法鉴定管理局:《外伤性癫痫鉴定实施规范》(SF/Z JD0103007 -2014)。

中华医学会编著:《临床诊疗指南—消化系统疾病分册》,人民卫生出版社 2011 年版。

中华医学会编著:《临床诊疗指南—创伤学分册》,人民卫生出版社 2009 年版。

中华医学会编著:《临床诊疗指南—外科学分册》,人民卫生出版社 2010 年版。

柏树令、应大君:《系统解剖学》(第 8 版),人民卫生出版社 2013 年版。

邓振华主编:《工伤与职业病致残等级鉴定指南》,人民军医出版社 2009 年版。

范利华、吴军、牛伟新:《损伤与疾病》,复旦大学出版社 2014 年版。

胥少汀、葛宝丰、徐印坎:《实用骨科学》,人民军医出版社 2005 年版。

吴在德:《外科学》,人民卫生出版社 2003 年版。

张亚男主编:《疝与腹壁外科》,第四军医大学出版社 2008 年版。

王怀经、张绍祥主编:《局部解剖学》,人民卫生出版社 2010 年版。

顾岩、李健文主编:《实用腹壁外科学》,科学出版社 2014 年版。

姜洪池主编:《腹部创伤学》,人民卫生出版社 2010 年版。

陈灏珠、林果为主编:《实用内科学》(第 13 版),人民卫生出版社 2010 年版。

张延龄、吴肇汉主编:《实用外科学》(第 3 版),人民卫生出版社 2012 年版。

吴孟超、吴在德主编:《黄家驷外科学》(第 7 版),人民卫生出版社 2008 年版。

陈孝平、汪建平:《外科学》(第 8 版),人民卫生出版社 2013 年版。

陈孝平主编:《外科学》,人民卫生出版社 2010 年版。

田伟:《积水潭实用骨科学》,人民卫生出版社 2013 年版。

王萌、夏文涛、王旭主编:《视觉功能检查及客观评定的法医学原则与方法》,科学出版社 2015 年版。

夏文涛、邓振华主编:《眼外伤的法医学鉴定》,中国检察出版社 2008 年版。

刘技辉主编:《法医临床学》(第 4 版),人民卫生出版社 2009 年版。

何鹏主编:《人体异物损伤》,北京科学技术出版社 2006 年版。

孙衍庆主编:《现代胸心外科学》,人民军医出版社 2000 年版。

丁嘉安、姜格宁、高文主编:《肺外科学》,人民卫生出版社 2011 年版。

王正国主编:《创伤学——基础与临床》,湖北科学技术出版社 2006 年版。

林擎天、郑起、汪昱主编:《实用食管胃肠手术学》,上海交通大学出版社 2011 年版。

刘海峰、王伟岸主编:《胃食管反流病》,科学技术文献出版社 2009 年版。

王建昌、王丛妙主译:《赫斯特心脏病学手册》(第 12 版),人民军医出版社 2014 年版。

胡大一、孙静平主译:《赫斯特心脏病学》(第 11 版),人民军医出版社 2008 年版。

刘维永、易定华主编:《现代心脏外科治疗学》,世界图书出版公司 2009 年版。

王建明、李江主编:《心脏外科疾病诊断标准》,科学技术文献出版社 2009 年版。

沈中阳、陈新国主编:《临床肝移植》,科学出版社 2011 年版。

丁自海主编:《临床解剖学》,人民军医出版社 2014 年版。

李开宗主编:《腹部创伤诊治思考》,人民军医出版社 2013 年版。

杨述华:《实用脊柱外科学》(第 1 版),人民军医出版社 2004 年版。

耿道颖:《脊柱脊髓影像诊断学》(第 1 版),人民军医出版社 2008 年版。

王亦璁:《骨与关节损伤》(第 4 版),人民卫生出版社 2007 年版。

于萍、王荣光主编:《嗓音疾病与嗓音外科学》,人民军医出版社 2009 年版。

田勇泉主编:《耳鼻咽喉科学》,人民卫生出版社 2005 年版。

胡永善主编:《新编康复医学》,复旦大学出版社 2005 年版。

周范民:《植物状态和持续性植物状态》,载史玉泉主编:《神经病学新理论与新技术》,上海教育出版社 1998 年版。

何鹏主编:《人体异物损伤》,北京科学技术出版社 2006 年版。

孙衍庆主编:《现代胸心外科学》,人民军医出版社 2000 年版。

吴先国:《人体解剖学》(第 4 版),人民卫生出版社 2003 年版。

Van Nuffelen G, De Bodt M, Wuyts F, et al., Speech Technology-based Assessment of Phoneme Intelligibility in Dysarthria, *Int J Lang Comm Dis*, 2009, 44(5), pp. 716 – 730.

Feldman K W., Fetal Phallic Growth and Penile Standards Fornewborn Male Infants, *The Journal of Pediatrics*, 1975(86), pp. 395 – 398.

董胜国、王晓、叶章群:《阴茎硬结症的研究进展》,载《临床泌尿外科杂志》2004 年第 19 卷第 1 期,第 59 ~ 61 页。

冯磊、张通、王雁冰:《MSCT 后处理技术在诊断肋骨骨折中的应用价值》,载《医学影像学杂志》2009 年第 19 卷第 6 期,第 727 ~ 729 页。

张玉敏、姜宝霞:《肋骨骨折常见漏诊原因临床分析》,载《医学影像学杂志》2010 年第 20 卷第 8 期,第 1182 ~ 1186 页。

倪伟勇、钱昭军:《肋骨骨折鉴定时间研究》,载《刑事技术》2015 年第 40 卷第 2 期,第 114 ~ 117 页。

张琳、刘俊刚、王立英:《儿童先天性胸廓畸形的 MSCT 诊断》,载《中国临床医学影像杂志》2015 年第 26 卷第 4 期,第 289 ~ 291 页。

王立岩等:《创伤性胸廓畸形的矫形治疗》,载《中国医刊》2009 年第 44 卷第 12 期,第 44 ~ 46 页。

庄福连等:《胸廓严重缺损畸形的整复治疗》,载《中华医学美学美容杂志》2003 年第 9 卷第 12 期,第 337 ~ 339 页。

刘朝祥等:《多脏器滑动性股疝致不全性肠梗阻反复发作误诊 1 例分析》,载《中国误诊学杂志》2011 年第 11 卷第 18 期,第 4432 页。

李京幸等:《心功能不全冠心病患者非体外循环冠状动脉旁路移植术的疗效分析》,载《中国胸心血管外科临床杂志》2011 年第 18 卷第 2 期,第 157 ~ 159页。

覃正兴、周树纹、张志坚:《500 名男子阴茎测量结果分析》,载《广西医学》1999 年第 21 卷第 4 期,第 638 ~ 639 页。

何文威、周祖文:《男性体格与阴茎长度大小的关系》,载《中国男科学杂志》2005 年第 19 卷第 1 期,第 68 页。

朱辉等:《重度先天性阴茎弯曲——附 1 例报告并文献复习》,载《罕少疾病杂志》2002 年第 9 卷第 4 期,第 12 ~ 13 页。

张胜本:《大便排出障碍性疾病的诊断与治疗》,载《临床外科外科杂志》2004 年第 12 卷第 6 期,第 327 ~ 329 页。

韩平、王梅、史兆岐:《排便障碍的诊断与治疗》,载《中国临床医生》2003 年第 31 卷第 10 期,第 22 ~ 24 页

李凡东、易玉海:《颈动脉狭窄的介入治疗》,载《介入放射学杂志》2007 年第 16 卷第 11 期,第 785 ~ 788 页。

刘冬梅、章艾武、夏文涛:《〈劳动能力鉴定　职工工伤与职业病致残等级〉条款的变化与解读》,载《法医学杂志》2015 年第 31 卷第 2 期,第 156 ~ 159 页。

刘锦波、唐天驷、杨惠林:《中下颈椎体应用解剖学测量及临床意义》,载《中国临床解剖学杂志》2001 年第 19 卷第 1 期,第 23 ~ 24 页。

戴力扬:《胸腰椎体高度的放射学测量及其临床意义》,载《中国临床解剖学杂志》1995 年第 13 卷第 1 期,第 18 ~ 19 页。

唐杰等:《脊柱椎体高度测量及其临床意义》,载《中国临床解剖学杂志》2002 年第 20 卷第 5 期,第 400 ~ 401 页。

丁旭明、赵智:《通过上、下相邻椎体高度测量计算病椎原始高度的可靠性》,载《中国脊柱脊髓杂志》2010 年第 20 卷第 6 期,第 522 ~ 523 页。

王飞翔、戴继灿、朱广友:《男性性功能障碍的临床神经功能检测进展》,载《中国男科学杂志》2012 年第 26 卷第 4 期,第 65 ~ 67 页。

焦辉等:《过度高压氧治疗对缺氧性脑病所致持续性植物状态预后的影响》,载《临床神经外科杂志》2014 年第 11 卷第 3 期,第 208 ~ 210 页。

张国瑾、王传民、新生:《中国持续性植物状态的诊断标准及评分量表》,载《中国急救医学》1999 年第 19 卷第 10 期,第 632 ~ 633 页。

封兴华:《口腔颌面颈部整形——相关的基础知识》,载《实用口腔医学杂志》1999 年第 15 卷第 5 期,第 397 ~ 399 页。

马宏涛:《上领骨缺损分类的研究进展》,载《国外口腔医学分册》2003 年第 30 卷第 3 期,第 223 ~ 225 页。

廖贵清、苏宇雄:《下颌骨缺损分类》,载《广东牙病防治》2008 年第 16 卷第 2 期,第 57 ~ 59 页。